W0088859

Professor Dr. Klaus Jung

WEIN

GENUSS UND

GESUNDHEIT

*Eine Darstellung aus
ärztlicher Sicht*

WOSCHEK VERLAG MAINZ

Copyright 1994 by Woschek Verlags GmbH, Mainz

2., überarbeitete und ergänzte Auflage 1996

Lektorat: Patricia Woschek-Nies

Satz: Satzstudio Michael Nies

Reproduktionen: Mohndruck, Gütersloh

Herstellung: Gütersloher Druckservice GmbH, Gütersloh

Printed in Germany

ISBN 3-924 744-17-3

Inhaltsverzeichnis

Vorwort

Wer meint, alle Früchte würden gleichzeitig mit den Erdbeeren reif, versteht nichts von den Trauben.

Paracelsus

Ein Blick in die "Bibliographie zur Geschichte des Weines" (Saur Verlag, 1988) zeigt, daß es an Literatur zum Thema Wein und Gesundheit offensichtlich zu keiner Zeit mangelte. Seit Erfindung des Buchdruckes gehören Ratgeber-Schriften über eine gesunde Lebensführung zum Standard-Repertoire nicht zuletzt der volkstümlichen Literatur. In wohlmeinenden Arzneibüchern, die - wie im Mittelalter üblich - anfänglich in lateinischer Sprache erschienen, wurden vielfach gesundheitsfördernde Aspekte des Weines oder solcher Getränke, die diesen Namen trugen, herausgestellt, aber auch vor Mißbrauch und Trunkenheit und ihren Folgen in beredten Worten gewarnt. Johann Adam Schnettners "Gruendtlicher vnd einfaeltiger Bericht Vom rechten Gebrauch der Edelen Gaben Gottes deß Weins" (1596) und Vincent Textors "Anatomia Bacchi oder Tract, vom Weine, wie auch von der Weine Bereitung, Bewahrung, Cur, auch von den Kräuterweinen" (1609) mögen für viele positiv argumentierende Schriften stehen. Sebastian Franck ("Von den grewlichen laster der trunckenheit", 1531) und Justus Moyß ("Von dem schweren Mißbrauch des Weins", 1581) haben mit mehreren Auflagen ihrer Werke zu jener Zeit ebenfalls beträchtlichen publizistischen Erfolg gehabt.

Zu einer Titelflut kam es im 18. und 19. Jahrhundert, als sowohl in Buchpublikationen als auch in Periodika Fachleute und Laien sich immer häufiger des Themas annahmen. Es entstanden etliche Dissertationen, ebenso eine Fülle kurzer Abhandlungen zu speziellen Themenbereichen. Heute kurios anmutende Titel wie "Ueber den Unterschied des Aetherischen im Weine und im Brandweine. Darstellung auf einem wissenschaftlichen Irrthume beruhenden, zunächst die Enthalsamkeit-Angelegenheit betreffenden Hindernisse menschlicher Glückseligkeit und Vorschläge zur Beseitigung desselben" von F. W. G. Kranichfeld (1863 in Berlin erschienen) zeigen, daß auch ethische Aspekte schon früh eine gewisse Rolle spielten.

Die Befürworter des (mäßigen) Weingenusses fühlten sich insbesondere durch Antialkoholkampagnen publizistisch immer wieder herausgefordert. Bezeichnend dafür der 1904 erschienene Aufsatz von Fritz Goldschmidt in der "Deutschen Wein-Zeitung" unter der Überschrift "Wein ist Gesundheit, eine Widerlegung der irrigen Ansichten der Alkoholgegner, auf Grund einer Reihe Gutachten ärztlicher Autoritäten".

Heute gewinnt angesichts der kritischen Auseinandersetzung mit Fragen der gesunden Ernährung auch eine pauschalierende negative Einstellung zum Alkohol-Konsum eine gewisse Bedeutung.

Zwar hatten bereits in den 50er und 60er Jahren Mediziner wie Philipp Reich ("Wein-Kompendium für den Arzt") und Heinrich Kliewe ("Wein und Gesundheit") in ihren grundlegenden Arbeiten mit dem Forschungs- und Wissensstand ihrer Zeit eine Vielzahl von Argumentationshilfen aus medizinischer Sicht zugunsten des moderaten Weingenusses vorgelegt. Doch ihre publizistische Wirksamkeit blieb relativ begrenzt.

Eine Kampagne mit einer intensiveren öffentlichen Aufklärung über die Zusammenhänge zwischen Weinkonsum und Gesundheit begann vor wenigen Jahren vor allem in den Vereinigten Staaten, in denen die Weinerzeuger gesetzlich verpflichtet sind, einen "Warnhinweis" auf den Rücken-Etiketten der Weinflaschen ("Warning label") anzubringen. Organisationen wie "AWARE" (American Wine Alliance for Research and Education) oder "The Century Council" haben sich mit Hilfe umfassender Informations- und Werbeaktivitäten eine objektive Unterrichtung der Verbraucher zum Ziel gesetzt.

Auch in Europa kam es zwischenzeitlich zu ähnlichen Gründungen. Der wissenschaftliche Beirat der Deutschen Weinakademie, deren Vorsitzender der Autor dieses Buches ist, beschäftigt sich derzeit vorrangig mit diesem Themenkomplex. Vor einigen Jahren konstituierte sich das "DIFA-FORUM", die "Deutsche Initiative zur Förderung eines verantwortungsvollen Umgangs mit alkoholhaltigen Genußmitteln".

Thematisch einen Schritt weiter geht ein Arbeitskreis von Wissenschaftlern, der den gesellschaftlichen Zusammenhang von Genuß und Lebensqualität untersucht. Die Tätigkeit von "ARISE" (Associates For Research Into The Science Of Enjoyment) wird koordiniert von Prof. David M. Warburton, Direktor der Human Psychopharmacology der Universität Reading/Großbritannien. Die ARISE-Wissenschaftler finden sich alle zwei Jahre zu einem Kongreß zusammen. Sie haben sich zum Ziel gesetzt, die Konsumneigungen der Menschen und ihre Auswirkungen auf das alltägliche Wohlbefinden zu untersuchen, und die gewonnenen Erkenntnisse in der Öffentlichkeit zu diskutieren.

Aktivitäten dieser Art können sich eine Vielzahl aktueller Studien und Befragungen zunutze machen, mit denen erstmals in der Geschichte des Weines (und auch der Medizin) mit Hilfe empirischer Forschung in repräsentativer Weise eine gesundheitsbezogene Bewertung des Weinkonsums vorgenommen wird.

Bei aller Vielfalt der Ansatzpunkte wurden derartige gründliche wissenschaftliche Arbeiten bislang weitgehend nur in Einzeldarstellungen veröffentlicht. Ihre Zusammenfassung, fachliche Auswertung und Kommentierung erfolgt in dem vorliegenden Buch. Es möchte zugleich einen seriösen Diskussionsbeitrag leisten zu einem Thema, das offenbar häufiger polemisch als rational diskutiert wird.

Der Versuch, sowohl dem Mediziner als auch dem fachlich ambitionierten Laien die Fülle von Fakten und Daten zuverlässig und verständlich zu vermitteln, scheint für die vielseitige Interessenlage an diesem Thema unabdingbar. Ein umfangreiches Glossar im Anhang wird dem medizinisch nicht ausgebildeten Leser die Lektüre erleichtern.

Die im Text eingestreuten historischen Zitate und Illustrationen mögen schließlich bei aller Gewichtigkeit der Thematik für etwas Schmunzeln und damit für noch mehr Lesefreude sorgen.

Mainz, im August 1994

Autor und Verlag

Der Wein in der Medizin- und Kulturgeschichte

Seit vielen Tausenden von Jahren wurde das Leben von Menschen stark durch den Wein geprägt. Seine systematische Veredelung läßt sich bis in die früheste geschichtliche Zeit der Menschheitsentwicklung zurückverfolgen.

Auch wenn wir nicht wissen, wann und wo aus den ersten Wildreben trinkbarer Traubensaft erzeugt wurde, und wem das Glück beschieden war, nach dessen Klärung und Gärung das erste Mal "Wein" genießen zu können - Wildreben wurden an vielen Stellen der Erde gefunden, so vom südlichen Sibirien über den Vorderen Orient bis Mitteleuropa, aber auch auf dem afrikanischen Kontinent, in Amerika und Australien waren sie heimisch.

Die Veredelung von Wildreben, ihr systematischer Anbau, deren Verarbeitung, Vermarktung und vor allem Genuß bestimmten seit alters in vielfacher Weise die verschiedenen Bereiche menschlichen Lebens. Mit dem Wein verbinden sich frühe Wirtschaftsformen, Kultur, Religion, Rausch, Genuß, Freude, Sorgenbefreiung, Schicksal und vor allem auch Medizin.

Etwa 6000 Jahre vor unserer Zeitrechnung datiert eine Weinpresse mit Traubenkernen, welche in einer uralten Wohnsiedlung nahe von Damaskus gefunden wurde. Im Gilgamesch-Epos wird berichtet, *Noah* habe den Zimmerleuten zur Anhebung ihrer Arbeitskraft beim Bau der Arche Wein gereicht; nach der Landung am Berg Ararat habe er im Auftrag Gottes als erstes Gewächs die Rebe angepflanzt.

Weitere sichere Hinweise bezüglich eines systematischen Umgangs mit Wein finden sich in Ägypten, wo etwa 3500 Jahre vor Christus auf Reliefs und Wandgemälden, in Felsengräbern und auf Grabstätten der damals bereits intensive Weinanbau und eine gepflegte Weinkultur festgehalten sind.

Nicht erst in unseren Tagen, auch schon in früheren Zeiten, war der übermäßige Genuß und weiter die Abhängigkeit von Wein bis zur Sucht ein Problem. Bereits um 1250 v.Chr. beklagte sich der *Pharao Ramses II.* über den zu hohen Konsum, der schon in den Morgenstunden beginne, und gründete eine Liga gegen die Trunksucht. Mit welchem Erfolg, bleibt allerdings unklar...

Auch im Griechenland des 8. Jahrhunderts vor unserer Zeitrechnung war der Weingenuß weit verbreitet. Mit Ausnahme kultischer Gründe bei Dionysos-Festen herrschte jedoch eine allgemeine Abscheu gegen Räusche vor. Auch die Symposien (Gastmähler) waren bei weitem keine ausgelassenen Trinkgelage, indem der Vorsitzende jeweils das Mischungsverhältnis mit Wasser festlegte. Sein Genuß sollte die Runde zu hochintellektuellen Disputen, musischen Betätigungen und feinsinnigen Gesprächen anregen.

Nach der Sage schätzte *Homer*, dem die Weltklassiker "Ilias" und "Odyssee" zugeschrieben werden, den mäßigen Genuß von Trockenbeerenauslesen besonders. *Sokrates*, der "weiseste" aller Menschen, trank um etwa 400 v. Chr. mit Vorliebe Wein, aber "weise", wie es ihm zukam, womit er die Ablehnung von Enthaltsamkeit in gleicher Weise wie von Unmäßigkeit meinte.

In Griechenland erreichte der Wein die höchste kultische und künstlerische Bedeutung in der Antike. Er wird gar als olympischer Mittler zwischen Diesseits und Jenseits, als Quelle körperlicher, geistiger, religiöser und künstlerischer Kräfte charakterisiert.

Hippokrates von Kos, einer der berühmtesten Ärzte des Altertums, Begründer einer weithin bekannten Medizinschule, dessen Grundsätzen sich die Ärzte bis zum heutigen Tag verpflichtet fühlen, hat die Kenntnisse seiner Zeit zu den Weinwirkungen bei verschiedenen Krankheiten zusammmengetragen, systematisiert, anhand eigener Untersuchungen vervollständigt und wissenschaftlich untermauert.

Seine Erkenntnisse wurden in der Folgezeit auch ganz praktisch genutzt, so beispielsweise von *Cäsar*, dem großen römischen Feldherrn, der die Basis schuf für das Römische Weltreich rings um das Mittelmeer bis England auf der einen, Innerafrika und Indien auf der anderen Seite. Auf seinen Feldzügen verordnete er seinen Soldaten außer regelmäßigem Getreideverzehr (etwa ein Kilogramm täglich) auch den täglichen Weinkonsum zur Vermeidung von Darmkrankheiten wie Typhus, Paratyphus, Ruhr und Cholera. Damit war die Erkenntnis der bakterienhemmenden (bakteriostatischen), der bakterientötenden (bakteriziden) und der entgiftenden Wirkung praktisch umgesetzt. Zweifelsohne dachte er als guter Menschenkenner auch an die euphorisierende, anregende, die Sorgen und Strapazen des Tages verdrängenden Wirkungen.

Die Römer führten den Weinanbau in ihren nördlichen Kolonien, so auch in Germanien, ein und trugen damit wesentlich zu der einzigartigen Kulturlandschaft an den großen Flüssen und Seen Mitteleuropas bei, welche viele Generationen von Künstlern und Kunstliebhabern bis auf den heutigen Tag begeisterten.

Philosophen, Dichter, Bildhauer, Maler und Musiker verherrlichten in vielen ihrer Werke den Wein. Durch seine Anregung schufen sie unvergängliche Kunstwerke.

Unter den Griechen sind die Dichter *Anakreon* und *Sappho*, der Bildhauer *Praxiteles* sowie *Plato* als Philosoph, unter den Römern *Vergil* und *Horaz* zu nennen, die in zahlreichen Oden und Hymnen den Wein priesen. Viele ihrer Gedichte haben sich bis heute erhalten und erfreuen des Kenners Herz. Eine besonders schöne Plastik des Praxiteles aus der Blütezeit der griechischen Bildhauerei zeigt den Dionysosknaben auf dem Arm des marmornen Hermes, zu bewundern im Louvre. In Pompeji, nahe Neapel, sind viele besonders schöne, künstlerisch vollendete Malereien zu bewundern wie an keiner anderen Stelle auf der Erde, wie durch ein Wunder aufgrund der sekundenschnellen Zudeckung durch die Vesuv-Lava beim großen Ausbruch 79 n.Chr. erhalten. Sie legen Zeugnis nicht nur von der künstlerischen Begabung der Einwohner Pompejis, sondern ebenso vom herausragenden Stellenwert der Weinkultur und dem heiteren Lebensstil der Pompejaner ab.

Auch in späteren Zeiten verliert die Weinkultur keineswegs das Interesse von Künstlern, wie zahlreiche weltbekannte Werke bezeugen, stammend beispielsweise von den Dichtern *Rilke, Baudelaire, Ibsen* und *Hauptmann*, den Komponisten *Mozart, Beethoven* und *Schubert*, den Bildhauern und Malern *Michelangelo, Tizian, Rubens* und *Rembrandt*, um nur einige zu nennen.

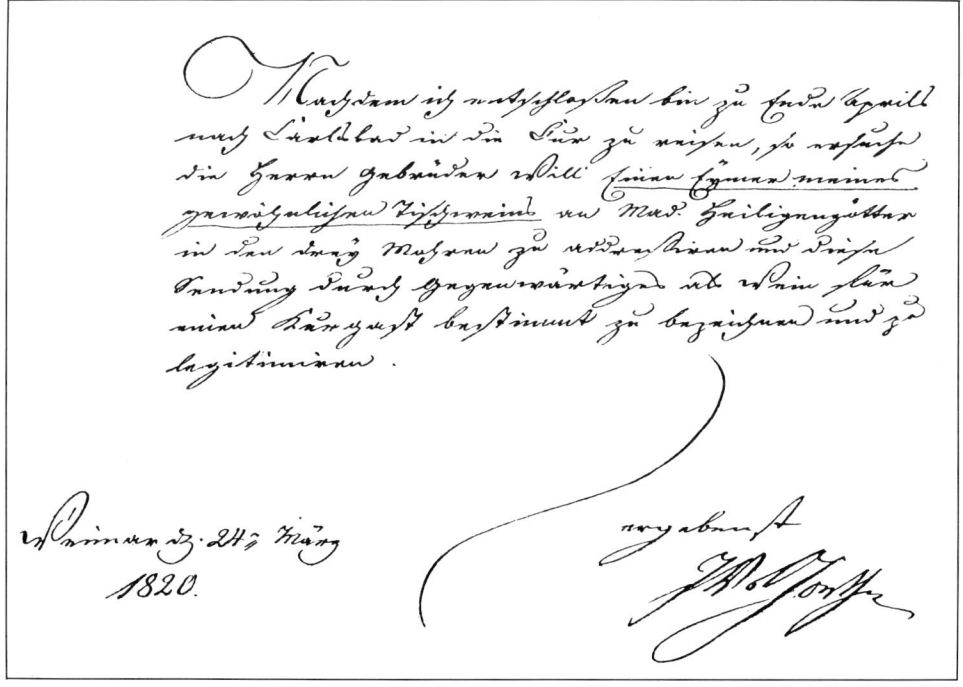

Weinbestellung Goethes über ca. 60 Liter für seinen Kuraufenthalt in Karlsbad 1820.

11

Joseph Haydn bevorzugte für lange Zeit als Aufenthaltsort das weinreiche Burgenland. *Lortzings* Arie "Im Wein liegt Wahrheit nur allein" wurde zu einem der bekanntesten Trinklieder.

Auch *Goethe* und *Schiller* liebten den Wein, Goethes Leben soll gar mit Wein begonnen und geendet haben. Die Geburt war wohl schwierig, das Kind wurde zunächst für tot gehalten, bis es nach einem Bad in warmem Wein zum Leben erweckt wurde. Kurz vor seinem Tod soll er an seinem Glas genippt haben, um dann mißtrauisch zu fragen, ob man ihm den Wein mit Zucker gepanscht habe.

Die wohltuende Wirkung des Weins beschrieb Goethe, indem er gleichzeitig zu differenzieren wußte: "Es liegen im Wein allerdings produktivmachende Kräfte sehr bedeutender Art; aber es kommt dabei alles auf Zustände und Zeit und Stunde an. Und was dem einen nützet, schadet dem anderen."

Weinlandschaften und Weinkultur einerseits, Weingenuß und dessen Auswirkungen andererseits dürften gleichermaßen für die kulturschöpferische Wirkung von Kunstschaffenden verantwortlich zeichnen. Einerseits werden sie durch den Verzehr angeregt, wobei vor allem eine euphorisierende Wirkung zum Tragen kommt mit bestimmten Veränderungen in der Struktur der intellektuellen zerebralen Funktionen. Andererseits bieten Weinkulturen in ihrer Gesamtheit reichlich Ansatzpunkte zu produktivem Handeln und zu phantasievoller Umsetzung in die jeweiligen Kunstsparten.

Einigkeit besteht in der Meinung, daß von allen Alkoholika nur Wein und dessen Kultur zu dieser schöpferischen Kraft und Ausdrucksweise fähig sind, wie sie typisch für viele Bereiche der abendländischen Kultur angesehen werden. Auch soll kein anderes alkoholisches Getränk so stark verknüpft sein mit Brauchtum, Sage und Kult.

Wein wird als Symbol des Heils und der Lebenskraft gesehen. Aus der Sonne geboren ist er Ausdruck göttlicher Gnade und himmlischer Freuden. Nach seinem Genuß kommt es zum Überschwang der Gefühle, in deren Folge beschwingte Mythen, imposante Monumente und festliche Bräuche bei scheinbar geringem Aufwand entstehen.

Im Wein wird - aufgrund subjektiver Empfindungen und objektiver Beobachtungen - zu Recht etwas Geheimnisvolles, Zauberhaftes, Dämonisches vermutet. Er ist zugleich der Trank der Götter und das Blut des Dionysos. Auch die christliche Lithurgie spricht ihm eine geistig-symbolische Bedeutung zu, er erhält durch sie eine sakramentale Funktion.

Die Geschichte des Weines ist auch deshalb so fesselnd, weil er neben seiner tiefgreifenden Wirkung auf die Kultur-, Geistes- und Religionsgeschichte der Menschheit auch die ärztliche Kunst und die Entwicklung der Medizin so maßgeblich beeinflußt hat.

Das Alte Testament erwähnt beispielsweise an mehr als zweihundert Stellen die Anwendung von Wein in der Heilkunde zum innerlichen Gebrauch und für die

Wundbehandlung. Der Talmud bezeichnet den Wein als die älteste Medizin überhaupt. Das älteste Medizindokument aus der Zeit der Sumerer erwähnt den Wein als wichtiges Heilmittel, aus unserer heutigen Sicht aber auch in der Form von sogenannten Medizinalweinen, welche als Träger- bzw. Lösungsmittel für bestimmte Heilkräuter und magische Substanzen sowie zum Anrühren von äußerlich anzuwendenden Salben dienen.

Seit dem frühen Altertum wird der entspannende, lebensbejahende Einfluß des Weines, seine gesundheitsfördernde und heilkräftige Wirkung in der Medizin genutzt. Unter etwa neunhundert ärztlichen Rezepten des Papyrus Ebers aus dem alten Ägypten (ca. 1550 v. Chr.) beziehen sich insgesamt zwölf auf die Anwendung von Wein, vor allem als Heilmittel für den Magen, die Glieder, zur Linderung von Operations- und Geburtsschmerzen, zur Desinfektion und als Aphrodisiakum.

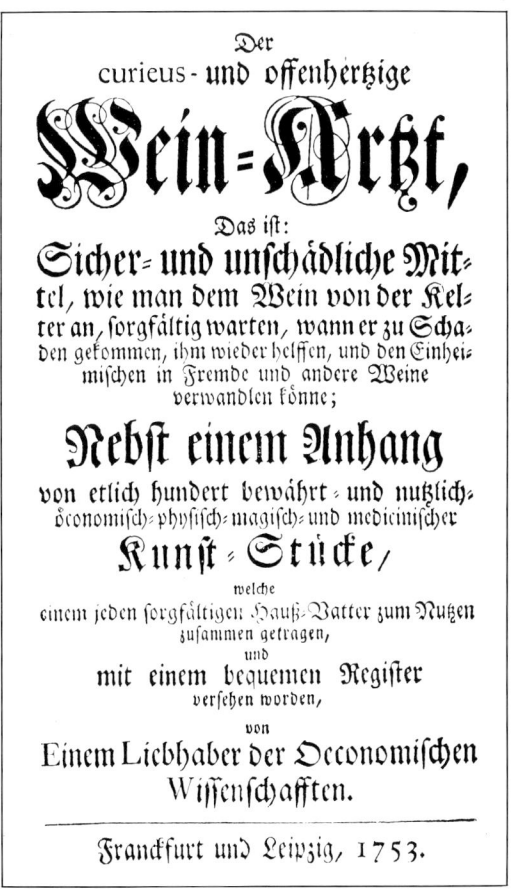

Titel einer Publikation von einem unbekannten Verfasser nicht nur über "kranke Weine", sondern auch über "Krankenweine".

DISSERTATIO PHYSICO-MEDICA

De

NATURA ET
PRÆSTANTIA VINI
RHENANI IN MEDICINA,

Quam

AUSPICE DEO

IN ILLUSTRI FRIDERICIANA
RECTORE MAGNIFICENTISSIMO
SERENISSIMO PRINCIPE AC DOMINO,

DN.

FRIDERICO WILHELMO,
REGNI BORUSSICI ET ELECTORATUS BRAN-
DENBURGICI HÆREDE, ETC. ETC.

PRÆSIDE

DN. FRIDERICO HOFFMANNO

Medicinæ & Philof. Nat. Prof. Publ. Ordinario,
Potentiff. Regis Boruff. Confiliario & Archiatro,
Patrono fuo æternum colendo,

PRO GRADU DOCTORALI

Summisque in Medicina Privilegiis rite impetrandis,
ad d. XIIX. Maj. MDCCIII. horis ante- & pomeridianis
IN AUDITORIO MAJORI
Eruditorum disquifitioni publicæ fubmittit

JOANNES VALENTINUS KAUPPERS,

Medicus Caftrenfis in Exercitu Cæfareo.

Typis CHRISTOPH ANDREÆ ZEITLERI, Acad. Typogr.

Titel einer Dissertation aus dem Jahre 1703 unter der Verantwortung von Prof. Friedrich Hoffmann, Gründer der medizinischen Fakultät in Halle. Er enwickelte unter anderem die nach ihm benannten Tropfen. (Siehe auch Abb. auf Seite 23.)

Moses scheint die Medizin-Papyri gekannt und hieraus hygienische und diätetische Empfehlungen für sein "auserwähltes" Volk abgeleitet zu haben. Auch die kreislaufanregende Wirkung von Wein muß den Ägyptern bekannt gewesen sein, wie die Deutung des Reliefs vom Sarg der *Prinzessin Kawit* um etwa 2000 v. Chr. ergibt. Die offenbar konstitutionelle Hypotonikerin erhält vor der Morgentoilette vom Mundschenk eine Trinkschale mit Wein gereicht.

Hippokrates und seine Schüler wußten viel über die Wirkungen von Wein bei verschiedenen Krankheiten. Sie hatten das damalige Wissen der verschiedensten

Kulturen zusammengetragen, sortiert, durch eigene Studien ergänzt und wissenschaftlich zu untermauern versucht. Zu den bisherigen Kenntnissen der Weinanwendung in der Wundbehandlung, als Aphrodisiakum, Antidepressivum, Psychopharmakon und Sedativum kamen der diuretische Effekt und der roborierende Charakter hinzu. Auch wurden unterschiedliche Wirkungen verschiedener Weinsorten und Mischungen mit Wasser herausgearbeitet, so daß einzelne Krankheitsstadien und die individuellen Gegebenheiten des Patienten berücksichtigt werden konnten. Beispielsweise ließen sich nach ihren Erfahrungen Kopfschmerzen, Verdauungsstörungen und Wassersucht durch gezielte Weingaben bessern, konnten bei zu reichlicher Gabe jedoch auch hervorgerufen bzw. verstärkt werden.

Fünfhundert Jahre später führte *Plutarch*, wiederum einhundert Jahre später *Galen* diese Untersuchungen erfolgreich weiter. Plutarch wird der Ausspruch zuge-

Der Verfasser dieser Schrift war praktischer Arzt in dem Moselweinort Trarbach. Die Publikation erschien 1821.

Der Moselwein

als

Getränk und Heilmittel.

Nebst einem Anhange

über den Weinhandel an der Mosel.

———

Ein Versuch

von

Karl Graff,

der Arzneykunde und Wundarzneykunst Doctor, und praktischem Arzte in Trarbach an der Mosel, Mitglied der Niederrheinischen Gesellschaft für Natur = und Heilkunde zu Bonn.

Kellerweinprobe betagter Küfer und Kellermeister. Weingenuß, ein ausgeglichenes Leben und die tägliche Arbeit haben sie jung gehalten.

ordnet, eine Zusammenfassung der damals vorherrschenden Meinung: "Wein ist unter den Getränken das nützlichste, unter den Arzneimitteln das süßeste, unter den Speisen das angenehmste." Galen, Begründer der experimentellen Physiologie, arbeitete die therapeutischen Wirkungen einzelner Weinsorten heraus, nutzte die unterschiedlichen Eigenschaften junger und alter Weine und kreierte in großem Umfange die schon zuvor in Mode gekommenen Würzweine.

Kein Geringerer als der Kirchenvater *Augustinus* schätzte den Wein als das Blut Christi, ewiges Leben bescherend, hoch ein. Seine Worte können als vortreffliche Zusammenfassung des damaligen und noch heute gültigen Wissensstandes vom Wein gelten: "In vielen Fällen braucht der Mensch den Wein. Er stärkt den schwachen Magen, erfrischt die ermatteten Kräfte, heilt die Wunden an Leib und Seele, verscheucht Trübsal und Traurigkeit, verjagt die Müdigkeit der Seele, bringt Freude und entfacht unter Freunden die Lust am Gespräch."

Die Kirche und in besonderer Weise die Klöster bewahrten Weinbau, Weinkultur und medizinische Bedeutung des Weins über die Jahrhunderte und trugen zur weiteren Verbreitung nach Norden und Osten bei, wie aus vielen Flur- und Lagenamen hervorgeht.

Ein bekanntes medizinisches Standardwerk seiner Zeit verfaßte *Arnold von Villanova* (um ca. 1300), das "Regimen sanitatis Salernitatum", in welchem auf die gesundheitliche Bedeutung des Weins ausführlich eingegangen wird. Nach seinen Erkenntnissen läßt Weingenuß die Gedanken schneller ablaufen, ungeahnte Assoziationen kommen zustande, längst vergessene Erinnerungen werden wach. Wein verfeinert nach ihm den Denkspiritus.

Hali Abbas Razes, ein bekannter Arzt seiner Zeit, des ausgehenden zehnten Jahrhunderts, bezieht den Weinrausch in seine Therapie fest ein. So werde tiefer Schlaf und starker Schweißausbruch gefördert, Voraussetzungen für gute Gesundheit. Während er eine solche "Gesundheitsmaßnahme" einmal im Monat propagierte, setzte sich *Avicenna* gar für eine zweimal monatliche Berauschungs-Kur ein. *Brown* aus Schottland ging in seiner Reizlehre im 18. Jahrhundert noch einen Schritt weiter, indem er einerseits die unverhältnismäßig große Indikationsbreite der Weintherapie in den

Titelbild einer englischen Weinzeitschrift.

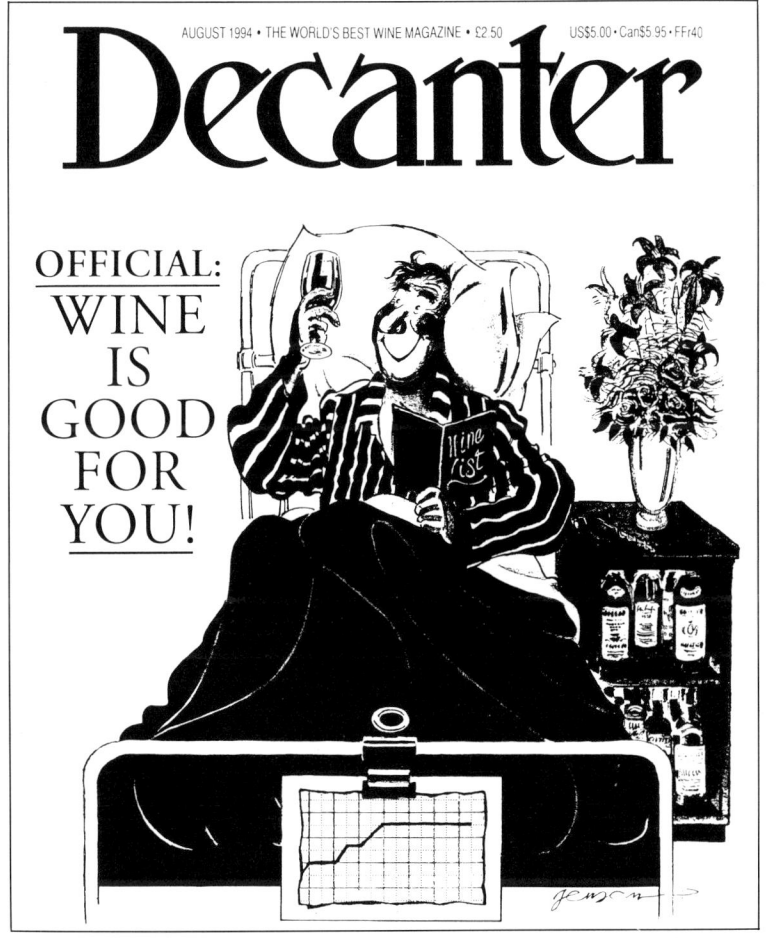

Vorschlag für ein (positives) "Warn-Etikett" aus "The Robert Mondavi Mission Program" (1988-1990). Übersetzung des englischen Textes: "Hinweis für Ihre Gesundheit. Ein Glas des Inhalts ist wohlschmeckend, kann Ihren Genuß am Essen beträchtlich steigern und die gesunde Verdauung unterstützen. Nach einem langen Arbeitstag verhilft Ihnen der Wein leicht zu guter Laune und kann damit zu Ihrem allgemeinen Wohlbefinden beitragen."

Vordergrund stellte, andererseits Unmengen von Wein, aber auch Champagner und Cognac verordnete (beispielsweise innerhalb von 24 Stunden zwei bis drei Flaschen schweren Rheinwein, eine halbe Flasche Champagner und einen halben Schoppen Cognac). Durch ihn und andere wurde ein zunehmend unverantwortlicher Mißbrauch der Weintherapie eingeleitet.

Trotz zunehmender Auswüchse gehörte die Weintherapie zum Standardrepertoire der meisten bekannten Kliniker und Praktiker bis etwa 1850, die in ihr einen wichtigen, unersetzbaren Bestandteil ihres Arzneischatzes sahen: "Der Wein ist nach dem Wasser das natürlichste und älteste Getränk und hat diesen Vorteil, daß das Wasser zwar feuchtet und den Durst stillet, aber nicht nähret und noch weniger stärket, der Wein alles dieses zugleich verrichtet."

Seit etwa 1850 wird der Wein sowohl aus dem Schrifttum wie auch aus der praktischen Anwendung als Heilmittel immer stärker verdrängt. Im Vordergrund wissenschaftlicher Experimente und Erörterungen steht nun mehr der Alkohol, welche Entwicklung auch im Zusammenhang mit der Entwicklung der alkoholischen Gärung durch *Louis Pasteur* zu sehen ist. Louis Pasteur selbst (1822-1895) hielt übrigens den Wein für das beste und gesündeste Getränk, wenngleich er ärztlichen Mißbrauch total ablehnte, sich aber selbst umso mehr als Freund eines maßvollen und besinnlichen Weingenusses bekannte.

Seit dieser Zeit entsteht, zugleich mit dem Wissen um die Gefahren von übermäßigem Alkoholkonsum, ein zunehmender Antialkoholismus, unterstützt auch von dem Siegeszug der pharmazeutischen Industrie mit der Entwicklung hochpotenter Medikamente, welche den Einsatz von Wein in der Medizin immer mehr unnötig machten.

Trotz eines starken Rückganges um jeweils 30 Liter pro Kopf innerhalb der letzten 25 Jahre sind Frankreich und Italien weiterhin die Länder mit dem höchsten Weinkonsum. Deutschland steht erst an 9. Stelle.

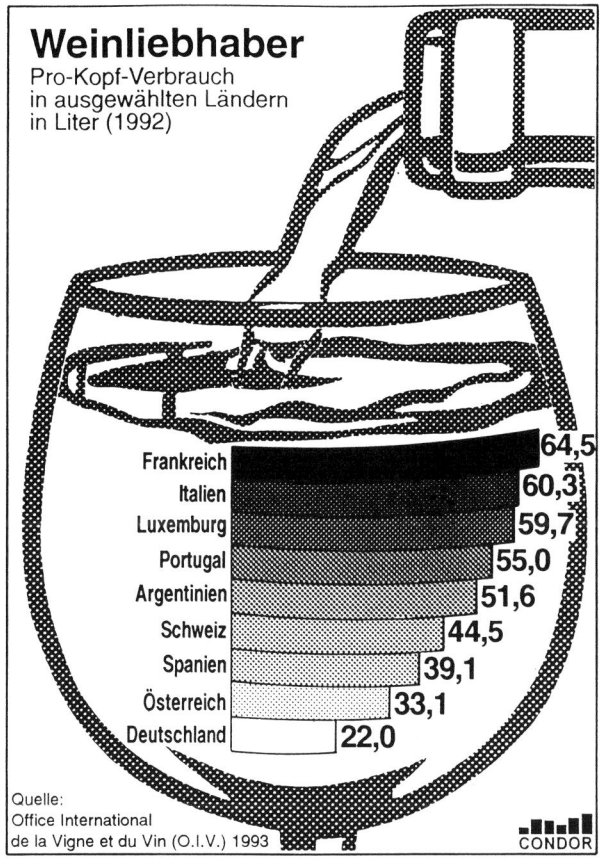

Weinliebhaber
Pro-Kopf-Verbrauch
in ausgewählten Ländern
in Liter (1992)

Land	Liter
Frankreich	64,5
Italien	60,3
Luxemburg	59,7
Portugal	55,0
Argentinien	51,6
Schweiz	44,5
Spanien	39,1
Österreich	33,1
Deutschland	22,0

Quelle:
Office International
de la Vigne et du Vin (O.I.V.) 1993

CONDOR

Erst in den letzten Jahren ist eine Renaissance des uralten Wissens zu erleben, daß gepflegter und kultivierter Weingenuß viele subjektiv erlebbare Annehmlichkeiten und objektivierbare Befindensbesserungen zeitigen kann. Wein ist - im richtigen Maß, zur richtigen Zeit und in angenehmer Gesellschaft genossen - ein freudebringendes, lebensbejahendes, sorgenbrechendes, entspannendes, gesundheitsförderndes und heilkräftiges Getränk par excellence! *Carl Zuckmayer* ist nicht müde geworden, diese Aspekte immer wieder in vielen lesenswerten Abhandlungen zu verbalisieren...

Kern-Sätze:

- Menschliches Leben seit Jahrtausenden vom Wein geprägt
- Wein im alten Griechenland als olympischer Mittler zwischen Diesseits und Jenseits, als Quelle körperlicher, geistiger, religiöser und musischer Kräfte charakterisiert
- Bakteriostatische, bakterizide und entgiftender Wirkung des Weins war schon Cäsar auf seinen Feldzügen bekannt
- Einzigartige Kulturlandschaft durch Weinanbau
- Philosophen, Dichter, Bildhauer, Maler und Musiker - Fürsprecher und Nutznießer von gepflegtem und kultiviertem Weingenuß
- Wein in besonderer Weise verknüpft mit Sage, Kult und Brauchtum, Symbol von Heil und Lebenskraft
- Tiefgreifende Wirkung des Weins nicht nur auf Kultur-, Geistes- und Religionsgeschichte, sondern vor allem auch auf ärztliche Kunst und Medizin
- Hippokrates setzte den Wein bei Heilsuchenden ein als Aphrodisiakum, Antidepressivum, Psychopharmakon, Sedativum Diuretikum, Roborans und zur Wundbehandlung
- Kirche und Klöster bewahrten Weinbau, Weinkultur und medizinische Bedeutung des Weins über die Jahrhunderte
- Weintherapie gehörte bis ca. 1850 zum Standardrepertoire der damaligen Ärzte, Wein war ein unersetzbarer Bestandteil ihres Arzneischatzes
- Seit ca. 1850 wissenschaftliche Alkohol-Erforschung, zunehmender Anti-alkoholismus, Siegeszug der medikamentösen Arzneimittel-Therapie
- Aktuelle Renaissance des uralten Wissens um die Annehmlichkeiten eines gepflegten und kultivierten Weingenusses

Allgemeine Wirkungen des Weins auf den Organismus

Seit langem und allgemein ist erkannt, daß Wein pluripotente (vielfältige) Wirkungen zu entfalten vermag. Abhängig von äußeren und inneren Faktoren kann er gleichermaßen als Genußmittel, als Nahrungsmittel, als Medizin und als Gift wirken. Die unterschiedlichen Auswirkungen werden einerseits bestimmt durch den Trinkenden selbst, so dessen Alter, Geschlecht, Körpergewicht, Magenfüllung und -inhalt, vegetative Ausgangslage, zirkadianen Rhythmus, Trinkgeschwindigkeit sowie Gehalt und Aktivität der Leber-Alkohol-Dehydrogenase wie auch der Leber-Aldehyd-Dehydrogenase.

Unter den exogenen Faktoren, welche die unterschiedlichen Auswirkungen von Weingenuß bestimmen, sind Rebsorte, Lage, Klima, Boden, Jahrgang, Reifegrad und Kellerbehandlung am wichtigsten. Sie wirken sich auf Qualität und Quantität der Inhaltsstoffe entscheidend aus, so Alkohol, Mineralstoffe, Spurenelemente, Vitamine, Bukettstoffe, Fuselöle, Aminosäuren und phenolische Verbindungen.

Das Alter des Weins soll wegen seiner praktischen Bedeutung besonders artikuliert werden. Allgemein ist beispielsweise bekannt, daß Federweißer (Rauscher, Sauser, Heuriger) reich an Kohlendioxid (CO_2) ist. Dadurch werden schnell große Mengen in Blut und Organe aus dem Verdauungstrakt (beginnend schon im Mund) aufgenommen. Federweißer trinkt sich gut, berauscht schnell, ist aber oft auch noch - durch die nicht abgeschlossene Klärung - verunreinigt mit organischen und anorganischen Bestandteilen. Alles zusammen (Alkohol, Verunreinigungen) kann leicht zu Störungen des Herz-Kreislauf-Systems, der Leber und des Magen-Darm-Traktes führen. Andererseits enthält Federweißer relativ viel Vitamine und führt ab, so daß er gar als Kurmittel mit gutem Therapie-Erfolg eingesetzt wird.

Junge Weine, auch aus guten Jahrgängen, können Anlaß von Herzbeschwerden, Durchfall, Schlafstörungen, vegetativen Mißempfindungen und Überempfindlichkeitsreaktionen wie Ödemen (Wasseransammlungen), Urtikaria (Nesselsucht), Juck-

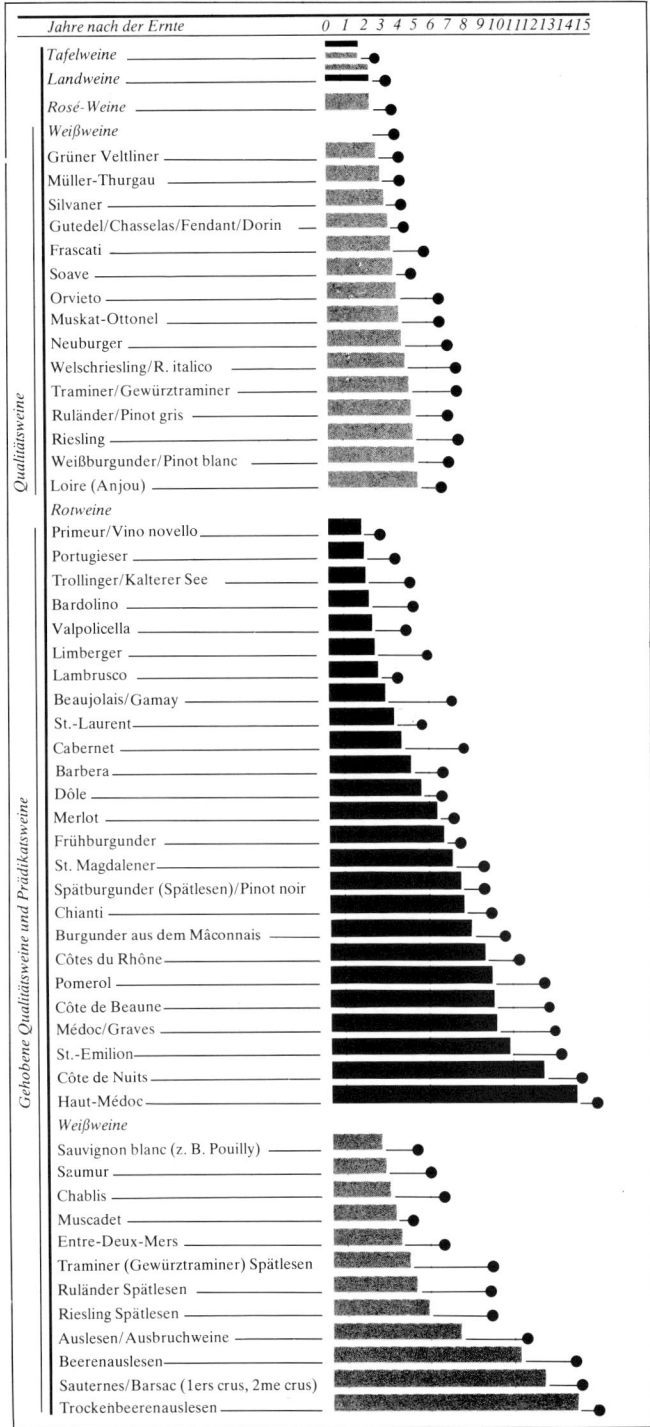

Übersicht über Haltbarkeit und optimale Reife verschiedener Sorten- und Herkunftsweine. Die fetten Linien zeigen die durchschnittliche Haltbarkeit an, die dünnen Linien mit dem Punkt-Ende eine je nach Jahrgangsqualität und fachlichem Können des Erzeugers mögliche längere Haltbarkeit.

Dementsprechend sollten weiße Tafel- bzw. Landweine sowie die meisten Roséweine jung getrunken werden. Für den Genuß älterer Weine kommen neben vielen Rotweinen aus den dafür prädestinierten Anbaugebieten auch höherwertige Weißweine aus Riesling, Traminer sowie edelsüße Auslesen in Betracht.

(Aus: WOSCHEK: Das Buch vom Wein, Gräfe und Unzer-Verlag)

reiz und Asthma-Anfällen sein. Andere, weniger empfindliche Menschen, lieben junge Weine wegen ihrer Spritzigkeit beispielsweise besonders. Dieselben Weine sind wahrscheinlich einige Jahre später auch für empfindliche Menschen gut bekömmlich. Unter diesem Aspekt wird das Sprichwort aus dem Schatz der Volksweisheit verständlich: "Iß kein Brot, das weniger als drei Tage alt - trink keinen Wein, der nicht mindestens drei Jahre alt ist!"

Alte Weine sind in aller Regel besser bekömmlich als junge. Aber auch in der Gärung unterbrochene Weine können mitunter Probleme für herzkranke und kreislaufabile Menschen verursachen.

Bei der Vielzahl von unterschiedlichen Weinen gewinnt die Forderung umso mehr Berechtigung, daß jeder Mensch durch Erfahrung selbst lernen muß, welche Weine in welcher Menge ihm gut bekommen und alle die positiven Effekte zeitigen, die wir mit einem gepflegten und kultivierten Weingenuß verbinden.

> **Unser Rheinwein aber/ ist der Natur des Menschen sehr gemäß/ und jeglichen angenehm. Er öffnet den Leib/ und treibet mit Verwunderung durch den Urin und Schweiß; indem er zugleich diejenige Theile/ so er zu einem Auswurff derer Unreinigkeiten des Leibes erfrischet/ kräfftiglich stärcket/und in ihnen Tono erhält: Daß wenn alle Menschen die fürtrefflichen Tugenden dieser unschätzbahren Præservativ Artzney verstünden/ gar viel unnütze Büchsen deren Syrupköche unausgeleeret bleiben würden.**

Auszug aus dem "Sentiment von Fürtrefflichkeit/Unterschied/Nuzen und Wirckungen Des Rhein-Weins" von Professor Dr. Friedrich Hoffmann. Der Verfasser (s. auch Abb. Seite 14) war Leibarzt der preußischen Könige Friedrich I. und Friedrich Wilhelm I. Die Abhandlung erschien in lateinischer Sprache 1703, in deutsch 1709.

Im Zweifelsfall, bei Diskrepanzen zwischen den allgemein beschriebenen Erwartungen bezüglich der Auswirkungen von Wein auf den Organismus und den subjektiv empfundenen Erscheinungen, empfiehlt sich die Hinzuziehung eines Arztes. Er sollte am besten die Gründe für die abweichenden Reaktionen herausfinden und erklären können, gegeben beispielsweise durch das Vorliegen bestimmter organischer Erkrankungen oder funktioneller Störungen bzw. durch die Rebsorte, die Verarbeitung, die Lagerung bzw. auch die Anbauweise.

In den meisten Fällen wird man sich jedoch an den Leitsatz des *Theophrastus von Hohenheim* (1493-1541), genannt *Paracelsus*, den Arzt, Naturforscher und Renaissancephilosophen der Lutherzeit, halten können: "Alle Dinge sind Gift und nichts ist ohne Gift. Allein die Dosis macht, daß ein Ding kein Gift ist."

Analysiert man die Gründe für den Verzehr von Wein, ergeben sich drei Kategorien, die sorgfältig voneinander zu unterscheiden sind. Bei allen Alkoholkranken,

---

Energieträger Wein

1. Alkohol als Kalorienspender

Eine Flasche Wein (0,75 Liter) enthält ohne Berücksichtigung von Restzucker und zuckerfreiem Extrakt:

Vol.-%	g/l	cal
9	70	367
10	79	414
11	86	451
12	95	498
13	102	535
14	110	577
15	118	619

2. Zucker als Kalorienspender

Eine Flasche Wein (0,75 Liter) enthält ohne Berücksichtigung von Alkoholgehalt und zuckerfreiem Extrakt folgende Kalorien:

g/l Restzucker	cal
4	12
10	30
18	54
25	75
45	135
65	195
85	255

Der insgesamt in einer Flasche Wein enthaltene Kaloriengehalt errechnet sich aus der Summe der in Alkohol und Restzucker sowie im zuckerfreien Extrakt (70 bis 150 cal) enthaltenen Kalorien

Alkohol und Zucker sind die wichtigsten Energielieferanten im Wein. (Aus "Effekte mit Energie" in ALLES ÜBER WEIN, Ausgabe 6/92, Woschek-Verlag, Mainz.)

Alkoholabhängigen und vielen Gelegenheitstrinkern spielt der Gehalt an Alkohol mit seinen (zumindest vorübergehenden) "positiven" Auswirkungen auf den Organismus die Hauptrolle. Andere Gelegenheitstrinker und oberflächliche Menschen benutzen den Wein, zumal mit Wasser verdünnt, als angenehmen Durstlöscher. Nur die wahren Weinkenner verbinden seinen Verzehr mit einem hohen geistigen und körperlichen Genuß, sehen in ihm ein hilfreiches wie angenehmes Mittel zur Gesunderhaltung und Wiedergesundung, erkennen in ihm die zahlreichen lebens- und vitalitätsfördernden Nähr- und Wirkstoffe.

Wein stellt mit seinem hohen Alkoholgehalt eine gute Nährstoffquelle dar. Mit seinem Brennwert von etwa sieben Kilokalorien pro Gramm dient er dem Organismus zum Aufbau und vor allem zur Erhaltung, so daß die körpereigenen

Kohlenhydrat- und Fettreserven geschont werden können. Mit seinen etwa 700 Kilokalorien pro Liter erreicht Wein etwa denselben Energiegehalt wie 0,8 Liter Vollmilch, 300 Gramm Brot, 350 Gramm Fleisch oder vier Eier, entsprechend dem Bedarf eines 10-km-Dauerlaufs.

Die Verstoffwechslung von Wein erfolgt vorwiegend (zu etwa knapp 90 Prozent) über die Leber, nur ein kleiner Teil (knapp 10 Prozent) wird über die Lungen bzw. über Schweiß und Urin (3-5 Prozent) ausgeschieden. Weinverzehr führt zu einer Vasodilatation der Hautgefäße, welche zunächst mit einem verstärkten subjektiven Wärmegefühl, bei höherem Konsum mit einer zunehmenden Auskühlung des Körperkerns einhergeht und im Extremfall selbst zum Todeseintritt führen kann.

Nach dem vollständigen Eindampfen des Weins bleibt der sogenannte Extrakt übrig. Er besteht aus Zucker, Glycerin, nichtflüchtigen Säuren, Stickstoffverbindungen, Gerbstoffen, Farbstoffen, höheren Alkoholen und Mineralstoffen. Der Extraktgehalt ist ein relatives Maß für die Güte des jeweiligen Weines, er beträgt bei deutschen Weinen beispielsweise meist zwischen 20 und 30 Gramm pro Liter, sein Brennwert entsprechend 70 bis 150 Kilokalorien. Rotweine sind meist extraktreicher als Weißweine.

Andere Inhaltsstoffe, welche maßgeblich den Geschmack ausmachen, sind die verschiedenen Aminosäuren, bis zu 23 an der Zahl, so beispielsweise Alanin, Arginin, Cystin, Leucin, Prolin, Tryptophan, Methionin, Tyrosin, Valin und andere. Ihr unterschiedliches Vorkommen bezüglich Kombination und Menge bestimmt weitgehend das jeweilige Aroma, hervorgerufen durch ihre Metabolisierung durch verschiedene Hefen während der alkoholischen Gärung. Durch sie wird die individuelle appetit- und verdauungsfördernde Wirkung einzelner Weine hervorgerufen.

Selbst unter Berücksichtigung der vielen gesundheitlich positiven Inhaltsstoffe im Wein bleibt festzuhalten, daß Wein kein Lebensmittel im eigentlichen Sinne darstellt. Besonders ist in diesem Zusammenhang das Fehlen von essentiellen Fettsäuren, ungesättigten Fettsäuren, vielen Vitaminen und Mineralstoffen (bzw. deren zu geringer Gehalt) sowie Spurenelementen zu betonen.

Im Laufe der letzten Jahrtausende wurden vielfach positive wie negative Auswirkungen von Wein auf den Organismus erfahren und durch mündliche Überlieferung tradiert sowie zunehmend auch in schriftlicher Form fixiert. Viele von ihnen wurden mit der Zeit in den allgemeinen Wissensschatz der Bevölkerung aufgenommen und gehören heute zum Standardrepertoire.

So steht der **stimulierende** Effekt auf die Psyche kaum außer Frage. Der graue Alltag läßt sich durch Weingenuß ebenso vergolden wie die triste Welt plötzlich wieder Farbe bekommen kann.

Wenngleich manche Weine offenbar die Streitsucht erhöhen (oder ist es "nur" die konsumierte Menge?), dient der Weingenuß eher dem **Ausgleich**, er glättet die

Wogen, beruhigt und weckt die Freude am tiefsinnigen Disput ebenso wie am oberflächlichen Humor.

Wein fördert **geistige** und **künstlerische** Neigungen sowie deren Schaffenskraft. Er wurde geradezu als Katalysator für musische Tätigkeiten charakterisiert.

Wein regt die **Durchblutung** und den **Stoffwechsel** an, fördert die **Verdauung** und schützt vor **Infektionskrankheiten**.

Wein, äußerlich angewendet, reinigt **Wunden** und heilt sie. Auch innerlich zugeführt entwickelt er eine **heilende** Wirkung, so nach einer französischen Auflistung für die Anwendung von französischen Weinen bei Allergien, Anämien, Arterienverkalkung, Bronchitis, Tuberkulose, Durchfall, Fieber, Gicht, zu hohem Blutdruck, in den Wechseljahren, bei Depression, Rheumatismus, Gewichtsverlust und Leberschwäche.

Wein soll das **Leben verlängern**, nicht nur in quantitativer Hinsicht, sondern auch in qualitativer Hinsicht, indem er die zugewonnenen Jahre zusätzlich verschönert.

Andererseits beziehen sich die durch übermäßigen Weingenuß entstehenden Schädigungen und Krankheiten vorwiegend auf das Herz (Säufer-Herz), auf die Leber (Säufer-Leber) und auf das Zentralnervensystem (Alkoholpsychose, alkoholische Degeneration).

Im einzelnen sollen zumindest das fetale Alkoholsyndrom, alkoholbedingtes Karzinom, Medikamenteninteraktion, Impotenz, Malabsorption, Malnutrition, Pankreatitis, Leberzirrhose, Anämie, erhöhte Infektionsanfälligkeit, Gicht, Hypoglykämie, Ketoazidose, Myopathie, Mastopathie, Schlafapnoe, Depression und Neuropathie der Vollständigkeit halber aufgeführt sein. Ihr Zustandekommen setzt in aller Regel jedoch nicht nur einen übermäßigen Alkoholkonsum über lange Zeit, sondern zusätzlich das Vorhandensein weiterer Risikofaktoren (Nikotinkonsum, Ernährungsdefizite, Stress) und wahrscheinlich eine genetische Veranlagung voraus. Immerhin, gemäß dem Paracelsus'schen Leitspruch "Dosis facit venenum", sollte die Menge des zugeführten Alkohols auf die individuellen Gegebenheiten abgestimmt werden und in der Regel 30 Gramm reinen Alkohol pro Tag nicht übertreffen.

Zusammenfassend entwickelt reifer, edler Wein, in Maßen genossen, viele positive Wirkungen. Er hilft psychische Spannungen abbauen, lädt ein zur Besinnung und Muße, bringt Ruhe, Erholung und Entspannung, fördert die Gemütlichkeit, hilft menschliche Beziehungen aufbauen, trägt zur Lösung von Konflikten bei und beschleunigt die Regeneration.

Er rundet den Tag, die Arbeitsphase, ab und eröffnet den Abend, die freie Zeit und Muße. Insofern leitet er sanft von der sympathikusbestimmten Tagesarbeit in die parasympathikus-dominierte Erholungsphase über bzw. erleichtert diesen Übergang und ist damit Garant für eine erholsame Nacht.

Ohne Wenn und Aber kann man sich den Ausführungen *Christoph Wilhelm Hufelands*, des berühmten Arztes der Goethezeit, anschließen, der als Leibarzt des

Hofes in Weimar und später in Berlin tätig war, und als Vorkämpfer einer gesunden Lebensweise bis in unsere Zeit wegweisende Richtlinien und Ratschläge in seinem schon zu seinen Lebzeiten weltbekannten Buch "Makrobiotik - oder - Die Kunst, das menschliche Leben zu verlängern" festgehalten hat. Im zweiten Abschnitt des "Praktischen Teiles" mit der Überschrift "Verlängerungsmittel des Lebens" schreibt er über den Wein:

"Der Wein erfreuet des Menschen Herz, aber er ist kein alleiniges Nahrungsmittel und keineswegs eine Notwendigkeit zum langen Leben.....ja, er kann sogar das Leben sehr verkürzen, wenn er zu häufig und in zu großer Menge getrunken wird. Wenn er daher nicht schaden und ein Freund des Lebens werden soll, so muß man ihn nicht täglich und nie im Übermaß trinken, je jünger man ist, desto weniger, je älter, desto mehr. Am besten ist es, wenn man den Wein als **Würze des Lebens** betrachtet und benutzt und ihn vor allem auf Tage der Feude und Erholung, auf die Belebung eines freundschaftlichen Zirkels verspart!" - Dem ist, auch aus heutiger und wissenschaftlicher Sicht, nichts hinzuzufügen.

Kernsätze:

- Im Wein sind pluripotente Wirkungen enthalten
- Gleichermaßen Genußmittel, Nahrungsmittel, Medizin und Gift
- Alter des Weines von großer praktischer Bedeutung im Hinblick auf seine Wirkungen
- Alte, reife Weine in aller Regel besser bekömmlich
- Dosis facit venenum; bei Abweichungen der tatsächlichen von den erwarteten Wirkungen Arzt zu Rate ziehen
- Drei Kategorien von Weintrinkern: Alkoholkranke, Gelegenheitstrinker, Weinkenner
- Wein gute Nährstoffquelle
- Extraktgehalt des Weines gutes Maß für seine Güte
- Aminosäuren in Kombination und Gehalt maßgeblich verantwortlich für jeweiliges Aroma
- Wein kein eigentliches Lebensmittel
- Viele gesundheitlich positive und negative Wirkungen von Weinverzehr allgemeines Standardwissen
- Negative Auswirkungen meist nicht nur von zu häufigem und reichlichem Verzehr, sondern auch von zusätzlichen Risikofaktoren und von Vererbung beeinflußt
- Wein nach Hufeland "Würze des Lebens"

Gesundheitliche Bedeutung der einzelnen Inhaltsstoffe im Wein

Im 5. Deutschen Weingesetz von 1971 wird Wein definiert "...das aus dem Saft frischer Weintrauben hergestellte Getränk, das infolge alkoholischer Gärung mindestens 55 Gramm tatsächlichen Alkohol im Liter enthält". Wein ist danach das Ergebnis der natürlichen alkoholischen Vergärung des Zuckers im frischen Saft von Weintrauben. Die Gärung ist der entscheidende Vorgang, der den Traubensaft zum Wein macht.

Unter den einzelnen Inhaltsstoffen von Wein werden diejenigen Substanzen, welche schon von der Traube her in den Wein gelangen, und diejenigen Bestandteile, welche im Verlaufe der Weinbereitung neu entstehen oder zugefügt werden, zusammengefaßt.

Aethylalkohol:

Neben dem Hauptbestandteil Wasser (etwa 85 Prozent) ist nach Menge und Wirkung das Äthanol (Aethylalkohol C_2H_5OH) die zweitwichtigste, wenngleich vielleicht auch nicht die gesundheitlich wertvollste Substanz.

Der Aethylalkohol entsteht bei der alkoholischen Gärung aus den beiden Zuckerarten Dextrose und Fruktose, welche in den grünen Pflanzenteilen der verschiedenen Weinstöcke mehr oder weniger konzentriert vorkommen. Die Trauben speichern die Zucker, je nach Rebsorte und klimatischen Bedingungen unterliegt ihr Gehalt starken Schwankungen. Er wird aus dem spezifischen Gewicht des ausgepreßten Traubensaftes (Most) bestimmt und in Oechsle-Graden angegeben, welche mit dem Alkoholgehalt im fertigen Wein direkt korrelieren.

Dementsprechend ist der Alkoholgehalt der einzelnen Sorten sehr unterschiedlich, die Extremwerte differieren von etwa 60 bis 120 Gramm je Liter.

Geringe Mengen des Alkohols werden beim Weingenuß bereits durch die Mundschleimhaut resorbiert, der Hauptanteil gelangt allerdings erst aus dem Magen, dem Zwölffinger- und Dünndarm ins Blut. Eine zusätzliche Beschleunigung kann durch die Zugabe von Kohlendioxid (Rauscher, Champagner) erfolgen, indem dieses zu einer Vasodilatation und damit verstärkten Resorption führt.

Der Übergang von Weinalkohol aus dem Magen-Darm-Kanal erfolgt über Diffusionsvorgänge entlang dem Konzentrationsgefälle, eine eigentliche aktive Tätigkeit der Schleimhautzellen liegt nicht vor.

Die Geschwindigkeit der alkoholischen Gewebeanreicherung hängt von vielen Faktoren ab, so Hydratationszustand des Körpers (Beschleunigung bei Exsikkose), Konzentration des Alkohols (Erhöhung bei stärkerer Konzentration), Füllungszustand des Magens (umgekehrt proportional) und Zusammensetzung des Mageninhalts (saure und scharf gewürzte Speisen bremsen den Übergang, ebenso eiweiß- und fettreiche Nahrungsmittel). Die Geschwindigkeit der Gewebeanreicherung von Alkohol ist damit intra- wie interindividuell sehr unterschiedlich und kaum allein durch die zugeführte Menge abzuschätzen.

Auch die Verteilung des Alkohols in den einzelnen Geweben ist nicht überall gleich, sondern individuell und gewebeabhängig stark unterschiedlich. Die höchsten Konzentrationen finden sich im Liquor und Blut, die geringsten im Fettgewebe. Verallgemeinert entspricht die Alkoholkonzentration der einzelnen Gewebe direkt ihrem Wassergehalt.

Der Abbau des Aethylalkohols erfolgt zu etwa 90 Prozent in der Leber, wobei die gesunde Leber etwa 8 bis 10 Gramm/Stunde verstoffwechselt, unabhängig von der gesamtzugeführten Menge und Konzentration. Aufgrund endogener Oxidation entsteht dabei Acetaldehyd als intermediäres Zwischenprodukt und weiter Acetat (Essigsäure), das entweder in der Leber zu Fett aufgebaut oder in anderen Geweben - beispielsweise in der Muskulatur - weiter abgebaut oder über Darm und Nieren ausgeschieden wird.

Wird die Leber mit Acetaldehyd überflutet, beispielsweise bei zu häufiger Zufuhr und zu großen Mengen von Aethylalkohol, erfolgt auf Dauer eine spezifische Leberschädigung. Sie führt dazu, daß Acetaldehyd in größeren Mengen ins Blut und wegen seiner guten Lipoidlöslichkeit ins Nervengewebe übertritt. Folgen sind Kopfschmerzen, Benommenheit und Schwindel. Auch ein Übergang in das Alveolarsystem der Lungen und damit Auftreten in der Atemluft ist möglich.

Eine akute tödliche Weinvergiftung ist gegenüber der chronischen Schädigung eher selten, bisher kaum beschrieben. Mit Todeseintritt ist ab einem Blutalkoholspiegel von mehr als 4,0 Promille durch eine Lähmung des Atem- und Kreislaufzentrums sowie eine schwere Funktionsstörung der Nebennierenrinde zu rechnen.

20 bis 24 Stunden nach Alkoholaufnahme ist dieser nicht mehr im Liquor und Zentralnervensystem nachzuweisen, wobei die Eliminationsrate kaum individuelle Unterschiede zeigt. Auch scheint nach bisherigen Ergebnissen eine Beschleunigung des Alkoholabbaus durch bestimmte Medikamente, Atemgymnastik oder körperliche Arbeit nur in geringem Maße, wenn überhaupt, möglich.

Aufgrund der weitgehend genetisch fixierten, invariablen Abbaurate von Aethylalkohol durch die gesunde Leber scheint es, zumindest theoretisch, möglich, beim langsamen Trinken (Weinkultur, Genuß) die Metabolisierung der Aufnahme anzu-

Inhaltsstoffe		in g / l		Inhaltsstoffe		in g / l
Titrierbare *Säuren*	Weißweine:	4,0...9,0		Butylenglykol		etwa 0,6
	Rotweine:	4,0...6,0		Isobutylenglykol		etwa 0,12
Äpfelsäure		0,0...6,0		Sorbit		etwa 0,020
Weinsäure		0,5...4,0		Mannit		Spuren
Salze der Weinsäure		0,1...2,0				
Milchsäure		0,8...3,3		*Ester und Azetale*		0,075...0,150
Bernsteinsäure		0,5...1,3		*Zucker*	vergärbar:	0,0...150,0
Zitronensäure		0,0...0,3			(Glukose und	
Glykolsäure		0,0...0,2			Fruktose)	
Glukonsäure		0,0...0,04			unvergärbar:	1,0...2,5
Glukuronsäure		0,2...0,6		Arabinose		0,5...0,8
Galakturonsäure		0,2...0,6		Rhamnose		0,15...0,36
Oxalsäure		0,0...0,2		Xylose		Spuren
Schleimsäure		0,0...1,5		Pektine		Spuren
Glyoxylsäure		Spuren		*Gerbstoffe*	Weißweine:	0,05...0,4
Brenztraubensäure		0,1...0,4 -			Rotweine:	1,0...2,5
Ketoglutarsäure		Spuren				
Benzoesäure		0,0...0,0007		*Stickstoff-Verbindungen*		
Salizylsäure		0,0...0,0008		Gesamtstickstoff		0,1...0,9
Chinasäure		0,0...0,5		Eiweißstickstoff		0,03...0,04
				Aminostickstoff		0,02...0,2
Flüchtige Säuren		0,2...1,2		Amidstickstoff		0,002...0,02
Ameisensäure		Spuren		Ammoniumstickstoff		0,0...0,15
Essigsäure		0,15...1,3		Nitratstickstoff		etwa 0,006
Propionsäure		Spuren		Glykokoll		etwa 0,027
Buttersäure		0,001...0,002		Valin		etwa 0,040
Valeriansäure		0,001...0,002		Leuzin		etwa 0,020
Capronsäure		Spuren		Isoleuzin		etwa 0,028
Kohlensäure		sehr		Phenylalanin		etwa 0,018
		unterschiedlich		Prolin		etwa 0,140
Schweflige Säuren	frei:	0,002...0,05		Serin		etwa 0,051
	gebunden:	0,08...0,25		Threonin		etwa 0,145
Aldehydschweflige Säure		0,04...0,05		Zystein		etwa 0,020
Schwefelsäure		0,15...1,0		Methionin		etwa 0,005
Äthyl- und Glyzerin-		Spuren		Tryptophan		0,001...0,010
schwefelsäure				Tyrosin		etwa 0,012
				Asparaginsäure		etwa 0,035
Alkohole				Glutaminsäure		etwa 0,210
Äthylalkohol	Tischweine:	50,0...110,0		Lysin		etwa 0,045
	Dessertweine:	104,0...176,0		Arginin		etwa 0,047
Methylakohol	Weißweine:	0,02...0,1		Histidin		etwa 0,014
	Rotweine:	0,09...0,75		Hydroxytryptophan		0,001...0,010
Propylalkohol		Spuren		Indolyl-Essigsäure		0,001...0,010
Isopropylalkohol		Spuren		Indolyl-Akrylsäure		0,001...0,010
Butylalkohol		Spuren...0,1		Hydroxyäthyl-Indol		0,001...0,010
Isobutylalkohol		Spuren...0,1		Methoxyindolyl-		
Amylalkohol		Spuren...0,1I		karbonsäure		0,001...0,010
Isoamylalkohol		Spuren...0,1		Histamin		0,0...0,022
Tyrosol		0,015...0,045				
Tryptophan		0,0...0,001		*Vitamine*		
Phenyläthylalkohol		0,01...0,075		Vitamin B 1 (Thiamin)		0,0
Glyzerin		3,5...25,0				

Inhaltsstoffe	in g/l	Inhaltsstoffe	in g/l
Vitamin B 2 (Riboflavin)	etwa 0,000 12	Thallium	etwa 0,000 000 06
Nikotinsäureamid	0,0009...0,0044	Silizium	0,0001...0,005
Pantothensäure	0,000 065...0,0021	Zinn	Spuren...0,0007
Vitamin B 6 (Pyridoxin)	0,000 26...0,000 47	Blei	Spuren...0,0005
Vitamin B 12	0,000 003...0,000 025	Titan	0,000 04...0,000 23
Vitamin C (Askorbinsäure)	0,0...0,050	Vanadin	0,000 06...0,000 26
Vitamin D	etwa 0,000 027	Arsen	Spuren...0,000 02
Vitamin H (Biotin)	etwa 0,000 000 5	Wismut	0,0
Vitamin M (Folsäure)	0,000 007...0,000 005	Chrom	Spuren... 0,000 000 5
Mineralstoffe	1,5...3,0	Molybdän	0,000 001...0,0001
Lithium	unter 0,001	Fluor	0,000 06...0,000 49
Natrium	0,01...0,6	Chlor	0,000 02...0,000 08
Kalium	0,5...2,5	Brom	unter 0,001
Rubidium	etwa 0,001	Jod	0,0001...0,0006
Kupfer	etwa 0,001	Mangan	0,0...0,002
Silber	unter 0,001	Eisen (nach Blauschönung)	etwa 0,004
Magnesium	0,1...0,24	Kobalt	0,000 000 5...0,000 012
Kalzium	0,1...0,2	Nickel	Spuren...0,000 001
Strontium	0,000 001...0,000 25		
Barium	0,000 000 1...0,000 05	*Extrakt,* zuckerfrei	20,0...30,0
Zink	0,001...0,003	(in Rotweinen höher	
Kadmium	0,000 001...0,000 01	als in Weißweinen)	
Bor	0,0034...0,0087		
Aluminium	0,000 51...0,000 93		

Quelle: GOLLMICK, BOCKER, GRÜNZEL "Das Weinbuch", Leipzig 1976

nähern (etwa 8 bis 10 Gramm pro Stunde, entsprechend beispielsweise einem Glas Wein), so daß keine Anflutung der Leber resultiert. Praktische Erfahrungen bestätigen diese Erkenntnis.....

Bei schnellem Trinken erfolgt demgegenüber eine Überflutung der Leber, der Aethylalkohol "läuft unverändert durch" (passiert die Leber), so daß der sofortige Übergang ins Gehirn die bekannte Symptomatik auslöst.

Aethylalkohol beeinflußt die einzelnen Organfunktionen in vielfältiger Hinsicht, so die Verdauungsorgane, das Herz-Kreislauf-System, die Atmung, den Stoffwechsel, den passiven Bewegungsapparat, die Muskulatur, die Haut, das Hormonsystem, das Urogenitalsystem, das Immunsystem und das Zentralnervensystem einschließlich Vegetativum (s.Kap.5).

Methylalkohol

CH_3OH (Methylalkohol oder Methanol) ist kein Produkt der Zuckervergärung, sondern entsteht beim Mahlen der Trauben durch Freisetzung von Pektinme-thylesterasen aus den Fruchtzellwänden der Trauben. Rotweine weisen dement-sprechend mehr Methanol (50-250 mg pro Liter) als Weißweine (20-130 mg/l) auf.

Während Aethanol im Leberstoffwechsel jedoch rasch zu Acetaldehyd oxidiert und dadurch entgiftet wird, wirken Methanol und seine Oxidationsprodukte (Amei-sensäure, Formaldehyd) lange im Körper nach, so daß Kopfschmerzen, Sehschwäche,

Erbrechen, Krämpfe, Unterleibsschmerzen und Koma als schlimmste Vergiftungser-scheinungen beschrieben sind.

Allerdings sind diese schlimmen Formen durch Weinkonsum kaum auslösbar, auch nicht durch den Konsum von Rotwein und Edelweinen, zumal Methanol durch das immer gleichzeitig vorhandene Aethanol zusätzlich neutralisiert und entgiftet wird.

Geringere Formen der angeführten Beschwerden können jedoch auftreten und Grund für die weniger gute Verträglichkeit beispielsweise von Rotweinen bei einzel-nen Menschen sein.

Höhere Alkohole

Sie werden auch unter dem Sammelbegriff "Fuselöle" zusammengefaßt. Im Wein kommen sie in der Regel nur in Spuren vor, so daß keine eigentlichen Auswirkungen (vor allem negative) im Körper zu erwarten sind.

Dennoch ist die Bekömmlichkeit der Weine in erster Linie abhängig von der Art und Konzentration der höheren Alkohole, welche vorwiegend bei der enzymatischen Vergärung von in den Trauben enthaltenen Aminosäuren und aus dem Zucker des Mosts entstehen.

Sie vor allem führen zu prägnanten Geruchs- und Geschmackseigenschaften und bewirken somit das spezifische, unverwechselbare Aroma der einzelnen Sorten.

Mengenmäßig stehen unter ihnen der Propylalkohol, der Isobutylalkohol, der Methylbutylalkohol und der Amylalkohol im Vordergrund. Die Gesamtmenge an "Fuselölen" im Wein beträgt zwischen 150 und 700 mg pro Liter, wobei Landweine eher einen geringeren Gehalt, hochwertige und alkoholreiche Weine eher eine höhere Konzentration aufweisen.

Höhere Alkohole hemmen die hepatische Metabolisierung von Aethylalkohol und verlängern damit dessen Verweildauer im Körper, zweifelsohne mit ein Grund, weshalb alkoholarme (leichte) Weine oft besser vertragen werden als alkoholreiche. Sie selbst verweilen jedoch auch länger im Körper, indem sie in der Leber langsamer oxidiert werden als Aethanol, aber auch deshalb, weil im Zentralnervensystem (ihrer bevorzugten Anflutung) kein Abbau wegen des Nichtvorhandenseins von ADH (Alkoholdehydrogenase) möglich ist.

Sie besetzen im Gegenteil über längere Zeit die Oberflächen von Ganglienzellen, scheinen dadurch den Übergang von Sauerstoff in die Zelle zu blockieren und dadurch sauerstoffmangelbedingte Kopfschmerzen hervorrufen zu können. Außer-dem können sie vegetative Störungen, funktionelle Verdauungsprobleme und Kreis-laufschwierigkeiten auslösen.

In diesem Sinne gewinnt die zusammenfassende Beurteilung und sich daraus ableitende Empfehlung von *Kliewe* eine neue wissenschaftliche Bedeutung: "Unsach-gemäß angebaute und schwere, alkohol- und extraktreiche Weine können größere Mengen höherer Alkohole und Aromastoffe enthalten. Deshalb sollte, wenn Weine nicht schädlich auf den Organismus wirken sollen, das tägliche Quantum: eine

Flasche von einem einfachen Wein oder eine halbe Flasche eines gehobenen oder eine Viertel-Flasche eines ausgelesenen Weines nicht wesentlich überschritten werden; in diesen Mengen dürften die toxischen Stoffe gesundheitlich unbedenklich sein." Dem ist aus heutiger Sicht bezüglich der Relationen nichts hinzuzufügen, wenngleich die Mengen noch weiter nach unten zu korrigieren wären.

Glycerin

Unter den mehrwertigen Alkoholen des Weines nimmt quantitativ das Glycerin die wichtigste Position ein. Als Nebenprodukt der alkoholischen Gärung, wohl durch den enzymatischen Abbau von Aminosäuren ("Urin der Hefen") entsteht er in einer Menge von 6 bis 10 Prozent des Aethanols. Infolge Verdunstung von Wasser und Aethanol während der Reifung, besonders im Faß, verschiebt sich das Verhältnis langsam zugunsten von Glycerin.

Seine wichtigste weinchemische Eigenschaft ist die hohe Viskosität, seine ölige Beschaffenheit, die einen vollmundigen Geschmack vermittelt. Hochkarätige Auslesen mit einem Gehalt bis zu 40 g/Liter zeichnen sich schon äußerlich dadurch aus, daß "...das edle Naß beim Schwenken in Schlieren am Glas herunterläuft...".

Glycerin macht den Wein rund, es trägt zu Körper und Fülle bei und vermittelt eine leichte Süße.

Medizinisch sind seine Anregung des Defäkationsreflexes (Stuhlentleerung) und seine laxierende Wirkung (Stuhldrang) zu erwähnen.

Acetaldehyd

Als Zwischenprodukt der alkoholischen Gärung in der Leber entsteht vorübergehend Acetaldehyd in einer Menge von 20 bis 40 mg/Liter, welchen der gesunde Organismus in der Regel schnell weiter zu Acetat (Essigsäure) oxidiert. Unter pathologischen Umständen (zu hohe Anflutung, Leberkrankheit, Fehlen bzw. Blockierung der Aldehyd-Dehydrogenase) führt seine Anhäufung im Zentralnervensystem zu erheblichen Kopfschmerzen und dadurch bedingten Unverträglichkeitserscheinungen.

Zucker

Im natürlichen Traubensaft kommen an Zuckern (nur) Dextrose und Fruktose vor, welche normalerweise restlos zu Alkohol vergoren werden (alkoholische Gärung). Im Prinzip sind Naturweine daher frei von vergärbaren Zuckern. Übrig bleiben höchstens nicht-vergärbare Pentosen (bis 0,2 g/l), so Arabinosen und die Rhamnose. Zusätzlich werden in der Traubenbeere aus der Vergärung von Pektinstoffen auch Saccharosen gefunden, die im Most jedoch schon nicht mehr nachweisbar sind, indem sie durch den Mahlvorgang der Trauben in Glukose und Fruktose aufgespalten werden.

Zur Verbesserung der Weine weniger guter Jahrgänge ist in den nördlichen Weinbaugebieten der Zusatz von Saccharose (Rohr- oder Rübenzucker) bei Qualitätsweinen und von Mostkonzentraten bei Tafelweinen erlaubt. Grund des Zusatzes ist jedoch weniger der Wunsch nach einem höheren Süßgehalt, sondern vielmehr nach

Süßkraft verschiedener Kohlenhydrate im Vergleich zu Saccharose

(Angaben in Prozentabweichungen von Saccharose = 100 Prozent)

(Nach KRAUSE, M. V. und L. K. MAHAN (eds.) "Food, nutrition and diet therapy", Saunders, Philadelphia 1979)

Saccharose	100
Invertzucker	130
Fructose	173
Glucose	74
Sorbit	60
Mannit	50
Galactose, Maltose	32
Lactose	16
Glucose-Sirup	20 - 50
Melasse	70
Honig	97

Alkoholanreicherung. Nach der Gärung soll deshalb auch keine Saccharose mehr nachgewiesen werden können, sie wäre ein Zeichen für Verfälschung. Allenfalls könnte noch etwas Glukose und Fruktose in dem unvergorenen Rest vorhanden sein.

Große Gewächse (Edelweine) verdanken ihre besondere Art dem Befall der Beeren durch den unscheinbaren Schimmelpilz Botrytis cinerea, welcher bei neblig-feuchtem Wetter die Beerenhaut durchlöchert. Bei anschließendem sonnig-warmem Herbstwetter verdunstet Wasser aus den Beeren, die zu Trockenbeeren mit konzentriertem

3158	Verliehen im Juli 1993	1,0 l

Für Diabetiker geeignet
Nur nach Befragen des Arztes

Laut Analysenbefund enthält
1 Liter dieses Weines

Zucker unvergoren als Invertzucker ber.	0,7	Gramm
Alkohol-Brennwert	2736	Kilojoule
	638	Kilokalorien
Gesamt-Brennwert	3043	Kilojoule
	711	Kilokalorien

Alkohol in % vol steht gerundet vorne auf dem Etikett

Die Analyse erfolgte
im Auftrage der
Deutsche Landwirtschafts-Gesellschaft
Eschborner Landstr. 122, 60489 Frankfurt

4 002860 103231

Das von der DLG Deutsche Landwirtschafts-Gesellschaft erarbeitete Rückenetikett für Weine, die für Diabetiker geeignet sind, enthält Angaben mit den jeweiligen Analysewerten von unvergorenem Zucker, Alkohol-Brennwert und Gesamt-Brennwert.

Most schrumpfen. Der Zuckergehalt der entstehenden "Edelbeeren" ist stark erhöht bis auf 350 g/l und mehr. Da die Glukose vom Pilz selbst metabolisiert wird, reichert sich vor allem der Fruktosegehalt an. Bei Berücksichtigung des Abbaus auch von Fruchtsäuren wird der geringe Säuregehalt bei hohen Alkoholwerten verständlich.

Im Gegensatz zu den Hexosen (vor allem Glukose) bleiben Pentosen mit Sicherheit ohne Auswirkung auf den Blutzuckerspiegel und die Insulinfreisetzung aus der Bauchspeicheldrüse.

Im Most beträgt das Verhältnis Glukose zu Fruktose bei Beginn der Gärung etwa 1:1. Da Glukose bei der alkoholischen Gärung bevorzugt vergoren wird, nimmt der Fruktoseanteil mit zunehmender Gärung im Restzucker prozentual ständig zu, während sich der Gesamtzuckergehalt immer weiter verringert. Durch Zusatz von Süßreserve (unvergorenem Traubensaft) nähert sich das Verhältnis wieder dem Ausgangswert.

Die Süßkraft von Glukose beträgt etwa 75 Prozent, diejenige von Fruktose etwa 170 Prozent derjenigen von Saccharose. Ein hoher Fruktosegehalt scheint demnach für Diabetiker aus zweifacher Hinsicht besonders geeignet (hohe Süßkraft, Nichtbeanspruchung des Insulinmechanismus).

Säuren

Zahlreiche Säuren werden in sehr unterschiedlichen Mengen im Wein gefunden. Erwünscht sind sie aus mehreren Gründen. So nehmen sie Einfluß auf den Geschmack. Sie schützen vor bakteriellem Verderb. Sie erhöhen seine Lagerfähigkeit. Sie tragen zur Bekömmlichkeit bei.

Der Säuregrad ist von Wein zu Wein sehr unterschiedlich. Vor allem hängt er von der Sorte, vom Jahrgang, vom Standort, von der Erntemenge und dem Erntezeitpunkt ab.

Der Gehalt bewegt sich von einigen Gramm (wie bei der Weinsäure und bei der Äpfelsäure) bis zu kaum nachweisbaren Spuren. Die Gesamtsäure, resultierend aus den einzelnen organischen und einigen wenigen anorganischen Mineralsäuren, macht durchschnittlich 4 bis 10 Gramm aus, bei Weißweinen mit 5 bis 10 Gramm mehr als bei Rotweinen mit 4 bis 5 Gramm.

Weine aus südlichen Anbaugebieten sind meist säureärmer, weshalb ihnen oft zur Geschmacksverbesserung oder aus Konservierungsgründen Wein- oder Zitronensäure zugesetzt wird.

Aufgrund ihres Säuregehaltes ergeben sich bei den meisten Weinen pH-Werte zwischen 2,8 und 3,8, wie sie durchaus auch im Magen während des Verdauungsprozesses gefunden werden.

Zuviel Säuregehalt ist aus geschmacklichen Gründen, aber auch aus Gründen der Bekömmlichkeit meist unerwünscht, so daß eine Verminderung durch künstliche Hilfsmittel oft angestrebt wird. Allerdings kann sich eine Verringerung nur für die nichtflüchtigen, kaum für die flüchtigen Säuren ergeben. In der Regel kommt reiner kohlensaurer Kalk zum Einsatz, der zur Ausfällung von Kalziumtartrat führt.

Auch Zuckerzusatz kann den Säuregeschmack dämpfen, allerdings nur subjektiv durch Geschmacksübertönung, nicht den eigentlichen Gehalt.

Nichtflüchtige Säuren

Sie machen den überwiegenden Teil der Gesamtsäure aus und lassen sich unterteilen in die Weinsäure, die Äpfelsäure, die Milchsäure, die Zitronensäure, die Bernsteinsäure, die Schwefelsäure, die biogenen Amine und die Gerbstoffe.

Weinsäure

Zusammen mit der Äpfelsäure gehört sie zu den mengenmäßig wichtigsten Säuren. In guten Jahren ist der Gehalt an Weinsäure relativ hoch, in weniger guten Jahren eher derjenige an Äpfelsäure. Das Verhältnis beider Säuren hängt vor allem von der Reife der Trauben ab.

Im Weißwein finden sich von ihr bis zu 5 g/Liter, im Rotwein eher weniger. Im allgemeinen erreicht ihre Konzentration nicht mehr als 20 Prozent aller nichtflüchtigen Säuren.

Während der Gärung und noch stärker durch die Lagerung scheidet sich die freie Weinsäure der Traubenmoste als Weinstein (saures Kaliumtartrat) und/oder neutrales Kalziumtartrat in schwer löslicher Form aus. Temperaturwechsel und Alkoholkonzentration nehmen darauf starken Einfluß.

Medizinisch gesehen ist die Weinsäure eine schwache Säure, sie wird als osmotisch wirksames Laxans (Abführmittel) und als Diuretikum (Entwässerung) eingesetzt.

Äpfelsäure

Abhängig vom Reifegrad kommt Äpfelsäure im Traubensaft mehr oder weniger reichlich vor. Während des Ausbaus (vor allem während der Nachgärung) wird sie abgebaut in Kohlendioxid und Milchsäure (Einfluß von Micrococcus malolacticus). Aus einem Gewichtsteil Äpfelsäure entstehen dabei 0,67 Anteile Milchsäure. Ihr Gehalt wird in Abhängigkeit vom Werdegang des Weines mit 5,9 bis 0,1 g/Liter angegeben.

Mit zunehmendem Alkoholgehalt wird die Tätigkeit der säureabbauenden Bakterien beeinträchtigt, bis sie bei etwa 90 g/Liter ganz eingestellt wird.

Bei säurearmen Weinen kann eine weitere Abnahme des Säuregehaltes beispielsweise durch eine baldige Abtrennung der Hefe, Filtrierung, kühle Lagerung und kräftige Schwefelung bewirkt werden.

Wie die Weinsäure wirkt auch die Äpfelsäure leicht laxierend (abführend).

Milchsäure

In frischen Traubensäften nicht vorhanden, entsteht sie erst während des Ausbaus bei der Metabolisierung von Äpfelsäure. Ihr Gehalt im Wein wird mit 0,0 bis 7,0 g/Liter (durchschnittlich 0,8 bis 3,3 g/l) angegeben. In pathologischen Fällen entsteht sie bereits während der alkoholischen Gärung und bewirkt den sogenannten Milchsäurestich. Auch die Milchsäure wirkt leicht laxierend.

Aufgrund der unterschiedlichen Dissoziationskonstanten von Weinsäure (am größten), Äpfelsäure (geringer) und Milchsäure (am geringsten) verliert der Wein mit zunehmendem Reifegrad der verwendeten Trauben und mit fortschreitendem Ausbau an Säuregeschmack, er wird milder (biologischer Säureabbau).

Zitronensäure

Sie stellt einen normalen Anteil von Weintrauben dar, tritt im natürlichen Wein jedoch selten in stärkeren Konzentrationen (selten mehr als 0,3 g/Liter) auf.

Medizinisch wird sie als Synergist für Antioxidantien, zur Magensäuresubstitution und zur Geschmacksverbesserung verwendet. Durch die geringen Mengen im Wein dürften diese Wirkungen jedoch kaum von größerer Bedeutung sein.

Bernsteinsäure

Sie entsteht während der alkoholischen Gärung vor allem aus Glutaminsäuren, Abbauprodukten aus dem Proteinstoffwechsel der Hefen. Die im Wein gefundenen Mengen betragen zwischen 0,25 und 1,5 g/Liter.

Schwefeldioxid (SO_2)

Für den Schutz von Weinen ist die Schwefelung von großer Bedeutung. Durch sie werden Essig- und Milchsäurebakterien abgetötet. Das wirksame Agens dabei ist das Schwfeldioxid (SO_2).

SO_2 ist ein farbloses, nicht brennbares Gas mit einem stechenden Geruch, löslich in Wasser (schwefelige Säure, s.d.) und Alkohol. SO_2 ist ein starkes Reduktionsmittel. Einatmen erzeugt Hustenreiz, bei großen Mengen kann Tod durch Ersticken eintreten. Da SO_2 bakterizid, fungizid und gärungshemmend wirkt, wird es in Brauereien, Kelereien und in der Nahrungsmittelindustrie eingesetzt.

Seine stark reduzierende Eigenschaft bewirkt eine Unterbindung von Unerwünschten Oxidationsvorgängen bei der Bereitung und Lagerung von Most und

Maximal zulässige Schwefelmenge	freie SO_2 Deutschland	Gesamte SO_2 in der Europäischen Union	
		bis 5g/l Restsüße	mehr als 5 g/l Restsüße
Tafelwein Qualitätswein Qualitätswein mit Prädikat - Kabinett Qualitätswein mit Prädikat - Rotwein Qualitätswein mit Prädikat - Weißwein/Rosé	(50) (50)	160 210	210 260
Spätlese Auslese	(50) (60)	300 350	300 350
Beeren-/Trockenbeerenauslesen	(75)	400	400
Diabetikerwein	(40)	150	-----

Wein. Weiterhin nimmt es wegen der hohen Bedeutung des Redoxpotentials und der aktuellen Redox-Verältnisse (Säure-Basen-Gewichtung) auf den Geschmack und die Bekömmlichkeit des Weines großen Einfluß. Eine optimale Behandlung mit Schwefeldioxid bzw. schwefeliger Säure ist somit eine wichtige kellerwirtschaftliche Maßnahme zur Beeinflussung von Haltbarkeit, Charakter und Qualität.

Die Schwefelung im Weinbau ist somit unentbehrlich. Während früher der gärende Most oft "totgeschwefelt" wurde, um eine gewisse Restsüße zu erhalten, ist der Schwefelgehalt der Weine in den letzten Jahren stark zurückgegangen, da neue sterile Arbeitsmethoden zur Verfügung stehen.

Andererseits ist nach heutigem Wissensstand eine gewisse Menge an Schwefeldioxid/schwefeliger Säure notwendig zur Hemmung unerwünschter Oxidationsvorgänge, abhängig von der Zusammensetzung des Ausgangsmaterials und der Wunschvorstellung des fertigen Produktes hinsichtlich Alkoholgehalt und Gesamtsäuregrad. Besonders auch nach dem Reifezustand des Ausgangsmaterials und dem Restzuckergehalt richtet sich die Zugabe, so daß der Gehalt bei Weinen mit Restsüße bis zu 100 mg/Liter und mehr, bei durchgegorenen Weinen darunter liegen sollte.

Zwar wird von der WHO die obere Grenze der tolerablen SO_2-Zufuhr pro Tag für den Menschen mit 50 mg angegeben, bei Weintrinkern wurden bisher jedoch trotz größerer Zufuhren im allgemeinen weder akute noch chronische Schäden beobachtet.

Die Toxizität scheint damit gering. Dennoch treten bei einem kleineren Prozentsatz schon nach einer Zufuhr von 5 bis 10 mg Kopfschmerzen, Bauchschmerzen, Übelkeit, Aufstoßen, Brechreiz und Diarrhoe auf. Als langfristiges Ziel wird eine weitere Absenkung ohne Qualitätsverlust angestrebt, dennoch sollte jeder Weintrinker seine eigenen Erfahrungen mit Schwefeldioxid/schwefeliger Säure gewinnen und die Erfahrungen für sich berücksichtigen. Auf ihren Zusatz ganz zu verzichten, ist heute noch nicht möglich, da bisher keine gleichwertigen Ersatzstoffe zur Bindung und Neutralisierung verschiedener Weinbestandteile, vor allem des während der alkoholischen Gärung entstehenden, unangenehm riechenden und schmeckenden Acetaldehyds, sowie zur Hemmung und Abtötung von bestimmte Weinkrankheiten hervorrufenden Bakterien und wilden Hefen gefunden werden konnten.

Trotz in der Regel fehlender subjektiver Nebenwirkungen ist bei Verabreichung größerer Mengen über längere Zeit (beispielsweise bei Alkoholabhängigen) mit Schädigungen zu rechnen, auch wenn große individuelle Schwankungsbreiten bestehen, die den unterschiedlichen Säureverhältnissen des Magens zugeordnet werden.

Biogene Amine
In geringen Mengen, vor allem bei organischen Verunreinigungen, können sie schon im Most auftreten, ansonsten entstehen sie mitunter bei der Weinbereitung.

Gemeint sind vor allem Histamin, Tyramin, Phenylaethylamin, Putrescin und Cadaverin, welche von Tieren, Pflanzen und Mikroorganismen bei den Stoffwechselprozessen gebildet werden, aber eben auch beim biologischen Säureabbau entstehen, vor allem bei Verunreinigungen, weniger beim "sauberen" Abbau mit Leuconostoc oenos.

Teilweise entfalten sie toxische Wirkungen im Organismus. So beträgt beispielsweise der Schwellenwert für oral zugeführtes Histamin 5 bis 8 mg, welche Menge zu einem stärkeren plötzlichen Blutdruckabfall mit entsprechenden hämodynamischen Auswirkungen führen könnte. Die Schwellendosis wird verringert bzw. der Effekt vestärkt durch gleichzeitige Zufuhr von Alkohol, eine Störung der Ausscheidung über Darm oder Nieren bzw. durch eine medikamentenbedingte Hemmung des Abbaus.

Weitere toxische Effekte könnten sein eine Bronchiolenkonstriktion, eine Ödembildung, allergische Reaktionen und eine Erhöhung der Magensaftproduktion, welche Erscheinungen nach Alkoholkonsum in toxischer Form allerdings noch nicht beobachtet wurden.

Gerbstoffe

Unter diesem Sammelbegriff werden Zuckerverbindungen der Gerbsäuren verstanden, die fast ausschließlich aus den Traubenkernen, Stielen, Kämmen und Hülsen stammen, der Grund für ihren höheren Gehalt in Rotweinen.

Im Durchschnitt beträgt ihr Gehalt in Weißweinen 50-400 mg/Liter, in Rotweinen 1,0-2,5g/Liter. Sie vermitteln einen rauhen, herben Geschmack.

Medizinisch wirken sie adstringierend, was sich besonders in einer veringerten Empfindlichkeit der Schleimhäute des Magen-Darm-Kanals (Mund, Magen, Zwölffingerdarm, Dünndarm) auswirkt, so daß eine Verzögerung bzw. Hemmung der Alkoholresorption in höherem Umfang resultieren kann. Folgen sind möglicherweise Erbrechen, Magendrücken, Verstopfung und Durchfälle.

Flüchtige Säuren

Ihre Menge beläuft sich auf 0,2 bis 1,2 g/Liter, in Rotweinen kommen sie konzentrierter vor als in Weißweinen. Größere Gehalte sind immer pathologisch und deuten auf einen kranken Wein (beispielsweise mit einem Essigsäurestich) hin. Sie riechen dann nach "Mäuseurin" und haben einen widerlichen Nachgeschmack. In erster Linie ist dafür die Entstehung von Essigsäure verantwortlich. Außer ihr zählen zu den flüchtigen Säuren auch die schwefelige Säure und die Kohlensäure.

Essigsäure

In gesunden Weinen stellt sie ein Nebenprodukt der alkoholischen Gärung dar (Pentosephosphat-Abbau, Oxidation von Acetaldehyd). Bei einem Übersteigen von 0,9 g/l (Weißwein) bis 1,2 g/l (Rotwein) muß auf die Anwesenheit von Essigsäurebakterien geschlossen werden. Der häufigste und gefährlichste "Weinfehler" aus heutiger Sicht, der sogenannte Essigstich, ist vorprogrammiert.

Gefährlich ist die Essigsäure aus medizinischer Sicht keineswegs. Im Gegenteil waren solche Weine in heißen Gegenden früher bevorzugt. Mit viel Wasser gemischt, bildeten sie beispielsweise das am häufigsten verwendete Erfrischungsgetränk der römischen Legionen. Unserem heutigen Geschmack entsprechen sie allerdings kaum mehr, sie gelten eher als verdorben.

Schwefelige Säure (H₂SO₃)

Sie ist die wässrige Lösung von Schwefeldioxid, welche an der Luft zu Schwefelsäure oxidiert. Im Prinzip gelten für sie die Ausführungen über die schweflige Säure. Einige wichtige Aspekte sollen gesondert hervorgehoben werden.

Der größte Teil der bewußt und künstlich zugeführten schwefligen Säure (Kellerbehandlung) verbindet sich mit organischen Substanzen (beispielsweise Acetaldehyd), ein anderer Teil wird oxidiert und bildet Sulfate (vor allem Kaliumsulfat), ein kleinerer Teil bleibt in freier Form erhalten.

Ihr Vorkommen (in welcher Form auch immer) ist in jedem Fall auf konservierende Maßnahmen mit Schwefel zurückzuführen. Bei Überdosen (500 - 1000 mg/Liter) kann es zu Magenstörungen, Durchfall und Kopfschmerzen kommen. Die WHO hat den für eine tägliche Aufnahme akzeptablen Wert auf 0,7 mg pro Kilogramm Körpergewicht festgelegt.

In Edelweinen ist ihr Gehalt höher als in Tafelweinen, da sie sich dort wegen des hohen Zuckergehaltes langsamer ausbauen und zusätzlich intensiver und häufiger geschwefelt werden muß.

Kohlensäure

Sie entsteht einerseits bei der alkoholischen Vergärung von Zuckern in gleicher Gewichtsmenge wie Aethylalkohol, andererseits auch beim biologischen Abbau der Äpfelsäure. Durch Alkohol wird sie dreimal stärker gebunden als durch Wasser, der Grad für ihren höheren Gehalt in alkoholreichen Weinen.

Kohlensäure gibt dem Wein Frische und Spritzigkeit, führt über eine Weitstellung der Gefäße im Magen-Darm-Bereich zu einer beschleunigten Resorption sowie Verteilung im Körper und bewirkt damit schnelle Erhöhungen der Blutalkoholkonzentrationen sowie Rauschzustände.

Mineralstoffe/Spurenelemente

Zusammensetzung und Menge der im Wein enthaltenen Spurenelemente sind weitgehend bestimmt von der Rebsorte, der Lage, der Bodenbeschaffenheit, des Klimas, der Witterung, des Reifegrades der Trauben und der Kellerbehandlung. In Auslese- und Rotweinen sind sie in aller Regel zahlreicher enthalten als in weißen Tafelweinen.

Im Prinzip sind unter den Kationen Kalium, Natrium, Calcium, Magnesium, Eisen, Aluminium, Mangan, Kupfer und Arsen, unter den Anionen Kieselsäure, Borsäure, Phosphat, Carbonat, Sulfat und Chlorid gemeint. Die wichtigsten sollen hier erwähnt werden.

Allgemein bleibt zu betonen, daß jeder Mineralstoff/jedes Spurenelement zwar ganz spezielle Sonderaufgaben im Organismus wahrzunehmen hat, darüber hinaus alle zusammen zu einem harmonischen Lösungs- und Mischungsverhältnis führen,

Grundlage aller Lebensvorgänge, der Gesunderhaltung, der Gesundheitsförderung und der Wiedergesundung gleichermaßen.

Über ihre Aufgabe als Baumaterial für die verschiedenen Organsysteme hinaus gewähren sie einen geregelten Stoffwechselablauf wie Aufnahme von Nährstoffen aus dem Magen-Darm-Kanal ins Blutgefäßsystem, deren Umbau in körpereigene Stoffe und Abbau zur Energiegewinnung sowie Ausscheidung von Stoffwechselschlacken. Auch die lebensnotwendige Einstellung sowie Erhaltung eines optimalen osmotischen Drucks in den einzelnen Zellen und Flüssigkeiten ermöglichen sie ebenso wie konstante Redox-Verhältnisse.

Mineralstoffe/Spurenelemente wirken im Organismus nur in gelöster (ionisierter) Form, wobei als physiologisches Lösungsmittel ausschließlich Wasser fungiert. Dieses macht im Wein etwa 85 Prozent, also 850 g in 1 Liter aus.

Beim Erwachsenen bestehen überschlagsweise 60 Prozent des Körpergewichtes aus Wasser, ca. 5 Prozent aus Mineralstoffen und Spurenelementen. Zugeführt werden sollte täglich ungefähr 2,5 Liter Flüssigkeit, warum nicht ein kleiner Teil davon in Form von Wein? Dies umso mehr, als mit der Absonderung von Speichel, Schweiß, Magensaft, Saft der Verdauungsdrüsen, Urin, Kot und Atemgasen auch Wasser und Elektrolyte verlustig gehen, die zu ersetzen sind.

Zur Berechnung des Elektrolytgehaltes von Wein wird dieser verdampft, den Rückstand nennt man Extrakt. Nach seiner Veraschung bleibt ein Rest übrig, die Gesamtheit der anorganischen An- und Kationen. Sie machen etwa 10 Prozent des Extraktgewichtes und ca. 2 bis 3,5 g/Liter aus, wobei ihr Gehalt in Rotweinen größer als in Weißweinen gefunden wird.

Kalium

Mit etwa 40 Prozent macht Kalium den Hauptbestandteil des veraschten Extraktes aus. Sein Gehalt beträgt etwa 0,2 bis 2,5 g/Liter, wobei es eng an die Weinsäure gebunden ist (Kaliumbitartrat). Bei normaler Ernährungsweise ist kein Kaliummangel zu erwarten. Seine physiologische Funktion bezieht sich auf die Arbeitserhaltung der Muskulatur, vor allem der Herzmuskulatur, aber auch die Erregbarkeit von Nerven, Muskeln und Drüsen, auf die Konstanterhaltung des osmotischen Drucks, auf die Aktivierung zahlreicher Enzyme und auf die Biosynthese von Eiweiß.

Calcium

Calcium hat eine große Bedeutung für die Blutgerinnung, ist am Aufbau der Knochen und Zähne beteiligt, steuert die Erregung von Muskeln und Nerven, dichtet die Zellmembran ab, wirkt entzündungshemmend, dient der Entquellung und Festigung des Gewebes und wird unter Stress vermehrt gebraucht. Der Tagesbedarf beträgt etwa 0,8 bis 1,0 g, sein Gehalt im Wein beläuft sich auf ca. 0,1 bis 0,2 g/Liter.

Magnesium

Im Stoffwechsel erfüllt Magnesium wichtige Aufgaben. Es ist in nahezu alle Stoffwechselfunktionen eingebunden, bis heute wurden bereits über 300 magnesiumabhängige Enzymreaktionen gefunden. Bei Magnesiummangel können neurovegetative Störungen, Gefäßkrämpfe, Verdauungsbeschwerden, Herzaffektionen, Unruhe und Wadenkrämpfe auftreten. Magnesium bringt überschüssiges Calcium zur Ausscheidung. Bei der Gärung wirkt es als Katalysator, ohne Magnesium kommt sie nicht in Gang. Der tägliche Bedarf beträgt etwa 0,3 g, sein Gehalt im Wein wird mit 0,05 bis 0,25 g/Liter angegeben.

Natrium

Seine Aufgaben bestehen einerseits in der Regulation von osmotischem Druck, Wasserhaushalt und Säure-Basen-Gleichgewicht, andererseits in der Aufrechterhaltung der Erregbarkeit von Muskeln und Nerven. Verlustig geht es vor allem mit dem Harn und mit Schweiß, aber auch bei Durchfall; sein Zusatz zu Flüssigkeiten erhöht deren Aufnahme aus dem Darm und Erhalt im Gefäßsystem. Bei Natriummangel kommt es zu einer Abnahme des osmotischen Drucks im Extrazellulärraum und vermehrter Harnausscheidung, weiter zu Muskelkrämpfen, Schwindel und Kreislaufstörungen. Sein Bedarf beläuft sich auf 3 bis 5 Gramm täglich, im Wein ist Natrium mit 0,01 bis 0,06 g/Liter enthalten.

Eisen

Im Wein ist Eisen immer vorhanden, wenngleich nur in geringen Mengen (2 bis 6 mg/Liter). Der tägliche Bedarf liegt demgegenüber bei ca. 12 bis 18 mg. Eisen ist der wichtigste Baustein des roten Blut- und Muskelfarbstoffs. Durch Eisen werden Sauerstoff- und Kohlendioxid-Transport im Blut sowie dessen pH-Konstanz ermöglicht. Bei seinem Mangel ist mit Blutarmut zu rechnen. Im Wein liegt Eisen zunächst in der zweiwertigen Form vor, allmählich geht es durch Oxidation in die dreiwertige Form über, wobei vor allem eine Abhängigkeit vom Gehalt an schwefliger Säure besteht.

Mangan

Seine physiologische Bedeutung liegt vor allem in seiner Beteiligung bei der Blutbildung und im Kohlenhydratstoffwechsel der Nervenzellen. Es ist Bestandteil vieler Fermente und innersekretorischer Drüsen. Bei Mangel ist mit Sterilität und Knochenmißbildungen zu rechnen, beim Menschen allerdings kaum beobachtet. Mangan fehlt selten im Wein, seine Menge beträgt meist 1 bis 3 mg pro Liter. Der Tagesbedarf liegt zwischen 2 und 4 mg.

Zink

Neben Eisen ist Zink von allen Spurenelementen im Organismus am meisten beteiligt. Es soll beim Dämmerungssehen und bei fotochemischen Prozessen, vor allem aber bei der Blutzuckerregulation (Insulinspeicherung in der Bauchspeicheldrüse) eine wichtige Rolle spielen. Im Wein kommt es nur in Spuren vor.

Kupfer

Als wesentlicher Bestandteil vieler Fermente ist Kupfer beteiligt an der Bildung der roten Blutkörperchen, am Pigmentstoffwechsel, an der Funktion des Zentralnervensystems und am Abwehrmechanismus. Bei seinem Mangel ist mit bestimmten Formen von Blutarmut, Wachstumsstörungen und einer Herabsetzung der Abwehrmechanismen zu rechnen. Sein Gehalt im Wein beträgt etwa 1 mg/Liter, sein durchschnittlicher Tagesbedarf ca 1 bis 2 mg.

Kobalt

Als Bestandteil von Vitamin B_{12} nimmt Kobalt teil an der Bildung der Erythrozyten und ist darüber hinaus Bestandteil vieler Enzyme. Bei Kobaltmangel treten bestimmte Formen von Anämien ein. Sein Gehalt im Wein beträgt 0,5 bis 12 ug/Liter, sein Tagesbedarf liegt bei 1 bis 2 ug.

Jod

Jod ist Bestandteil der Schilddrüsenhormone und übt eine regulierende Tätigkeit auf den Stoffwechsel aus. Mit zunehmendem Alter kommt es zu einer Abnahme der Hormonproduktion bei gleichbleibender Jodaufnahme. Bei Jodmangel ist eine Kropf- bildung, bei übermäßiger Jodzufuhr eine Überfunktion der Schilddrüse zu erwarten. Der tägliche Bedarf beträgt ca. 0,15 bis 0,20 mg, im Wein sind etwa 0,10 bis 0,60 mg/Liter enthalten.

Phosphor

Es dient zum Aufbau lebenswichtiger organischer Phosphatverbindungen, ist beteiligt an den unterschiedlichsten Stoffwechselprozessen (vor allem auch bei der Energieübertragung) und stellt einen unentbehrlichen Baustein des Knochensystems dar. Zusätzlich regulieren Phosphate maßgeblich den Säure-Basen-Haushalt. Bei Mangelerscheinungen treten Knochenerweichung, Nierensteine und Störungen des Calciumstoffwechsels auf. Der tägliche Bedarf wird mit 0,7 bis 1,3 Gramm angegeben, sein Gehalt im Wein beträgt ca. 0,2 bis 0,4 Gramm pro Liter.

Chlor

Als Chlorid ist es beteiligt an der Regulation des osmotischen Drucks sowie an der Produktion von Salzsäure im Magen, von Speichel- und Bauchspeicheldrüsen-Dia- stase, von Bauchspeicheldrüsen-Insulin und wird zunehmend verantwortlich ge- macht für die Entstehung von Bluthochdruck bei überhöhter Zufuhr. Als Mangeler- scheinungen sind Muskelschwäche und Hirnödem bekannt. Seine tägliche Zufuhr sollte 2 bis 3 Gramm nicht überschreiten, im Wein wird seine Menge mit 0,2 bis 0,4 g/Liter angegeben.

Andere Mineralstoffe und Spurenelemente kommen im Wein kaum oder höch- stens in Spuren vor, so Schwefel, Bor, Fluor, Silicium, weshalb auf ihre ausführliche Erörterung verzichtet wird.

Aber auch für die anderen Mineralstoffe/Spurenelemente gilt ganz allgemein, daß ihre Durchschnittswerte im Wein stark schwanken, da sie einerseits aus den unter- schiedlichen Böden und andererseits aus stark unterschiedlichem Wasser in die Reben gelangen. Damit sind auch ihre biologischen Wirkungen von Wein zu Wein individuell verschieden. Im allgemeinen entsprechen die Inhalte mengenmäßig je- doch den durchschnittlichen Angaben von Mineralstoffpräparaten und scheinen damit durchaus geeignet zur ergänzenden Substitution im Alter, postoperativ, in der Regeneration, zur Prophylaxe und zum Abbau von Stress.

Indem sich viele Mineralstoffe, Spurenelemente und Vitamine an Eiweißkörper anlagern, bestätigt sich die Erfahrung, daß der Weinkonsum während und nach dem Essen nicht nur besser bekömmlich ist, sondern darüberhinaus auch eine bessere Wirkung dieser wichtigen Inhaltsstoffe gewährleistet.

Vitamine

Vitamine werden als essentielle Nahrungsbestandteile definiert, welche täglich, aber nur in geringen Mengen dem Organismus zugeführt werden müssen, da sie keine eigentlichen Nahrungsstoffe im üblichen Sinne sind, sondern katalytische Funktionen haben. Von den meisten Vitaminen ist bekannt, daß sie als Bestandteile von Coenzymen wirken. Sie greifen damit fördernd und regulierend in den Stoffwechsel ein.

Teilweise entstehen sie aus dem Stoffwechsel der Hefen, teilweise stammen sie aus den Trauben selbst. Ihr Gehalt im Wein ist zwar meist nur gering, jedoch keineswegs bedeutungslos, wie besonders für den Vitamin-B-Komplex nachgewiesen wurde. Die stärksten Einflußfaktoren auf ihren Gehalt stellen der Nährboden und die Intensität der Sonnenbestrahlung dar.

Der *Vitamin A-Gehalt* (als Provitamin) ist sehr gering. Nach Aufnahme in die Darmwand wird es in Vitamin A umgewandelt und in der Leber gespeichert. Eine biologische Bedeutung scheint kaum gegeben.

Vitamin B$_1$ ist für den Kohlenhydratstoffwechsel von Bedeutung, besonders für den Glucoseabbau im Zentralnervensystem, aber auch die Glykogenablagerung in der Leber, den Abbau von Milchsäure und die Umwandlung von Pyruvat in Fettsäuren. Mangelerscheinungen manifestieren sich vor allem an Herzmuskel- und Nervenzellen.

Vitamin B$_2$ ist in Form der Coenzyme FAD bzw. FMN an zahlreichen enzymatischen Reaktionen des Kohlenhydrat-, Fett-, Eiweiß- und Mineralstoffwechsels beteiligt. Zusätzlich wirkt es entgiftend in der Leber. Bei ausgewogener Ernährung sind Mangelerscheinungen selten (Haut-, Schleimhautläsionen, Neuritiden). Mit einem Liter Wein nimmt man etwa 5 Prozent des Tagesbedarfs auf (entsprechend ca. 50 Prozent des Tagesbedarfs an Nicotinsäure und etwa 10 Prozent an Pantothensäure).

Nicotinsäure hat für den menschlichen Organismus keinen Vitamincharakter, da sie aus der Aminosäure Tryptophan synthetisiert werden kann. Biochemisch gesehen ist Nicotinamid ein Baustein der Pyridinnucleotide, weshalb es bei seinem Mangel zu generalisierten Stoffwechselstörungen (Pellagra) kommt.

Die Wirkform der *Pantothensäure* ist das Coenzym A. Sein Ester, die aktivierte Essigsäure bzw. das Acetyl-Co A, wird zurecht als Drehpunkt des intermediären

Stoffwechsels bezeichnet. Seine physiologischen Funktionen beziehen sich auf den Kohlenhydratstoffwechsel (C-Transfer als Acetat oder Pyruvat), auf den Lipidstoffwechsel (Biosynthese und Abbau der Fettsäuren, Sterine und Phospholipide), auf den Proteinstoffwechsel und die Acetylcholinproduktion. Ernährungsbedingte Mangelerscheinungen sind beim Menschen nicht bekannt.

Vitamin B6 hat seine biochemisch wirksame Form im Pyridoxalphosphat, Coenzym beispielsweise von Aminosäuredecarboxylasen und Aminotransferasen. Es steuert den Fettstoffwechsel, ist beteiligt am Eiweißab- und -umbau. Zur Verhütung von Arteriosklerose trägt es gleichermaßen bei wie es Anwendung findet zur Vermeidung altersbedingter Gehirn- und Leberstoffwechselstörungen. Mit 1 Liter Rotwein wird etwa 25 Prozent, mit 1 Liter Weißwein ca. 15 Prozent des Tagesbedarfs gedeckt.

Vitamin B12 ist als Cobalamin-Coenzym zusammen mit Folsäure am Stoffwechsel von C_1-Fragmenten beteiligt und damit beispielsweise wichtig für die Aminosäure- und Proteinbildung. Bei Mangel sind Störungen der Protein- und Nucleinsäuresynthese zu erwarten, die sich besonders in Nervengewebe und in den blutbildenden Organen (Anämie) auswirken. Mit Wein werden lediglich Bruchteile des Tagesbedarfs aufgenommen.

In biochemisch wirksamer Form stellt *Folsäure* ein Coenzym für den Transfer von Hydroxymethyl- und Formylgruppen dar, welches zum Beispiel für die Nucleotidsynthese von großer Bedeutung ist. Außerdem ist es beteiligt an der Blutbildung, an der Antikörperbildung, am Wachstum und an der Fortpflanzung. Mangel macht sich vor allem am Blutbild bemerkbar (Anämie, Thrombocytopenie). Mit Wein wird pro Liter unter 5 Prozent des Tagesbedarfs gedeckt.

Vitamin C bildet im Körper mit der Dehydroascorbinsäure (Derivat der Ascorbinsäure/Vitamin C) ein Redoxsystem, welches bei Hydroxylierungsreaktionen eine wichtige Rolle spielt, so bei zahlreichen Stoffwechselvorgängen, bei der Bildung von Hormonen, bei der Aktivierung von Fermenten, bei der Blutgerinnung und bei der Funktion der Nebennierenrinde. Bei Mangel entsteht Scorbut. Im jungen Wein kommt Vitamin C regelmäßig vor (im Rotwein mehr als im weißen), mit zunehmender Reifung nimmt der Gehalt ständig ab.

Vitamin D ist notwendig für die intestinale Resorption von Calcium und beteiligt am selektiven Transport der Calciumsalze in die organische Matrix der Knochen. Außerdem fördert es die Rückresorption von Calcium aus dem Primärharn. Bei Erwachsenen ist die Eigenproduktion in der Haut unter Einwirkung von UV-Strahlen im allgemeinen ausreichend, so daß Mangelerscheinungen im Gegensatz zu Kindern (Rhachitis) kaum bekannt wurden. Im Wein wird praktisch kein Vitamin D gefunden.

Der Vitamingehalt im Wein ist zusammenfassend eher gering und bei guter Ernährung für Weintrinker unbedeutend. Lediglich in Ausnahmesituationen, so bei Krankheit, Appetitlosigkeit, Resorptionsstörung, einseitiger und ungenügender Ernährung, kann Wein unter Umständen zu einem erwünschten Vitaminspender werden.

Von allen Vitaminen kommt dem Pyridoxin (Vit.B$_6$) im Wein die größte Bedeutung zu. Aber auch die anderen Vitamine der B-Gruppe gewinnen ihren eigenen Stellenwert, indem sie im Wein gegenüber Most durch den Stoffwechsel der Hefebakterien angereichert vorkommen. Für das Verhalten der Vitamine während des Ausbaus und der Lagerung spielt das Säuremilieu eine wichtige Rolle, wobei ein pH-Wert von etwa 3,5 am günstigsten angesehen wird, vor allem auch für die Vitamine C und B$_2$. Auch konnte eine günstige Beeinflussung durch schweflige Säure nachgewiesen werden.

Fermente/Enzyme

Sie kommen insgesamt zahlreich im Wein vor. Ihre Bedeutung liegt vor allem in einer günstigen Beeinflussung des Stoffwechsels während der Gärung und des Ausbaus begründet. Für den Menschen bleiben sie eher von untergeordneter Bedeutung, da sie im Magen-Darm-Kanal zerstört und verdaut werden.

Aufgrund seines Gehaltes an Mineralstoffen, Spurenelementen, Vitaminen, Geschmacksstoffen und Geruchsstoffen wird die Eignung von Wein betont, mangelhafte fermentative Tätigkeit der Verdauungsdrüsen, beispielsweise im Alter und bei Krankheiten, zu kompensieren bzw. diese zu beleben.

Farbstoffe

Sie sind in Trauben aller Weinsorten enthalten. Meist liegt ein Gemisch von grünen und gelben Farbstoffen vor, so Chlorophyll, Carotin, Xanthophyll, Quercetin, Quercitrin und Oenin-Glykoside im Weißwein, zusätzlich Anthocyane im Rotwein.

Wenn auch umstritten, werden den Farbstoffen dennoch medizinische Eigenschaften zugesprochen. So soll Quercetin als Redoxkatalysator das Wohlbefinden fördern, die Wirkung von Vitamin C erhöhen, glatte Muskulatur entkrampfen, den Blutdruck senken, die Koronargefäße erweitern und den Kapillarschutz verstärken. Dem Quercitrin werden kapillarprotektive Eigenschaften zugesprochen, dem Oenin bakteriostatische und bakterizide Fähigkeiten.

Geruchs-/Geschmacksstoffe

Sie werden auch unter dem Namen Bukettstoffe zusammengefaßt. Zum Teil sind sie schon in den Trauben vorhanden, teilweise werden sie auch erst während der Gärung neu gebildet. In Zusammensetzung wie Menge sind sie abhängig von vielen Faktoren, so Rebsorte, Lage, Klima und Jahrgang.

Der größte Teil von ihnen ist den ätherischen Ölen zuzuordnen, indem diese flüchtig sind, leicht veränderlich und insgesamt relativ schwer nachweisbar. Allgemein gilt, daß die Ester der flüchtigen Säuren dagegen verstärkt den Geschmackssinn erregen.

Bei Luftexposition (Sauerstoffeinwirkung) verlieren sie allmählich ihren spezifischen Geruch, während die Geschmacksstoffe erhalten bleiben.

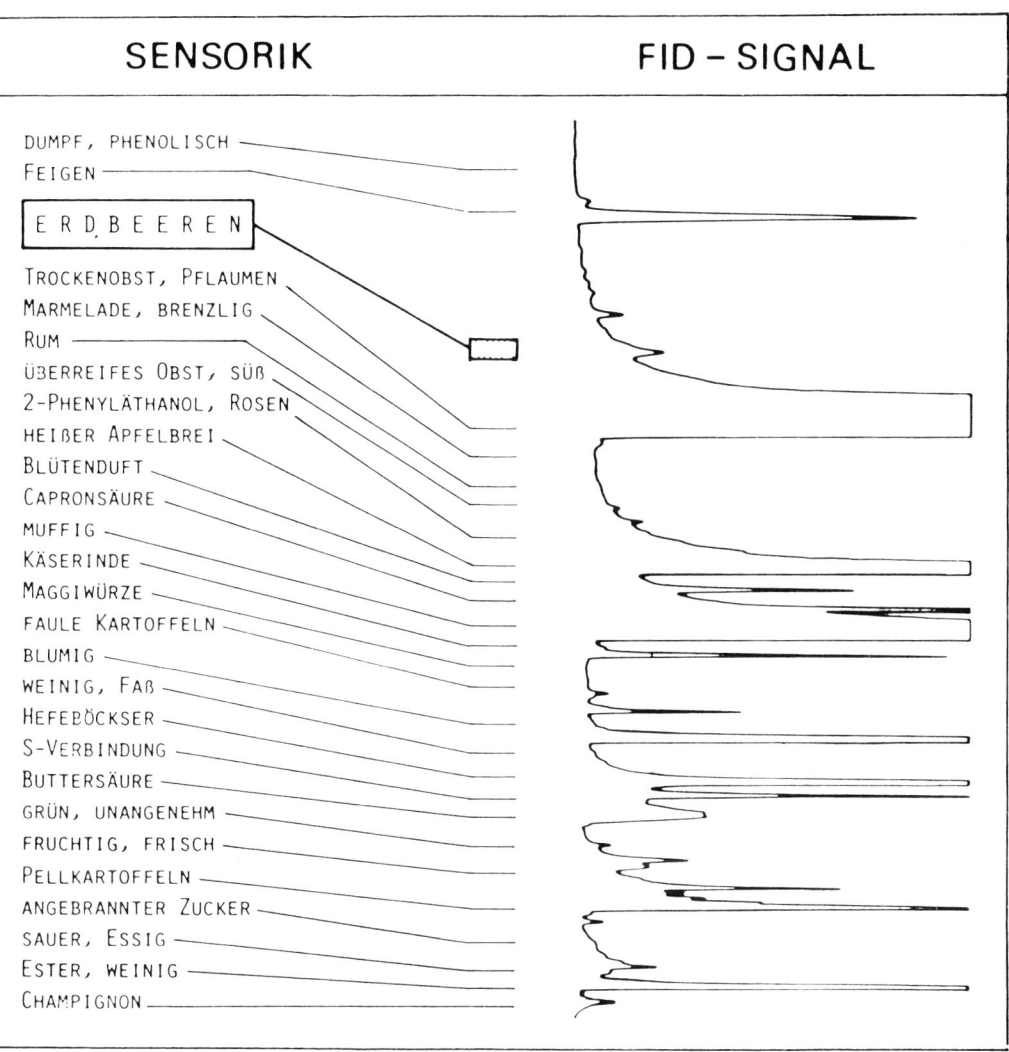

SENSORIK	FID – SIGNAL
DUMPF, PHENOLISCH	
FEIGEN	
ERDBEEREN	
TROCKENOBST, PFLAUMEN	
MARMELADE, BRENZLIG	
RUM	
ÜBERREIFES OBST, SÜß	
2-PHENYLÄTHANOL, ROSEN	
HEIßER APFELBREI	
BLÜTENDUFT	
CAPRONSÄURE	
MUFFIG	
KÄSERINDE	
MAGGIWÜRZE	
FAULE KARTOFFELN	
BLUMIG	
WEINIG, FAß	
HEFEBÖCKSER	
S-VERBINDUNG	
BUTTERSÄURE	
GRÜN, UNANGENEHM	
FRUCHTIG, FRISCH	
PELLKARTOFFELN	
ANGEBRANNTER ZUCKER	
SAUER, ESSIG	
ESTER, WEINIG	
CHAMPIGNON	

Ausschnitt aus einem Chromatogramm des Extraktes einer Rebsorte (sog. "Schnüffel-Chromato-gramm") in Ergänzung von sensorisch feststellbaren Aromen der typischen "Erdbeernote" (nach RAPP u.a., 1980, aus WÜRDIG/WOLLER "Chemie des Weines", Ulmer-Verlag, Stuttgart 1989). Durch die Computerchromatographie wurden bisher über 550 Inhaltsstoffe im Wein ermittelt.

Kern-Sätze:

- Gärung ist der entscheidende Vorgang, der den Traubensaft zum Wein macht
- Nach dem Hauptbestandteil Wasser ist Aethylalkohol nach Menge und Wirkung die wichtigste Substanz im Wein
- Bei der alkoholischen Gärung entsteht Aethylalkohol aus Glucose und Fruktose
- Eine beschleunigte Aufnahme von Wein aus dem Magen-Darm-Kanal in das Blut erfolgt durch die Zugabe von Kohlendioxid
- Alkoholanreicherung im Gewebe auch bei mengenmäßig gleicher Zufuhr intra- und interindividuell sehr unterschiedlich
- Der Abbau des Aethylalkohols erfolgt zu fast 90 Prozent in der (gesunden) Leber mit einer Geschwindigkeit von etwa 8 bis 10 Gramm je Stunde unabhängig von der Konzentration
- Eine Beschleunigung des Alkoholabbaus durch bestimmte Medikamente, Atemgymnastik oder körperliche Ertüchtigung ist höchstens in geringem Umfang möglich
- Grund für die in Einzelfällen weniger gute Verträglichkeit von Rotwein könnte der höhere Gehalt an Methanol sein
- Bekömmlichkeit von Weinen ist in hohem Maße abhängig von der Art und Konzentration der Fuselöle (höhere Alkohole)
- Glycerin macht den Wein rund, trägt bei zu Körper und Fülle, vermittelt eine leichte Süße
- Acetaldehyd, Zwischenprodukt der alkoholischen Gärung, kann Kopfschmerzen verursachen
- Naturweine sind im Prinzip frei von vergärbaren Zuckern
- Bei gleichem Restzuckergehalt wirken fruktosehaltige Weine im Vergleich zu Glucose aufgrund ihrer erhöhten Süßkraft süßer
- Säuren nehmen Einfluß auf den Geschmack, schützen vor bakteriellem Verderb, erhöhen die Lagerfähigkeit und tragen zur Bekömmlichkeit bei
- Die Gesamtsäure macht durchschnittlich 4 bis 10 Gramm aus, bei Weißwein mehr als bei Rotwein
- Weine aus südlichen Anbaugebieten sind meist säureärmer, weshalb ihnen aus Konservierungsgründen und zur Geschmacksverbesserung oft Wein- oder Zitronensäure zugesetzt wird

- Nichtflüchtige Säuren machen den überwiegenden Teil der Gesamtsäure aus, vor allem Weinsäure, Äpfelsäure, Milchsäure, Zitronensäure, Bernsteinsäure, schweflige Säure, biogene Amine und Gerbstoffe

- Aufgrund unterschiedlicher Strukturen von Weinsäure, Äpfelsäure und Milchsäure verlieren Weine mit zunehmendem Reifegrad der Trauben und mit fortschreitendem Ausbau an Säuregeschmack

- Schwefelung (Zusatz von schwefliger Säure) unterbindet unerwünschte Oxidationsvorgänge bei Bereitung und Lagerung (wichtigste kellerwirtschaftliche Maßnahme zur Beeinflussung von Haltbarkeit, Charakter und Qualität)

- Jeder Weingenießer benötigt seine eigenen Erfahrungen zur Bekömmlichkeit und Toleranz von schwefliger Säure im Wein

- Größere Mengen flüchtiger Säuren im Wein sind immer pathologisch und deuten auf Krankheiten hin (Essigsäurestich, Mäuseurin)

- Kohlensäure gibt dem Wein Frische und Spritzigkeit, führt zu einer beschleunigten Resorption und schnellem Rausch

- Mineralstoffe/Spurenelemente sind in Auslese- und Rotweinen zahlreicher enthalten als in Weiß- und Tafelweinen

- Der Gehalt an Mineralstoffen/Spurenelementen im Wein schwankt stark, abhängig von deren Gehalt im Boden und im Wasser

- Gehalt an Mineralstoffen/Spurenelementen im Wein in etwa äquivalent den Werten in Mineralstoffpräparaten, durchaus geeignet zur ergänzenden Substitution

- Weinkonsum während und nach dem Essen einerseits besser bekömmlich, andererseits zu einer verstärkten Resorption von Vitaminen, Mineralstoffen und Spurenelementen führend

- Vitamingehalt im Wein eher gering und bei guter Ernährungslage für Weintrinker unbedeutend

- Vor allem die Vitamine der B-Gruppe reichern sich während der Gärung und des Ausbaus an (Hefestoffwechsel)

- Eigenfermente/-enzyme von Weinen während Gärung und Ausbau von Bedeutung

- Einigen Weinfarbstoffen werden koronardilatierende und kapillarprotektive Eigenschaften zugesprochen

Gesundheitliche Wirkungen verschiedener Weinarten, Rebsorten und Qualitätsstufen

Die meisten Ausführungen über Wein beziehen sich, zumal im deutschsprachigen Raum, auf Weißweine und die Rieslingreben, so daß in diesem Kapitel gesondert auf die übrigen häufigen Weinarten, Rebsorten sowie die verschiedenen Qualitätsstufen eingegangen werden soll, wenngleich deren gesundheitliche Auswirkungen bisher erst teilweise zufriedenstellend ergründet sind und auch vielen zusätzlichen individuellen Faktoren, ganz besonders in den nördlichen Weinbaugebieten wie Deutschland, unterliegen.

Weinarten

Unter den verschiedenen Weinarten (Weißwein, Rotwein, Roséwein, Weißherbst, Rotling bzw. Schillerwein und Perlwein) unterscheiden sich die Rotweine am stärksten von den Weißweinen, auch und besonders hinsichtlich ihrer differenten Wirkung auf den Organismus.

Stille Weine (Rotweine, Weißweine)

Rotweine weisen eine andere Hefeflora im Vergleich zu Weißwein auf. Ihr Gehalt an Methylalkohol ist mit 0,17 bis 0,44 Prozent (bei Bezugnahme auf Aethylalkohol) im allgemeinen um ein Vielfaches höher als im Weißwein (0,033 Prozent). Bei Dauergenuß ist durch die langsamere Resorption aus dem Magen-Darm-Kanal und eine verstärkte Kumulation in den prädestinierten Organen eine Schädigung möglich, die jedoch durch die gleichzeitige Aethanolaufnahme hinsichtlich ihrer giftigen Wirkung meist kompensiert wird.

Bezüglich des Gesamtsäuregehaltes weisen Rotweine gegenüber Weißweinen im Durchschnitt die niedrigeren Werte auf (4 bis 5 gegenüber 5 bis 9 Prozent). Zusätzlich erfolgt der Säuresturz im allgemeinen schneller und intensiver, eventuell bedingt durch den höheren Gehalt an Kalzium, Kalium und Mangan. Säurearme Rotweine

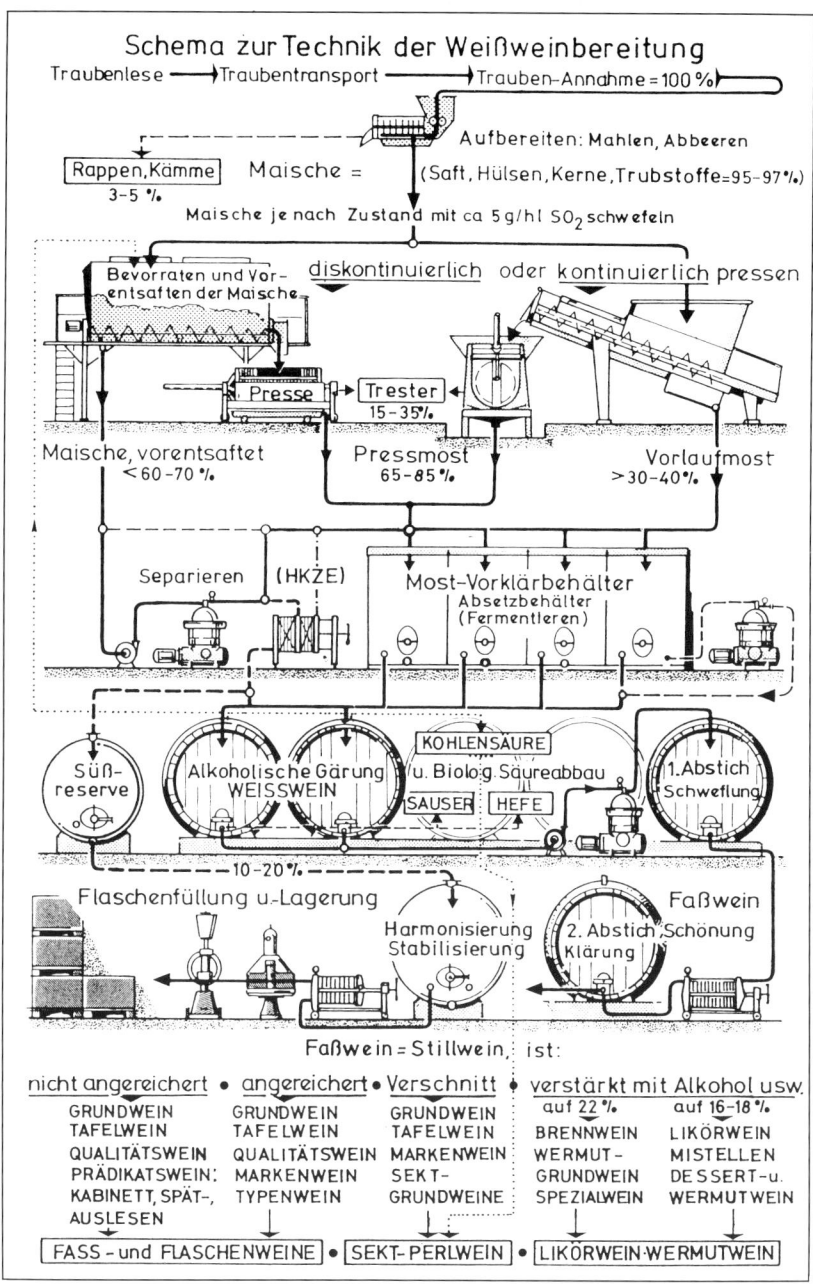

Schema zur Technik der Weißweinbereitung

Traubenlese ──→ Traubentransport ──────→ Trauben-Annahme = 100 %

Aufbereiten: Mahlen, Abbeeren

Rappen, Kämme
3–5 %

Maische = (Saft, Hülsen, Kerne, Trubstoffe = 95–97 %)

Maische je nach Zustand mit ca 5 g/hl SO_2 schwefeln

Bevorraten und Vor-
entsaften der Maische

diskontinuierlich oder kontinuierlich pressen

Presse

Trester
15–35 %

Maische, vorentsaftet
< 60–70 %

Pressmost
65–85 %

Vorlaufmost
> 30–40 %

Separieren (HKZE)

Most-Vorklärbehälter
Absetzbehälter
(Fermentieren)

Süß-
reserve

Alkoholische Gärung
WEISSWEIN

KOHLENSÄURE
u. Biolog. Säureabbau
SAUSER   HEFE

1. Abstich
Schweflung

10–20 %

Flaschenfüllung u. Lagerung

Harmonisierung
Stabilisierung

Faßwein
2. Abstich, Schönung
Klärung

Faßwein = Stillwein, ist:

nicht angereichert •	angereichert •	Verschnitt •	verstärkt mit Alkohol usw.	
			auf 22 %	auf 16–18 %
GRUNDWEIN	GRUNDWEIN	GRUNDWEIN		
TAFELWEIN	TAFELWEIN	TAFELWEIN	BRENNWEIN	LIKÖRWEIN
QUALITÄTSWEIN	QUALITÄTSWEIN	MARKENWEIN	WERMUT-	MISTELLEN
PRÄDIKATSWEIN:	MARKENWEIN	SEKT-	GRUNDWEIN	DESSERT-u.
KABINETT, SPÄT-,	TYPENWEIN	GRUNDWEINE	SPEZIALWEIN	WERMUTWEIN
AUSLESEN				

FASS - und FLASCHENWEINE	•	SEKT- PERLWEIN	•	LIKÖRWEIN·WERMUTWEIN

Fließ-Schema der Weißweinbereitung im Weinkeller, beginnend bei der Traubenanlieferung, über das Einmaischen, die verschiedenen Kelterverfahren (Pressung), die Behandlung des Mostes, die Gärung, den Abstich (Abzug) bis zur Klärung, Lagerung und Flaschenfüllung. Daran anschließend eine Übersicht der Bereitungsmethoden der verschiedenen Produkte, die aus weißen Trauben gewonnen werden können. Aus TROOST "Technologie des Weines", Ulmer-Verlag, Stuttgart 1988.

sollen deshalb zimmerwarm getrunken werden, weil sie bei ansteigender Umgebungstemparatur subjektiv säurereicher empfunden werden.

Der höhere und konstantere Gehalt an Abkömmlingen der Phosphorsäure gewinnt im Zusammenhang mit der notwendigen Phosphat-Anwesenheit für die alkoholische Gärung an Bedeutung.

Auch an phenolischen Bestandteilen ist Rotwein reicher als Weißwein, so besonders an Farbstoffen, Gerbstoffen und Phenolcarbonsäuren. Die Rotweinfarbe wird durch Anthozyane der roten bzw. blauen Beeren hervorgerufen, die zwar teilweise enge biochemische und pflanzenphysiologische Beziehungen zu den gelben Flavonstoffen der Weißweine aufweisen, andererseits aber auch das spezifische Oenidin und sein Glykosid-Derivat Oenin enthalten, welche unter dem Einfluß von Sonnenlicht in den äußeren Zellschichten der Beerenhäute entstehen.

Ein Hauptmerkmal von Rotweinen ist ihr Gehalt an Gerbstoffen (Tannin), welche aus Hülsen, Kämmen, Stielen und Kernen stammen und in höherer Konzentration einen herben, rauhen Geschmack hervorrufen. Tanninreichere Rotweine bewirken eine langsamer einsetzende, jedoch protrahiertere Alkoholwirkung als Weißweine. Therapeutisch wird dies oft als Vorteil gesehen, zumal auch die relativ niedrigen Säurewerte (mit einem höheren Anteil an Milchsäure, die ohnehin sehr schwach dissoziiert ist) eine Irritation des geschwächten Verdauungstraktes weitgehend ausschließen.

Im Übermaß zugeführt zeitigt Tannin allerdings tiefgreifende Effekte auf die Magenschleimhaut, teilweise schwere gastritische Beschwerden auslösend mit Schmerzen, Erbrechen, Durchfällen und hartnäckiger Obstipation. Unter dem Einfluß von alkalischem Inhalt entsteht nach der Pyloruspassage jedoch schon bald Alkalitannat, mit der Wirkung, daß Eiweiß nicht mehr ausgefällt wird, Tannin damit seine adstringierende Wirkung verliert.

Beim Gesunden wird die obstipierende Wirkung meist erst nach Einnahme von großen Mengen Tannin beobachtet, bei Diarrhoe genügen meist schon kleine Mengen.

Rotweine enthalten weniger exzitierende Bukettstoffe, welcher Umstand zusammen mit den geringeren Säurewerten und der höheren Trinktemperatur zu einer besseren Magen-Darm-Verträglichkeit, insbesondere auch bei Hyperazidität, führt. Auch die Suchtgefahr scheint dadurch stark verringert, die allgemein-tonisierende Wirkung verstärkt. Rotweine beruhigen eher als sie erregen, wodurch das Maßhalten erleichtert wird.

Mineralstoffe, Spurenelemente und Vitamine kommen im Rotwein meist in erhöhtem Umfang vor, weshalb er sich besonders zur Roborierung, zur Regeneration und zur "natürlichen" Langzeitbehandlung chronischer Leiden eignet. Für den angegriffenen Organismus wird er dadurch besonders bekömmlich.
Bei harnsaurer Diathese mit Neigung zur Bildung von Nierensteinen wird Rotwein empfohlen, indem er relativ wenig Alkohol enthält, ein optimales Verhältnis von Mineralstoffen und Säuren aufweist, alkalisierend wirkt und - aufgrund seines Kaliumgehaltes - eine ausgiebige Diurese fördert.

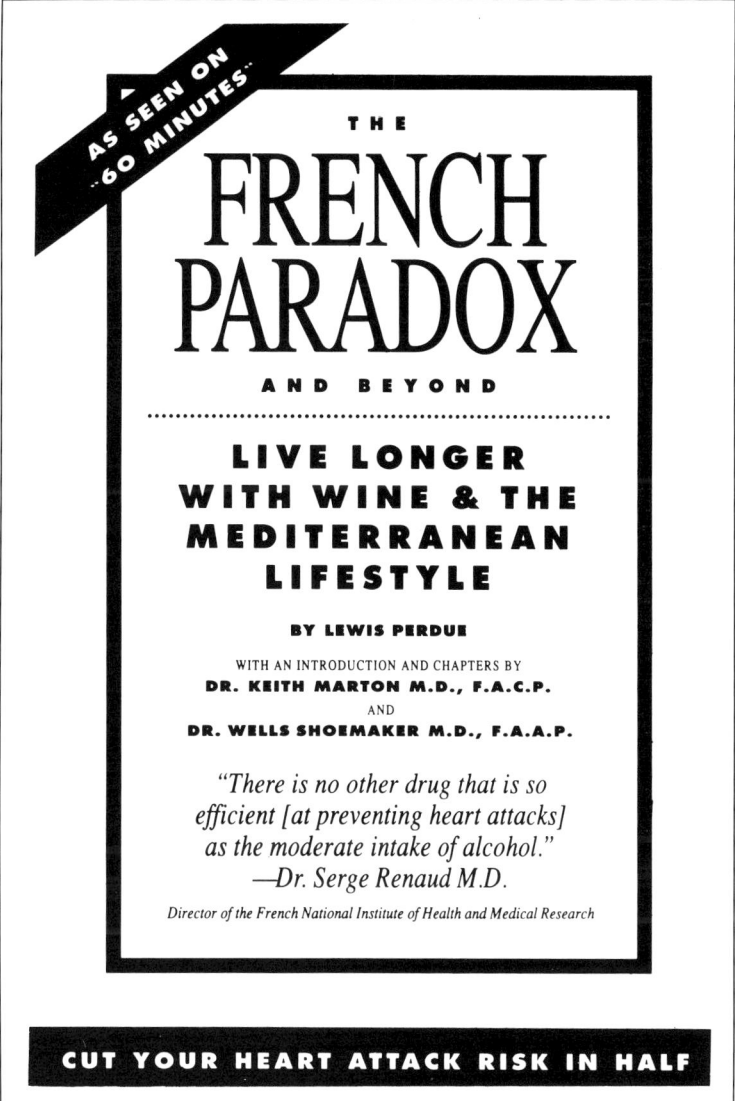

AS SEEN ON "60 MINUTES"

THE

FRENCH PARADOX

AND BEYOND

LIVE LONGER WITH WINE & THE MEDITERRANEAN LIFESTYLE

BY LEWIS PERDUE

WITH AN INTRODUCTION AND CHAPTERS BY
DR. KEITH MARTON M.D., F.A.C.P.
AND
DR. WELLS SHOEMAKER M.D., F.A.A.P.

"There is no other drug that is so efficient [at preventing heart attacks] as the moderate intake of alcohol."
—Dr. Serge Renaud M.D.

Director of the French National Institute of Health and Medical Research

CUT YOUR HEART ATTACK RISK IN HALF

Titel des Buches über das "French Paradox", das gemeinsam mit einer vielbeachteten Fernseh-Sendung (am 17. November 1991) Erkenntnisse über den Zusammenhang zwischen moderatem Weingenuß und Gesundheit in den USA sehr populär machte.

Rotwein wird als ausgesprochener, prädestinierter "Krankenwein" angesehen und von vielen älteren Menschen deshalb sehr geschätzt.

Im einzelnen wird ihm ein günstiger Einfluß bei krankhaften Veränderungen von Blut und blutbildenden Organen zugesprochen. Besonders auf vulkanreichen Böden weist er aufgrund eines hohen Phosphor- und Eisengehaltes einen erhöhten Wachstumsreiz auf. Die im Rotwein vorhandene Bernsteinsäure führt zusammen mit dem höheren Vitamingehalt zu einer Zunahme der Eisenresorption. Zusammenfassend gilt Rotwein als ein wertvolles Hämopoetikum, therapeutisch sinnvoll bei latenten Eisenmangelanämien. Die unspezifische Infektabwehr soll durch Rotwein günstig beeinflußt werden können. Insgesamt wird ihm eine vorbeugende und therapieunterstüt-zende Wirkung zugesprochen. Eine eigentlich heilende Wirkung besitzt Rotwein jedoch nicht.

Auch im Zusammenhang mit der Prävention, Therapie und Rehabilitation von Krebs wurde die günstige, unterstützende Wirkung von Rotwein diskutiert. Schon lange ist beispielsweise der Einsatz von Anthozyanen (rote Beete, milchsaure Produkte, schwarze Johannisbeeren und eben Rotwein) bei naturheilkundigen Ärzten aner-kannt. Sie sollen eine Normalisierung der gestörten Redoxprozesse, eine Verbesse-rung der Zellatmung und eine Abmilderung der toxischen Nebenwirkungen einer Zystostatika-Therapie bewirken. Die geringere Krebsmortalität in Frankreich wird in einen direkten Zusammenhang mit der Höhe des Rotweinkonsums gebracht, wobei besonders die positiven Wirkungen der Anthozyane und des Magnesiums verbali-siert werden. Sicher sind die Anthozyane und das Magnesium wichtige Teilfaktoren, aber auch Milchsäure, Eisen, Phosphat und Vitamine dürften von Bedeutung sein.

Erst in jüngster Zeit gewinnt das "französische Paradox" unter Wissenschaftlern zunehmend an Bedeutung. Darunter wird die niedrige Inzidenz kardiovaskulärer Erkrankungen von Rotweintrinkern bei gleichzeitiger Ernährung mit einer choleste-rinreichen und an gesättigten Fettsäuren reichen Diät verstanden. Unklar bleibt bisher, ob dieser Zusammenhang auf den Alkoholgehalt direkt oder auf andere Komponenten des Rotweins zurückzuführen ist. Eventuell zeichnen die ausgepräg-ten antioxidativen Eigenschaften, auch nach Entfernung des Alkohols, dafür verant-wortlich, welche Theorie besonders im Lichte der Oxidationshypothese der Pathoge-nese kardiovaskulärer Erkrankungen an Akzeptanz gewinnt. LDL (low density lipo-protein, eine Unterfraktion des Cholesterins) soll danach in der Arterienwand oxidiert werden und damit atherogene Eigenschaften entwickeln, welcher Prozess durch Antioxidantien gestoppt werden könnte. Phenole, insbesondere Flavonoide, Katechi-ne und Tannine, zeigen ausgeprägte antioxidative Eigenschaften, welche diejenigen von Vit.E teilweise noch übertreffen, sind im Rotwein verstärkt zu finden und lagern sich offenbar in Arterienwänden ein (Schettler, 1993).

Schaumwein

Unter Schaumwein, moussierender Wein und Sekt werden Weine zusammengefaßt, die unter Zuckerzusatz in der Flasche vergären. Sie weisen einen starken Kohlensäu-regehalt auf, der bei minderen Sorten vorwiegend eingepreßt wird und werden nach ihrem endgültigen Zuckergehalt unterschieden in "sehr trocken" bzw. "trocken".

Qualität und Bekömmlichkeit hängen ab einerseits von der Art und Menge der Inhaltsstoffe, andererseits von der Lage, der Rebsorte und vor allem auch dem Alter der verwendeten Weine.

Sekt führt bekanntlich schneller zu einer euphorischen Stimmung als Wein. Dieser Effekt ist auf die Verbesserung sowie Beschleunigung der Resorption von Aethanol aus dem Magen-Darm-Kanal in das Gefäßsystem durch die Kohlendioxideinwirkung zurückzuführen. CO_2 bewirkt darüber hinaus eine Anregung der Geschmackspapil-len auf der Zunge, eine erhöhte Produktion und Abgabe von Magensaft sowie eine Appetitanregung. Manche Menschen vertragen CO_2 weniger gut, indem sie eine

Erhöhung der Magen-Darm-Peristaltik, Durchfälle und gar Beklemmungsgefühle entwickeln.

Die medizinische Bedeutung der CO_2-Zufuhr mit Sekt wird in einer möglichen positiven Beeinflussung von Herz-Kreislauf-Schwächen, hochfieberhaften Prozessen und Lungenentzündungen zusammengefaßt. Bei Genesenden und Unterernährten gilt Sekt als Kalorienspender. Zusätzlich fördert er die Resorption von Mineralstoffen, Spurenelementen und Vitaminen, setzt die Schmerzempfindlichkeit herab, unterdrückt Brechreiz und Erbrechen, verstärkt die Diurese und unterstützt wirksam die Herz-Kreislauf-Funktion.

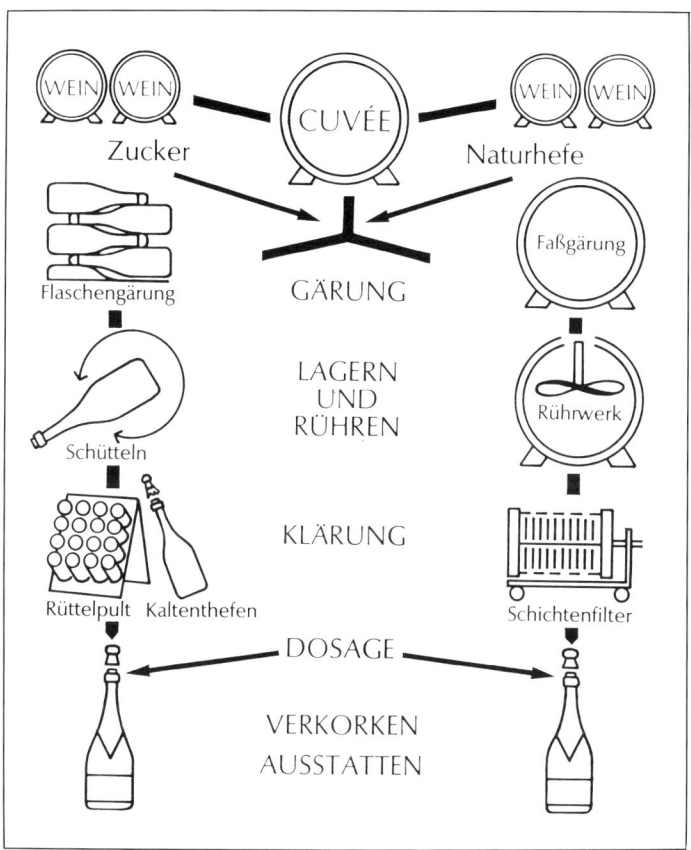

Die wichtigsten Verfahren der Schaumweinherstellung im Überblick: Verschiedene Grundweine werden in der "Cuvée" vereinigt und mittels Hefezusatz zur zweiten Gärung gebracht. Sie erfolgt entweder traditionell in der Flasche oder im Tank bzw. Faß. Entsprechend führt bei der weiteren Bereitung manuelles Schütteln der Flasche am Rüttelpult oder Bewegung des Schaumweines durch ein Rührwerk im Tank mit anschließendem Durchlauf durch einen Filter zur Beseitigung des nach der Gärung verbliebenen Depots. Mit der zugegebenen Dosage wird der Sekt geschmacklich abgestimmt. (Aus "Der Sekt", herausgegeben von Henkell Kellereien, Wiesbaden)

Sorten

Eine humorvolle Bemerkung mag die Weine in Anlehnung an Kiaulehn und Woller charakterisieren (Woller, 1992):

"Der Mosel ist ein junges Mädchen,

der Pfälzer eine derbe, südliche Schönheit,

der Rheingauer die elegante Dame von dreißig,

nur der Frankenwein ist keine Frau, sondern ein Mann.

Der badische Wein ist eine glutvolle Andalusierin,

der Württemberger ist ein g'standenes, anständig's Mädle."

Bezüglich der artbestimmenden Faktoren des Weins werden einerseits direkt von indirekt wirkenden, andererseits veränderliche von unveränderlichen unterschieden. Im einzelnen rechnen zu den direkt wirkenden, veränderlichen Faktoren Jahrgang, Witterungsablauf, Reifegrad, Lesezeitpunkt, Kellerwirtschaft und Kunst des Ausbaus, unter die direkt wirkenden, unveränderlichen Faktoren sind Rebsorte, Standort, Boden und Lage zu subsummieren. Die indirekt wirkenden, unveränderlichen Einflußnahmen erfolgen über Unterlage, Zeilenbreite und Stockabstand, während die indirekt wirkenden, veränderlichen Faktoren Ausschnitt, Pflege, Düngung, Flaschenlager, Lagerungszeit und Lagerungstemperatur ausmachen.

Da so viele individuelle Faktoren Einfluß auf die spezifischen Merkmale der einzelnen Weine nehmen, wovon die Rebsorte "nur" eine Einflußgröße darstellt, wird verständlich, daß bei fließenden Grenzen eine Objektivierung im streng wissenschaftlichen Sinne sich eher schwierig gestaltet.

So werden beispielsweise in der Pharmacopoea Helvetica Ed. IV aus pharmakologisch-ärztlicher Sicht fünf Sorten unterschieden, mit welchen die heutigen Ärzte allerdings in der Regel - im Gegensatz zu früher - nur noch wenig anzufangen wissen. Vom "Vinum album" (Weißwein) lassen sich danach eindeutig der "Vinum rubrum" (Rotwein), der "Vinum meridianum dulce" (süßer südlicher Wein), der "Vinum meridianum austerum" (trockener südlicher Wein) und der "Vinum spumans" (Schaumwein) unterscheiden.

Der "Vinum rubrum" stellt danach einen reinen, tiefroten Naturwein dar, dessen Alkoholgehalt nicht unter 9 Vol% und dessen Extraktgehalt nach Abzug von Zucker nicht unter 20 g/Liter beträgt. Sein Zuckergehalt liegt unter 2 g/Liter, sein Gesamtgehalt an freien Säuren zwischen 4 und 7 Gramm je Liter. An Sulfaten beinhaltet er weniger als 1 g/Liter, an jodbindender Substanz unter 0,2 g pro Liter.

Der "Vinum meridianum dulce" ist im Vergleich dazu ein alkohol- und zuckerreicher Wein aus Südeuropa (beispielsweise "Malaga"). Er wird durch Konzentration von Traubensaft mit nachfolgender Gärung hergestellt. Sein Gehalt an Alkohol beträgt dementsprechend 15 bis 20 Vol%, sein Gehalt an zuckerfreiem Extrakt mindestens 25 g/Liter. Nichtflüchtige Säuren machen 2,5 bis 5 g/Liter, Sulfat weniger als 2g/Liter und jodbindende Substanzen höchstens 0,2 g je Liter aus.

Als "Vinum meridianum austerum" wird ein alkoholreicher Wein mit weniger als 50 g Zucker pro Liter bezeichnet (beispielsweise Typ halbsüßer "Marsala"), dessen Alkoholgehalt zwischen 15 und 20 Vol%, dessen zuckerfreier Extrakt mindestens 20 g je Liter und dessen Gehalt an nichtflüchtigen Säuren 2,5 bis 5 g/Liter, an flüchtigen Säuren unter 2 g pro Liter beträgt. Sein Sulfatgehalt liegt unter 0,2 g je Liter, sein Gehalt an jodbindender Substanz ebenfalls unter 0,2 g pro Liter.

Im Deutschen Arzneibuch werden diese Differenzierungen nicht getroffen. Als Definition von Wein wird lediglich angeführt, daß er durch alkoholische Gärung aus dem Saft von frischen Weintrauben herzustellen und den Bestimmungen des Weingesetzes zu entsprechen habe.

Die medizinisch-gesundheitlichen Wirkungen unterschiedlicher Weinsorten und -arten waren vor der Antibiotika-Ära und Entwicklung der modernen Naturwissenschaften besser bekannt und anerkannt, heute wird Wein in aller Regel kaum mehr therapeutisch eingesetzt.

In einem der ältesten Weinbücher deutscher Sprache, verfaßt von Johann Rasch (1540 - 1612), werden zu den Weinsorten nicht nur Weine aus Trauben, sondern auch aus verschiedenen Früchten, Gewürzen, Kräutern und Blumen gezählt.

Charakteristische Merkmale der Weine können aufgrund ihrer Inhaltsstoffe durch die chemische Analyse und die sensorische Verkostung (mit Hilfe der Organoleptik) ermittelt werden. Mittels der Sensorik wird ein umfassender jedoch weitgehend subjektiver Eindruck von Aussehen, Klarheit, Geruch und Geschmack gewonnen, während die Analysedaten konkrete Aussagen über die chemische Zusammensetzung und über die Inhaltsstoffe liefern.

Eine Beurteilung der medizinisch-gesundheitlichen Wirkung einzelner Weine aufgrund der Angaben auf dem Etikett ist für den weniger erfahrenen Konsumenten schwierig. Mit Ausnahme des Alkoholgehalts, dessen Angabe gesetzlich vorgeschrieben ist, erfolgt keine Deklarierung der wichtigsten Inhaltsstoffe wie Restzucker, Säure oder schweflige Säure. Hinweise auf die "Bekömmlichkeit", zum Beispiel auf dem Rückenetikett, sind als gesundheitsbezogene Werbeaussage grundsätzlich untersagt. Somit muß der Verbraucher individuell einschätzen, ob und wie der Weinkonsum seiner Gesundheit zuträglich ist. Unter der Vielzahl von möglichen Bezeichnungen über Herkunft und Erzeugung ist die Angabe der Rebsorte eine wichtige Hilfe. Bei sortenrein erzeugten Weinen kann aufgrund von persönlichen Erfahrungswerten die Einschätzung der Beschaffenheit beim Weineinkauf (und nicht erst nach dem Konsum) oft präziser erfolgen als bei Verschnittweinen wie bestimmten Marken- oder Gattungsweinen.

Bis zum Ende des vorigen Jahrhunderts dominierte in vielen Anbauländern die Erzeugung von Weinen aus mehreren Rebsorten. Diese Reben wurden im "gemischten Satz" angebaut, bei dem vielfach sowohl weiße als auch rote Trauben unterschiedlicher Sorten in einem Weinberg wuchsen, die gemeinsam gekeltert wurden.

Mit zunehmendem Qualitätsbewußtsein setzte sich die Erzeugung sortenreiner Weine durch, die - gesetzlich erlaubt - auch dann nur eine einzige Rebsortenbezeichnung auf dem Etikett tragen dürfen, wenn ein bestimmter Anteil aus Wein von anderen Rebsorten hinzugefügt wird. Nach dem derzeitigen deutschen Weinrecht beträgt dieser Anteil, der bei Sorten-, Herkunfts- oder Jahrgangsangabe keinen Einfluß auf die Bezeichnung hat, höchstens 15 Prozent. Das deutsche Weingesetz schreibt vor, daß höchstens zwei Rebsorten auf dem Etikett angegeben werden dürfen. In diesem Fall muß der Wein - mit Ausnahme eventuell zugesetzter Säurereserve - vollständig aus den zwei genannten Rebsorten stammen. Die Rebsorte, die den höchsten Anteil im Wein ausmacht, muß an erster Stelle genannt sein.

Sortenweine zeigen meist ein bestimmtes, typisches Geruchs- und Geschmacksprofil ("Sortentyp"), das von den jeweils identischen Anteilen der Inhaltstoffe getragen wird.

So haben beispielsweise Rieslingweine generell einen höheren Säuregehalt als Weine aus den Rebsorten Silvaner oder Müller-Thurgau. Spätburgunder sind meist extrakt- und alkoholreicher als Weine aus der Rebsorte Portugieser. Natürlich tragen der jeweilige Reben-Standort (Lage, Bereich, Gebiet) und die sich daraus ergebenden Klimaverhältnisse sowie die Witterung der einzelnen Weinjahrgänge ebenfalls zur Ausprägung von Alkohol, Säuren und anderen Inhaltsstoffen entscheidend bei.

Neben den zahlreichen sortenrein erzeugten Weinen gibt es traditionell eine Reihe bekannter Weine, die stets aus Verschnitten mehrerer Rebsorten produziert werden.

Das berühmteste Beispiel sind die Rotweine von Bordeaux, die in den meisten Fällen aus den Rebsorten Cabernet Sauvignon, Cabernet Franc und Merlot gewonnen werden. Die Anteile der einzelnen Sorten sind je nach Bereich, Weingut und Jahrgang unterschiedlich. Nach diesem Vorbild werden in vielen anderen Ländern der Welt heute ähnliche Cuveés aus den genannten Sorten erzeugt.

Für die Beurteilung dieser Weine aus medizinischer Sicht spielt zunächst der Alkoholgehalt eine große Rolle. Bei den"klassischen" Bordeaux-Rotweinen beträgt er überwiegend 12 bis13 Vol. % bzw. 95 bis etwa 100 g/l. Ähnliche Weine, die aus Reben mit höherem Zuckergehalt in anderen Weinbauregionen erzeugt werden, weisen einen entsprechend höheren Alkoholgehalt auf.

Im Gegensatz zum Weißwein hat bei den Rotweinen der Gehalt an Önotanninen (Gerbstoffen) für Bekömmlichkeit, Geschmack und Haltbarkeit Bedeutung. Je nach Jahrgangsqualität, Vinifizierung und Sortenzusammensetzung unterliegt der Tanningehalt starken Schwankungen. Bei jungen Rotweinen ist er intensiver bemerkbar als bei reifen. In der Regel haben Rotweine mit einem hohen Cabernet-Anteil mehr Tannin als Rotweine, in denen die Merlot-Rebe dominiert.

Auf Geruch und Geschmack von Weinen, die in kleineren Fässern aus Eichenholz (225 Liter fassende Barriques) ausgebaut und gelagert wurden, wirkt sich die Abgabe von Äthylvanillin aus. Sie kann bis zu 200 mg pro Liter betragen. Je nach Art, Alter und Bearbeitung des Faßholzes beeinflussen diese Aromen den Geruch und Geschmack des Weines sehr nachhaltig. Bei Rotweinen wird dieser Einfluß vielfach harmonischer und weniger extrem empfunden als bei Weißweinen. Zuverlässige Aussagen, ob und in welchem Umfang Vergärung, Ausbau und Reife von Weinen in Barriques einen speziellen Einfluß auf deren Bekömmlichkeit haben, sind bislang nicht bekannt.

Die Weinerzeugung in Bordeaux und Burgund basiert traditonell auf der Verwendung derartiger kleiner Holzfässer. In anderen Ländern werden Barriques nur dann eingesetzt, wenn Weine mit den dafür charakteristischen Geruchs- und Geschmackseigenschaften hergestellt werden sollen. Dabei handelt es sich vorwiegend um alkohol- und extraktreiche Weine, in denen das Äthylvanillin und ähnliche Aromastoffe des Eichenholzes gut eingebunden sind.

Andere renommierte europäische Rotweine, die traditionell durch den Verschnitt mehrerer Sorten erzeugt werden, sind die der südlichen Côtes-du-Rhône, vor allem Châteauneuf-du-Pape, der Chianti sowie der Rioja. Sie zeichnen sich üblicherweise durch einen nicht zu starken Tanningehalt und eine relativ geringe Säure aus (4,5 bis 6 g/l). Die Weine der Côtes-du-Rhône haben einen ziemlich hohen Alkoholgehalt (mehr als 13 % Vol.), bei den übrigen genannten Rotweinen liegt er zwischen 12,5 und 13 % Vol.

Aus Sortenverschnitten entstehen auch andere bekannte Weinarten wie Schaumweine oder Likörweine. Bei Sekt oder Champagner handelt es sich um spezielle Cuveés, die aus dem Zusammenfügen verschiedener Grundweine gebildet werden. Die Beschaffenheit dieser Grundweine ist neben der später zugefügten Dosage (in Wein aufgelöster Zucker) und der Kohlensäure für die Bekömmlichkeit des Sektes entscheidend.

Sortenbez.[1]	Synonyme/Kreuzung	Weinart	Anbaugebiete[2]	Qualität[3]
Aligoté	-	weiß	Frankreich, Schweiz	mittel
Amigne	-	weiß	Wallis	mittel
Arvine	-	weiß	Wallis	mittel
Auxerrois	-	weiß	Frankreich, Deutschland, Luxemburg	mittel bis gut
Bacchus	(Neuzüchtung aus Silvaner x Müller-Thurgau)	weiß	Deutschland	mittel bis gut
Bouvier	-	weiß	Österreich	mittel
Cabernet Franc	-	rot	Frankreich, Italien, USA, Südamerika, Australien, Südafrika	mittel
Cabernet Sauvignon	-	rot	Frankreich, Italien, USA, Australien, Südafrika	gut bis sehr gut
Chardonnay	(Variante des Weißburgunders)	weiß	Frankreich, Italien, Österreich, Schweiz, Deutschland, USA, Südafrika, Australien	gut bis sehr gut
Chenin Blanc	Pineau, Steen	weiß	Frankreich, USA, Südafrika, Australien	gut
Ehrenfelser	(Neuzüchtung aus Riesling x Silvaner)	weiß	Deutschland	gut
Faber	(Neuzüchtung aus Weißer Burgunder x Müller-Thurgau	weiß	Deutschland	gut
Frühburgunder	Madeleine Noir, Pinot Madeleine	rot	Deutschland, Frankreich	mittel bis gut
Furmint	Gelber Mosler	weiß	Südost-Europa	gut bis sehr gut
Gamay	-	rot	Frankreich, Schweiz	mittel
Grenache Noir	-	rot	Frankreich, Kalifornien	mittel bis gut
Grüner Veltliner	Grünmuskateller, Grüner Weißgipfler	weiß	Österreich, Ungarn	mittel bis gut
Gutedel	Chasselas, Fendant, Dorin, Perlan	weiß	Deutschland, Schweiz, Österreich, Ungarn	mittel
Heroldrebe	(Neuzüchtung aus Portugieser x Limberger)	rot	Deutschland	mittel
Huxelrebe	(Neuzüchtung aus Gutedel x Courtillier Musqué)	weiß	Deutschland	mittel bis gut
Kerner	(Neuzüchtung aus Trollinger x Riesling)	weiß	Deutschland	gut
Limberger	Blaufränkisch, Lemberger, Kekfrankos	rot	Österreich, Württemberg, Südost-Europa	mittel bis gut
Merlot	-	rot	Frankreich, Schweiz, Italien, Südost-Europa, Chile, Argentinien, USA, Australien, Südafrika	mittel bis gut
Morio-Muskat	(Neuzüchtung aus Silvaner x Weißer Burgunder)	weiß	Deutschland	gut bis sehr gut
Müllerrebe	Schwarzriesling, Pinot Meunier	rot	Frankreich, Österreich, Deutschland, Südost-Europa	gut
Müller-Thurgau	Riesling x Silvaner	weiß	Deutschland, Schweiz, Österreich, Südtirol, Luxemburg, Südost-Europa	mittel
Muskat-Ottonel	-	weiß	Österreich, Elsaß, Deutschland	mittel bis gut
Muskateller	Moscatel, Moscatello Bianco, Muskately	weiß	Italien, Frankreich, Spanien, Portugal, Südost-Europa, Südamerika	mittel bis gut

ihre Weine

Geschmacksrichtung	Besondere Merkmale
kräftig, fruchtig, herb	mittlerer Alkoholgehalt, relativ säurereich, trocken
kräftig, stark, säurebetont	alkoholreich, süß, mittlere Säure
voll, markant, würzig	relativ alkoholreich, trocken
mild, körperreich	mittlerer Alkoholgehalt, geringe bis mittlere Säure, vielfach trocken
fruchtig, extraktreich	geringer bis mittlerer Alkoholgehalt, trocken bis mild
mild, Muskatbukett	mittlerer bis hoher Alkoholgehalt, vielfach süß, relativ kräftige Säure
kräftig, herb	mittlerer Alkoholgehalt, trocken, mittlerer Tannin, mittlere Säure
edel, rassig, kräftig	mittlerer bis hoher Alkoholgehalt, trocken, harmonischer Tannin, mittlere Säure, vielfach extraktreich
elegant, stoffig, gefällig	mittlerer bis hoher Alkoholgehalt, trocken, geringe bis mittlere Säure
süffig, harmonisch	mittlerer Alkoholgehalt, säurebetont, trocken
fruchtig, rieslingähnlich	mittlerer Alkoholgehalt, trocken bis mild, mittlere Säure
leichtes Muskatbukett, fruchtig, frisch	mittlerer Alkoholgehalt, trocken bis mild, mittlere Säure
ansprechend, süffig	mittlerer Alkoholgehalt, meist trocken, relativ geringer Tannin, mittlere Säure
feurig	alkoholreich, trocken oder süß, geringe bis mittlere Säure
fruchtig, harmonisch	mittlerer Alkoholgehalt, geringer Tannin, trocken
kraftvoll, feurig	mittlerer Alkoholgehalt, geringer Tannin, mittlere Säure
spritzig, fruchtig-würzig, pfeffrig	mittlerer Alkoholgehalt, trocken bis halbtrocken, mittlere Säure
süffig, leicht, mild	geringer bis mittlerer Alkoholgehalt, trocken bis halbtrocken, geringe bis mittlere Säure
neutral, leicht, ziemlich rassig	mittlerer Alkoholgehalt, mittlere Säure, trocken bis halbtrocken, mittlerer Tannin
voll, rassig, feines Muskatbukett	mittlerer Alkoholgehalt, geringe bis mittlere Säure, trocken bis süß
rieslingähnlich, frisch, fruchtig	mittlerer Alkoholgehalt, mittlere bis ausgeprägte Säure, trocken bis lieblich
kräftig, voll, anregend	mittlerer Alkoholgehalt, trocken bis mild, mittlere Säure, geringer bis mittlerer Tannin
harmonisch, warm	mittlerer bis hoher Alkoholgehalt, trocken, mittlerer Gerbstoff, geringe Säure
füllig, kräftiges, Muskatbukett	geringer bis mittlerer Alkoholgehalt, trocken bis lieblich, geringe Säure
leicht, frisch, angenehm	mittlerer Alkoholgehalt, mittlerer Tannin, trocken, geringe bis mittlere Säure
mild, leicht, blumig, duftig	geringer bis mittlerer Alkoholgehalt, geringe bis mittlere Säure, trocken bis lieblich
kräftiges Bukett, mild	mittlerer Alkoholgehalt, relativ geringe Säure, mild
starkes Bukett, leicht bis kräftig, mild	mittlerer bis hoher Alkoholgehalt, geringe Säure, trocken bis sehr süß

Sortenbez.[1]	Synonyme/Kreuzung	Weinart	Anbaugebiete[2]	Qualität[3]
Nebbiolo	-	rot	Italien	sehr gut
Neuburger	(Kreuzung Weißburgunder x Silvaner?)	weiß	Österreich	mittel bis gut
Nobling	(Neuzüchtung aus Silvaner x Gutedel)	weiß	Deutschland	gut
Ortega	(Neuzüchtung aus Müller-Thurgau x Siegerrebe)	weiß	Deutschland	gut
Portugieser	Blauer Portugieser, Oporto	rot	Österreich, Deutschland, Südost-Europa	mittel
Rieslaner	(Neuzüchtung aus Silvaner x Riesling)	weiß	Deutschland	mittel bis gut
Riesling	Rheinriesling, Riesling, Renano, Petit Rhin, Rajinski Rizling	weiß	Deutschland, Österreich, Elsaß, Südtirol, Schweiz, Australien, Südafrika, USA, Chile	sehr gut
Rotgipfler	Reifler	weiß	Österreich	gut bis sehr gut
Ruländer	Grauburgunder, Pinot Gris, Grauklevner, Tokayer, Malvoisie, Szurkrbarát	weiß	Deutschland, Elsaß, Österreich, Schweiz, Südost-Europa, Italien	gut
Sangiovese	-	rot	Italien	gut
Saint Laurent	-	rot	Österreich, Deutschland, Frankreich	gut
Sauvignon	Sauvignon Blanc, Muskat-Sylvaner	weiß	Frankreich, Schweiz, Österreich, Jugoslawien, USA, Australien, Südafrika	gut bis sehr gut
Scheurebe	(Neuzüchtung aus Silvaner x Riesling)	weiß	Deutschland, Österreich	mittel bis gut
Sémillon	-	weiß	Frankreich, USA, Australien, Südafrika	gut
Siegerrebe	(Neuzüchtung aus Madeleine Angevine x Gewürztraminer)	weiß	Deutschland	mittel bis gut
Silvaner	Sylvaner, Johannisberg, Gros Rhin	weiß	Deutschland, Schweiz, Südtirol, Österreich, Südost-Europa	mittel bis gut
Spätburgunder	Blauburgunder, Blauer Spätburgunder, Pinot Noir, Pinot Nero, Klevner	rot	Frankreich, Schweiz, Deutschland, Österreich, Südost-Europa, Nord- und Südamerika, Südafrika, Australien, Neuseeland	sehr gut
Syrah	Shiraz, Hermitage	rot	Frankreich, Australien, Kalifornien	mittel bis gut
Traminer/ Gewürztraminer	Clevner, Klävner	weiß	Deutschland, Österreich, Frankreich, Südost-Europa, Italien, Kalifornien	gut bis sehr gut
Trollinger	Groß-Vernatsch, Meraner Kurtraube, Black Hamburg, Gros Bleu	rot	Württemberg, Südtirol	mittel
Verdicchio	-	weiß	Italien	mittel bis gut
Weißer Burgunder	Weißburgunder, Weißer Klevner, Clevner, Clävner, Pinot Blanc (Chardonnay)	weiß	Frankreich, Italien, Schweiz, Österreich, Deutschland, Südost-Europa	gut
Welschriesling	Riesling Italico	weiß	Österreich, Italien, Südost-Europa	mittel
Wildbacher	Schilcher	rot	Steiermark	mittel
Zierfandler	Spätrot, Rubiner	weiß	Österreich, Südost-Europa	gut

[1] Es wurden die auf dem Weinetikett aufgeführten Bezeichnungen und nicht die ampelographischen Fachbezeichnungen gewählt z.B. Silvaner anstelle Grüner Silvaner

Geschmacksrichtung	Besondere Merkmale
voll, rassig	mittlerer bis hoher Alkoholgehalt, trocken, mittlerer bis hoher Tannin, geringe bis mittlerer Säure
voll, kräftig, mild	mittlerer Alkoholgehalt, geringe bis mittlere Säure, trocken, halbtrocken, süß
körperreich, fruchtig	geringer bis mittlerer Alkoholgehalt, geringe Säure, trocken bis lieblich
harmonisch, voll, erinnert an Siegerrebe (s. dort)	mittlerer Alkoholgehalt, mittlere Säure, trocken bis süß
süffig, leicht	geringer bis mittlerer Alkoholgehalt, geringe Säure, geringer Tannin, trocken bis lieblich
neutral bis gehaltvoll, rassig	geringer bis mittlerer Alkoholgehalt, geringe bis mittlere Säure, trocken bis lieblich
fruchtig, rassig	geringer bis mittlerer Alkoholgehalt, ausgeprägte Säure, trocken bis süß
extraktreich, würzig	mittlerer bis hoher Alkoholgehalt, mittlere Säure, trocken bis mild
füllig, kräftig, wuchtig	mittlerer bis hoher Alkoholgehalt, geringe bis mittlere Säure, trocken bis süß
kräftig, gehaltvoll	mittlerer bis hoher Alkoholgehalt, mittlerer Tannin, geringe bis mittlere Säure, trocken
gehaltvoll, feines Bukett	mittlerer Alkoholgehalt, mittlerer Tannin, mittlere Säure, trocken
rund, voll, rassig	mittlerer Alkoholgehalt, mittlere bis ausgeprägte Säure, trocken, vielfach extraktreich
harmonisch, körperreich, mit typischem Aroma	mittlerer Alkoholgehalt, mittlere Säure, trocken bis lieblich
voll, rassig	mittlerer bis hoher Alkoholgehalt, geringe bis mittlere Säure, trocken und süß
intensives Bukett, füllig	mittlerer Alkoholgehalt, mittlere Säure, extraktreich, trocken bis süß
neutral, blumig, voll, mild	geringer bis mittlerer Alkoholgehalt, geringe bis mittlere Säure, trocken bis süß
samtig-feurig	mittlerer bis hoher Alkoholgehalt, geringe bis mittlere Säure, geringer bis mittlerer Tannin, trocken bis lieblich
kräftig, rund, vollmundig	mittlerer bis hoher Alkoholgehalt, mittlerer Tannin, geringe Säure, trocken, extraktreich
säurearm, feines Bukett, würzig, rassig	mittlerer bis hoher Alkoholgehalt, geringe bis mittlere Säure, trocken bis lieblich/süß
rassig, frisch	geringer bis mittlerer Alkoholgehalt, geringer bis mittlerer Tannin, geringe bis mittlere Säure, trocken, halbtrocken
harmonisch, angenehm herb	mittlerer Alkoholgehalt, mittlere Säure, trocken
voll, mild, kräftig	mittlerer Alkoholgehalt, geringe bis mittlere Säure, trocken bis süß
neutral, feines Bukett	mittlerer Alkoholgehalt, geringe bis mittlere Säure, trocken bis lieblich
würzig, rauh	mittlerer Alkoholgehalt, mittlerer Tannin, ausgeprägte Säure, trocken
fein-blumig	mittlerer Alkoholgehalt, mittlere Säure, trocken

[2] Genannt sind lediglich die wichtigsten Anbaugebiete
[3] Hierbei handelt es sich um Durchschnittsbewertungen, so daß Abweichungen auf jeden Fall möglich sind.

Die Herstellung von bestimmten Likörweinen wie Port oder Sherry basiert auf seit langem üblichen, gesetzlich festgelegten Sortenverschnitten.

Schaumweine haben einen Alkoholgehalt von 9 bis etwa 12,5 %Vol. Deutscher Sekt (Qualitätsschaumwein) weist einen Alkoholgehalt von durchschnittlich 10 bis 11 % Vol. auf. Beim Champagner werden zum Teil höhere Alkoholgehalte festgestellt.

Die Säure beträgt meist zwischen 7 und 8 g/l. Der Gehalt an unvergorenem Zucker wird mit speziellen, für Schaumweine gültigen Bezeichnungen gekennzeichnet. Diese Geschmacksbezeichnungen gelten ausschließlich für Schaumweine, nicht für die übrigen Weinarten:

- Extra Brut: Restzucker unter 6 g/l

- Brut: unter 15 g/l

- Extra Trocken: 12 bis 20 g/l

- Trocken: 17 bis 35 g/l

- Halbtrocken: 32 bis 50 g/l

- Mild: über 50 g/l

Sekte mit der Bezeichnung Dosage Zero oder Dosage 0 verfügen über keinen schmeckbaren Restzucker.

Likörweine müssen entsprechend den gesetzlichen Bestimmungen einen vorhandenen Alkoholgehalt von mindestens 15 % Vol und höchstens 22 % Vol aufweisen. Bei bestimmten Likörweinen ergibt sich der höhere Alkoholgehalt durch Zugabe von Weinalkohol. Nicht jeder Likörwein weist jedoch einen besonders hohen Alkoholgehalt auf. So kann zum Beispiel ein Tokajer Eszencia lediglich nur über 3,5 % Vol verfügen, während ein Tokajer Aszú über 15 % Vol. Alkohol haben kann.

Eine entsprechend große Bandbreite weist bei Likörweinen auch der Gehalt an unvergorenem Zucker auf. Bei einem Tokajer Eszencia wurden 511 g/l festgestellt, bei einem Tokajer Aszú 3-buttig 91 g/l.

Portweine weisen einen durchschnittlichen Alkoholgehalt von 14 bis 22 % Vol und einen Zuckergehalt von 40 bis 110 g/l auf. Bei Sherry liegt der Alkoholgehalt zwischen 15 und 18 % Vol, der Zuckergehalt je nach Sorte zwischen 12 g/l (Fino) bis 59g/l (Amontillado).

Die meisten Likörweine verfügen über weniger als 6 g/l Gesamtsäure. Ein großes Spektrum weist der Gehalt an schwefliger Säure auf. Die gesamte SO_2 reicht bei Weinen dieser Gruppe von 20 bis über 240 mg/l.

Der Genuß der extraktreichen, alkoholstarken Likörweine sollte sich daher nur auf möglichst geringe Mengen beschränken.

Innerhalb der Europäischen Union ist die Angabe des vorhandenen Alkoholgehaltes auf dem Weinetikett vorgeschrieben. Der Alkoholgehalt muß in vollen oder halben Einheiten angegeben werden und darf +/- 0,5 % Vol über oder unter dem Analysewert liegen.

Die Angabe "Für Diabetiker geeignet" mit der Ergänzung "nur nach Befragen des Arztes" darf für Weine verwendet werden, deren Gehalt an unvergorenem Zucker, als Invertzucker berechnet, 4 g/l nicht überschreitet, und die höchstens 12 % Vol

Alkohol und maximal 40 mg/l gesamte schweflige Säure aufweisen. In diesem Zusammenhang muß der Restzucker, der Alkoholgehalt sowie der Brennwert des Alkohols und der physiologische Gesamtbrennwert angegeben werden.

Nach deutschem Weinrecht dürfen für die Geschmacksangaben vier Begriffe verwendet werden. Sie richten sich nach dem jeweiligen Zuckergehalt:

- trocken:
    maximal 4 g/l
oder
    höchstens 9 g/l, wobei der Gesamtsäuregehalt (ausgedrückt in Weinsäure) nicht mehr als 2 g/l unter dem Restzuckergehalt liegen darf
- halbtrocken:
    maximal 18 g/l, wobei der Gesamtsäuregehalt (ausgedrückt in Weinsäure) um nicht mehr als 10 g/l unter dem Restzuckergehalt liegen darf.
    Die Bezeichnung "halbtrocken" darf nur verwendet werden, wenn der Restzuckergehalt den für "trocken" festgelegten Höchstwert übersteigt.
- lieblich:
    höchstens 45 g/l
- süß:
    mindestens 45 g/l

Sogenannter entalkoholisierter Wein darf höchstens 0,5 % Vol Alkohol aufweisen. "Teilentalkoholisierter Wein" muß mindestens 0,5 % Vol und weniger als 4 % Vol Alkohol aufweisen.

Qualitätsstufen

Das Weinrecht in den Ländern der Europäischen Union fußt auf einer pyramidenartig aufgebauten Qualitätskennzeichnung. Die untere Gruppe besteht aus den "Tafelweinen", der untere Mittelbau aus den "Landweinen", der obere Mittelbau und die Spitze aus den "Qualitätsweinen", wobei es für die Spitzenweine in den einzelnen Ländern unterschiedliche Bezeichnungen und Interpretationen für die jeweilige Spitzenqualität gibt.

Die in Deutschland und in den Weinbauländern der Europäischen Union zugelassenen Qualitätskennzeichnungen basieren entweder auf bestimmten Mindestanforderungen hinsichtlich der Reife der Trauben (sogenanntes Mostgewicht, im deutschen Weinbau ausgedrückt in Grad Öchsle, im Österreichischen Weinanbau in KMW Klosterneuburger Mostwaage, aus dem sich nach der Vergärung der entsprechende Alkoholgehalt ergibt) oder auf ausgewählten Lagen (zum Beispiel Crus in Frankreich) in Verbindung mit besonderen Anforderungen an die Inhaltsstoffe.

So stehen den traditionellen Bezeichnungen für deutsche (und österreichische) Spitzenweine wie Spätlese, Auslese, Beerenauslese, Trockenbeerenauslese und Eiswein in Frankreich Bezeichnungen wie Premier Cru oder Grand Cru gegenüber.

Derartige Qualitätskennzeichnungen sind in vielen Fällen nicht nur ein Hinweis auf ein bestimmtes Güteniveau, sie lassen auch Rückschlüsse auf die Höhe des vorhandenen Alkoholgehalts zu.

Frankreich	Deutschland	Italien
Tafelweine		
Vin de table	Tafelwein	Vino da tavola
		Vino da tavola con indicazione geografica
Vin de pays	Landwein	Vino tipico
Bezeichnungen für Qualitätsweine		
VDQS Vin délimité de qualité supérieure	Qualitätswein bestimmter Anbaugebiete (b.A.)	DOC Denominazione di origine controllata
	Qualitätswein mit Prädikat	Classico superiore riserva
AOC Appellation d'origine contrôlée		Denominazione di controllata e garantita

Einteilung der Weine in die gesetzlich definierten Güteklassen in der Europäischen Union (oben) und in Deutschland (rechte Seite). (Quelle: Deutsches Weininstitut, Mainz.)

Zwischen der gesetzlich definierten Qualität und einer damit einhergehenden "gestaffelten" Verträglichkeit der Weine gibt es allerdings keine unmittelbaren Zusammenhänge. Die generelle Einteilung in "leichte" Tafelweine und "schwere" Spätlesen oder Auslesen ist in der Praxis nur mit Ausnahmen gültig. Tatsächlich scheuen sich Weinerzeuger zuweilen auch nicht, ein qualitativ hochwertiges Produkt nur als "Tafelwein" zu bezeichnen, wenn die gesetzlich vorgeschriebene amtliche Qualitätsweinprüfung nicht beantragt werden soll.

Die oft geäußerte Ansicht, daß besonders hochwertige Prädikatsweine einen hohen Alkoholgehalt aufweisen, trifft nicht zu. Vor allem bei Beerenauslesen und Trockenbeerenauslesen vergärt aufgrund der hohen Zuckerkonzentration nur ein Teil des im Most vorhandenen Zuckergehaltes, so daß bei diesen Weinen - wie die Übersicht auf diesen Seiten zeigt - der Alkoholgehalt oftmals wesentlich geringer ist als bei Weinen, die aus nicht edelsüßen Trauben gekeltert wurden.

Hingegen verfügen hochwertige Prädikatsweine natürlicherweise über vielfältige Aromastoffe, einen hohen Extraktgehalt (einschließlich Zucker) sowie Glyzerin, das zum "öligen" Fluß und den "Schlieren" im Weinglas führt.

Güteklassen im Vergleich

Tafelwein	Landwein	Qualitätswein	
		b.A.	mit Prädikat
100% Weintrauben aus:			
deutschem Rebland	benannter Region	einem best. Anbaugebiet	einem Bereich
Natürliches Mindestmostgewicht			
44° - 50°	47° - 55°	50° - 69°	67° - 154°
Anreicherung erlaubt		verboten	
Lebensmittelrechtliche Kontrolle		Amtliche Qualitätsprüfung	
Tatsächlich vorhandener Mindestalkohol			
8,5° = 67g/l		7° = 56 g/l	ab Beerenauslese 5,5°
Gesamtalkoholgehalt			
höchstens 15°		mindestens 9°	
Mögliche Geschmacksrichtungen			
alle	trocken, halbtrocken	alle	

Kernsätze:

- Gesundheitliche Auswirkungen unterschiedlicher Weinarten, Weinsorten und Qualitätsstufen bisher erst teilweise zufriedenstellend ergründet
- Müller-Thurgau, Silvaner und Traminer unter den Weißweinen besonders gut bekömmlich
- Riesling - der typische deutsche Weißwein aller Güteklassen mit harmonischem Verhältnis von Alkohol, Süße und Säuregehalt
- Rotwein wird aus Magen-Darm-Kanal langsamer resorbiert, hat einen niedrigeren Gesamtsäuregehalt und ist reicher an phenolischen Bestandteilen, insbesondere Tannin
- Tannin bewirkt eine langsamer einsetzende, jedoch protrahierte Alkoholwirkung als Weißwein
- Rotwein - der ausgesprochene, prädestinierte Krankenwein
- Rotwein - Hämopoetikum, Koronarprotektium, Kanzerotherapeutikum, Antioxidans
- Sekt beschleunigt die Aethanolresorption, führt zu erhöhter Magensaftproduktion und wirkt appetitanregend
- Objektivierung sortenspezifischer Gesundheitsauswirkungen wegen der Vielzahl beeinflussender Faktoren sehr schwierig
- Qualitätsstufen wirken höchstens sekundär auf Bekömmlichkeit von Weinen ein

Wichtige Analysedaten ausgewählter Weine

Qualitätsstufe	Anbaugebiet	Geschmacks-richtung	Bezeichnung des Weines	Alkohol (% vol.)	Alkohol (g/l)	zuckerfreier Extrakt (g/l)	reduz. Zucker (g/l)	Gesamtsäure, als Weinsäure (g/l)
Qualitätswein	Baden	halbtrocken	Rotwein	11,05	87,2	28,6	14,7	5,0
Qualitätswein	Baden	lieblich	Müller-Thurgau Spätburgunder	9,21	72,7	25,2	20,5	5,1
Qualitätswein	Baden	lieblich	Weißherbst Spätburgunder	10,18	80,4	32,8	24,6	6,4
Qualitätswein	Franken	trocken	Müller-Thurgau	9,61	75,9	25,5	2,6	4,8
Qualitätswein	Franken	trocken	Müller-Thurgau	10,02	79,1	19,7	1,9	4,4
Qualitätswein	Franken	trocken	Perle	11,64	91,9	21,0	2,7	4,3
Qualitätswein	Mosel-Saar-Ruwer	halbtrocken	Riesling	10,28	81,2	26,0	10,2	10,4
Qualitätswein	Nahe	trocken	Müller-Thurgau	11,05	87,2	18,8	6,7	5,9
Qualitätswein	Nahe	lieblich	Weißwein	9,94	78,5	18,8	26,1	6,0
Qualitätswein	Rheinhessen	trocken	Portugieser	11,91	94,0	22,8	2,2	4,2
Qualitätswein	Rheinpfalz	trocken	Silvaner	11,05	87,2	19,2	1,1	3,8
Qualitätswein	Rheinpfalz	trocken	Müller-Thurgau	11,73	92,6	20,6	0,9	5,7
Qualitätswein	Rheinpfalz	trocken	Riesling	11,91	94,0	19,4	1,2	4,8
Qualitätswein	Württemberg	lieblich	Weißriesling	10,04	79,2	23,9	24,4	6,1
Qualitätswein	Württemberg	lieblich	Riesling	10,58	83,2	20,5	21,6	5,2
Qualitätswein	Württemberg	lieblich	Trollinger	10,61	83,8	23,3	15,2	4,2
Kabinett	Baden	trocken	Gutedel	11,05	87,2	21,4	6,2	5,3
Kabinett	Baden	trocken	Müller-Thurgau	11,21	88,5	20,9	5,4	5,3
Kabinett	Baden	halbtrocken	Scheurebe	8,79	69,4	27,6	16,3	6,4
Kabinett	Baden	halbtrocken	Gutedel	10,27	81,1	20,9	11,4	5,2
Kabinett	Baden	lieblich	Silvaner	8,24	65,0	24,6	18,0	6,3
Kabinett	Baden	lieblich	Ruländer	9,37	74,0	28,5	31,2	5,9
Kabinett	Baden	lieblich	Kerner	9,94	78,5	22,8	19,5	6,8
Kabinett	Franken	trocken	Müller-Thurgau	10,52	83,1	22,9	1,6	5,3
Kabinett	Franken	trocken	Müller-Thurgau	10,87	85,8	20,5	3,2	4,5
Kabinett	Franken	trocken	Müller-Thurgau	11,21	88,5	22,6	3,2	4,4
Kabinett	Mosel-Saar-Ruwer	halbtrocken	Riesling	9,05	71,4	23,2	13,8	7,5
Kabinett	Nahe	trocken	Müller-Thurgau	9,70	76,6	19,9	5,3	4,9
Kabinett	Nahe	trocken	Bacchus	10,36	81,8	18,8	2,5	5,4
Kabinett	Nahe	trocken	Riesling	11,73	92,6	23,2	6,5	5,7
Kabinett	Nahe	lieblich	Müller-Thurgau	8,48	66,9	21,5	28,1	5,1
Kabinett	Rheingau	lieblich	Kanzler	9,37	74,0	18,9	23,9	5,0

Qualitätsstufe	Anbaugebiet	Geschmacks-richtung	Bezeichnung des Weines	Alkohol (% vol.)	Alkohol (g/l)	zuckerfreier Extrakt (g/l)	reduz. Zucker (g/l)	Gesamtsäure, als Weinsäure (g/l)
Kabinett	Rheinhessen	lieblich	Silvaner	7,91	62,5	20,9	35,2	4,2
Kabinett	Rheinhessen	lieblich	Müller-Thurgau	8,79	69,4	21,7	29,2	5,3
Kabinett	Rheinhessen	lieblich	Riesling	9,12	72,0	21,1	32,9	5,7
Kabinett	Rheinpfalz	trocken	Morio-Muskat	10,18	80,4	25,8	1,5	5,9
Kabinett	Rheinpfalz	trocken	Silvaner	10,96	86,5	21,2	1,2	5,1
Kabinett	Rheinpfalz	trocken	Scheurebe	11,82	93,3	26,5	1,3	6,5
Kabinett	Rheinpfalz	lieblich	Müller-Thurgau	10,36	81,8	20,1	16,3	4,1
Kabinett	Württemberg	trocken	Riesling	10,77	84,5	26,3	2,3	7,2
Kabinett	Württemberg	halbtrocken	Spätburgunder	9,71	76,6	24,0	11,1	4,9
Kabinett	Württemberg	halbtrocken	Lemberger	10,61	83,2	23,9	15,9	5,2
Kabinett	Württemberg	lieblich	Kerner	9,61	75,9	22,4	22,0	6,1
Spätlese	Baden	trocken	Nobling	11,73	92,6	28,5	3,0	6,7
Spätlese	Baden	trocken	Müller-Thurgau	12,42	98,1	21,9	4,1	5,0
Spätlese	Baden	trocken	Weißburgunder	12,96	102,3	28,5	3,0	5,8
Spätlese	Baden	halbtrocken	Spätburgunder Rotwein	12,34	97,4	37,7	8,0	5,4
Spätlese	Baden	lieblich	Weißburgunder	10,87	85,8	31,5	25,9	5,9
Spätlese	Baden	lieblich	Riesling	10,36	81,8	31,2	24,4	7,0
Spätlese	Baden	lieblich	Kerner	11,05	87,2	22,0	37,2	5,5
Spätlese	Baden	süß	Muskat-Ottonel	10,27	81,1	21,6	40,2	5,9
Spätlese	Baden	süß	Gewürztraminer	10,78	85,1	29,0	46,6	7,0
Spätlese	Baden	süß	Scheurebe	10,78	85,1	26,8	48,0	6,3
Spätlese	Franken	trocken	Silvaner	10,61	83,8	23,1	1,4	5,4
Spätlese	Franken	trocken	Silvaner	12,07	95,3	29,5	2,0	5,8
Spätlese	Franken	trocken	Müller-Thurgau	12,87	101,6	21,4	1,5	3,6
Spätlese	Mosel-Saar-Ruwer	lieblich	Riesling	9,05	71,4	28,9	31,1	8,1
Spätlese	Nahe	trocken	Bacchus	10,78	85,1	19,2	2,9	3,9
Spätlese	Nahe	trocken	Bacchus	10,87	85,8	20,5	1,9	3,8
Spätlese	Nahe	halbtrocken	Müller-Thurgau	9,94	78,5	21,1	10,1	5,1
Spätlese	Nahe	halbtrocken	Traminer	10,70	84,5	26,1	11,4	7,3
Spätlese	Nahe	lieblich	Riesling	10,36	81,8	26,1	34,4	7,8
Spätlese	Nahe	lieblich	Müller-Thurgau	8,64	68,2	21,0	36,1	5,3
Spätlese	Nahe	lieblich	Silvaner	8,71	68,8	24,6	36,7	5,2
Spätlese	Nahe	süß	Riesling	9,86	77,9	26,3	40,4	8,4
Spätlese	Nahe	süß	Riesling	9,62	75,9	26,5	42,3	8,2
Spätlese	Nahe	süß	Riesling	10,18	80,4	27,8	50,9	8,0

Qualitätsstufe	Anbaugebiet	Geschmacks-richtung	Bezeichnung des Weines	Alkohol (% vol.)	Alkohol (g/l)	zuckerfreier Extrakt (g/l)	reduz. Zucker (g/l)	Gesamtsäure, als Weinsäure (g/l)
Spätlese	Rheingau	lieblich	Optima	9,54	75,3	19,5	36,6	4,8
Spätlese	Rheingau	lieblich	Kerner	10,18	80,4	20,1	27,9	5,2
Spätlese	Rheingau	lieblich	Gewürztraminer	11,05	87,2	20,2	29,6	4,7
Spätlese	Rheingau	süß	Riesling	10,36	81,8	23,2	40,4	6,8
Spätlese	Rheinhessen	trocken	Müller-Thurgau	12,16	96,0	25,5	1,6	4,7
Spätlese	Rheinhessen	lieblich	Silvaner	9,61	75,9	28,2	35,7	5,0
Spätlese	Rheinhessen	süß	Bacchus	10,19	80,5	18,0	44,3	4,2
Spätlese	Rheinpfalz	trocken	Scheurebe	11,73	92,6	26,8	1,8	6,5
Spätlese	Rheinpfalz	trocken	Morio-Muskat	12,16	96,0	22,3	1,4	5,1
Spätlese	Rheinpfalz	trocken	Kerner	12,96	102,3	26,7	2,2	5,9
Spätlese	Württemberg	trocken	Riesling trocken	11,91	94,0	31,1	3,0	6,2
Spätlese	Württemberg	lieblich	Lemberger	10,77	84,5	25,2	15,3	4,4
Spätlese	Württemberg	lieblich	Riesling	11,59	86,5	25,7	20,3	7,2
Spätlese	Württemberg	lieblich	Kerner	12,29	94,7	22,7	22,0	4,9
Auslese	Baden	lieblich	Riesling	11,05	87,2	31,3	33,4	7,9
Auslese	Baden	lieblich	Kerner	12,16	96,0	25,4	28,6	5,7
Auslese	Baden	lieblich	Müller-Thurgau	13,05	103,0	29,0	25,0	5,4
Auslese	Baden	süß	Traminer	11,21	88,5	24,0	58,6	4,4
Auslese	Franken	halbtrocken	Riesling	13,48	106,4	34,8	15,8	7,3
Auslese	Franken	lieblich	Scheurebe	12,07	95,3	33,7	20,0	6,6
Auslese	Franken	süß	Silvaner	13,48	106,4	43,7	42,3	7,7
Auslese	Mosel-Saar-Ruwer	süß	Riesling	9,62	75,9	31,6	57,3	7,3
Auslese	Nahe	trocken	Bacchus	11,82	93,3	26,0	6,8	5,7
Auslese	Nahe	trocken	Müller-Thurgau	12,08	95,4	25,6	3,0	5,7
Auslese	Nahe	trocken	Kerner	12,16	96,0	23,6	2,9	4,7
Auslese	Nahe	halbtrocken	Riesling	12,08	95,4	25,4	11,3	6,5
Auslese	Nahe	halbtrocken	Riesling	12,16	96,0	25,5	8,3	6,1
Auslese	Nahe	lieblich	Gewürztraminer	12,34	97,4	28,1	23,3	3,9
Auslese	Nahe	süß	Riesling	8,07	63,7	27,1	68,2	5,7
Auslese	Nahe	süß	Riesling	10,02	79,1	30,7	65,9	7,5
Auslese	Nahe	süß	Optima	11,56	91,2	30,2	41,7	6,1
Auslese	Rheinhessen	trocken	Silvaner	12,70	100,2	27,4	2,8	5,9
Auslese	Rheinhessen	trocken	Siegerrebe	12,87	101,6	22,6	1,1	3,0
Auslese	Rheinhessen	trocken	Morio-Muskat	13,92	109,9	28,4	3,6	5,3
Auslese	Rheinhessen	halbtrocken	Huxel	14,20	112,1	28,9	13,2	6,5

Qualitätsstufe	Anbaugebiet	Geschmacks-richtung	Bezeichnung des Weines	Alkohol (% vol.)	Alkohol (g/l)	zuckerfreier Extrakt (g/l)	reduz. Zucker (g/l)	Gesamtsäure, als Weinsäure (g/l)
Auslese	Rheinhessen	lieblich	Scheurebe	15,48	122,2	29,4	19,4	6,9
Auslese	Rheinhessen	süß	Riesling	9,85	77,8	26,6	58,6	5,7
Auslese	Rheinhessen	süß	Ruländer	10,36	81,8	27,7	52,0	6,1
Auslese	Rheinpfalz	trocken	Kerner	12,78	100,9	26,8	3,6	4,4
Auslese	Rheinpfalz	trocken	Scheurebe	12,96	102,3	33,8	3,9	7,5
Auslese	Rheinpfalz	trocken	Riesling	13,13	103,6	28,7	2,3	7,1
Auslese	Rheinpfalz	süß	Ruländer	10,52	83,1	29,0	43,2	6,2
Auslese	Württemberg	halbtrocken	Lemberger	11,64	91,9	26,4	14,4	5,3
Auslese	Württemberg	lieblich	Riesling	11,15	81,8	29,7	38,9	7,1
Auslese	Württemberg	lieblich	Kerner	12,07	95,3	28,1	23,9	5,8
Beerenauslese	Baden	süß	Scheurebe	10,02	79,1	40,0	123,2	6,9
Beerenauslese	Baden	süß	Weißburgunder	12,78	100,9	46,0	78,8	6,9
Beerenauslese	Baden	süß	Gewürztraminer	13,92	109,9	40,7	52,0	5,4
Beerenauslese	Franken	lieblich	Scheurebe	14,02	110,7	39,4	59,6	6,3
Beerenauslese	Franken	süß	Rieslaner	14,29	112,8	54,3	83,8	9,0
Beerenauslese	Mosel-Saar-Ruwer	süß	Riesling	8,72	68,8	44,7	124,9	7,7
Beerenauslese	Nahe	süß	Riesling	6,66	52,6	54,3	183,7	8,6
Beerenauslese	Nahe	süß	Riesling	8,71	68,8	48,0	128,6	6,0
Beerenauslese	Nahe	süß	Gewürztraminer	10,52	83,1	41,9	77,7	4,2
Beerenauslese	Rheinhessen	lieblich	Scheurebe	15,20	120,0	33,8	28,8	7,4
Beerenauslese	Rheinhessen	süß	Ruländer	15,48	122,2	45,4	28,1	6,3
Beerenauslese	Rheinpfalz	süß	Ruländer	5,43	42,9	103,1	198,5	9,0
Beerenauslese	Rheinpfalz	süß	Riesling	10,02	79,1	62,5	124,1	9,3
Beerenauslese	Rheinpfalz	süß	Müller-Thurgau	12,00	94,7	56,5	101,0	7,6
Beerenauslese	Württemberg	süß	Riesling	9,37	74,0	52,5	120,6	9,2
Trockenbeerenauslese	Baden	süß	Ruländer	7,28	57,5	76,0	249,0	5,8
Trockenbeerenauslese	Baden	süß	Scheurebe	8,16	64,4	48,6	248,0	8,5
Trockenbeerenauslese	Franken	süß	Ruländer	12,07	95,3	78,9	180,1	9,2
Trockenbeerenauslese	Franken	süß	Riesling	13,65	107,8	83,8	133,1	7,4
Trockenbeerenauslese	Mosel-Saar-Ruwer	süß	Riesling	9,96	79,2	45,9	156,7	6,6
Trockenbeerenauslese	Nahe	süß	Riesling	6,58	52,0	64,3	251,1	8,8
Trockenbeerenauslese	Nahe	süß	Riesling	7,52	59,3	58,3	200,0	9,3
Trockenbeerenauslese	Nahe	süß	Traminer	10,18	80,4	67,2	131,7	5,3
Trockenbeerenauslese	Rheinpfalz	süß	Gewürztraminer	8,55	67,5	101,4	162,4	7,1
Trockenbeerenauslese	Rheinpfalz	süß	Silvaner	9,45	74,6	86,6	144,1	8,1
Trockenbeerenauslese	Württemberg	süß	ohne Bezeichnung	10,36	81,8	60,9	145,0	9,7

Positive Auswirkungen von Wein auf die einzelnen Organsysteme

Schon früh in der Menschheitsgeschichte wurden die positiven Auswirkungen von Wein erkannt und den negativen gegenübergestellt. Vor allem im Zusammenhang mit Kult, Religion und Gesundheit gewann sein Konsum an Bedeutung, wie in den verschiedensten Kulturen durch mündliche Tradition und schriftliche Zeugnisse festgehalten. Erst mit der Entwicklung der naturwissenschaftlichen Medizin und der Entdeckung der Chemotherapie gerieten die medizinischen Möglichkeiten von Wein mehr und mehr in Vergessenheit, indem das wissenschaftliche Interesse sich eher den negativen Auswirkungen auf die verschiedenen Organsysteme, vor allem Leber und Gehirn, sowie seinen potentiellen Schädigungsmöglichkeiten zuwandte. Erst in den letzten Jahren mehren sich wieder positive Meldungen im Zusammenhang mit kardioprotektiven, immunmodulatorischen und den Lipidstoffwechsel beeinflussenden Effekten. Es scheint an der Zeit, eine zusammenfassende Darstellung aller derzeit bekannten und vermuteten positiven Auswirkungen von Wein auf die einzelnen Organsysteme zu wagen, wobei eine zwar kritische, aber immerhin wohlwollende wissenschaftliche Hand die Feder führen sollte.

Verdauungsorgane

Von den Gebresten der Dawglieder und der Krafft des Weines:

"Auffgehängte Weintrauben, so ein wenig sind dürre worden, sind dem Magen dienstlichen und sterken die schwache Leber. Plinius spricht, der Wein sei das Blut der Erden. Nichts besser ist, die Natur zu krefftigen, denn guter, natürlicher Wein, der an der Substanz subtil und lauter, an der Farbe schön, an Geruch und Geschmack lieblich, an der Zeit nicht jung oder sehr alt sey, auch der zu einer gesunden Zeit gewachsen ist. Solcher Wein, ziemlich getruncken, bringet Lust zum Essen, bessert die Dawung, stercket den Magen und alle Kreffte"

J. Wittichius

Anatomie und Physiologie

Der Magen-Darm-Kanal dient der Aufnahme von Nahrungsstoffen, essentiellen Substanzen, Salzen und Wasser sowie der Ausscheidung des nicht resorbierbaren Anteils der Nahrung und eines Teils der Stoffwechselendprodukte. Die Nahrung muß dabei durch die Verdauung, d.h. durch enzymatische Spaltung von Eiweißen, Kohlenhydraten und Fetten, in eine resorbierbare Form gebracht werden.

Als Organe des Magen-Darm-Kanals gelten die Mundhöhle und der Pharynx (Schlund), der Oesophagus (Speiseröhre), der Magen, der Dünndarm (bestehend aus Zwölffingerdarm - Duodenum, Leerdarm - Jejunum- und Krummdarm - Ileum), dem Dickdarm, der Leber und den Gallenwegen sowie der Bauchspeicheldrüse (Pankreas).

Für die Spaltung der Nahrung in resorptionsfähige Bruchstücke werden Enzyme benötigt, die im Speichel, Magen-, Darm- und Pankreassaft enthalten sind.

Weinverdauung

Mundhöhle

Sobald Wein die Mundhöhle benetzt, kommt es zu einer reflektorischen Speichelabsonderung (Salivation), bedingt durch Aromastoffe, Mineralstoffe, Säuren und die Alkoholkonzentration, welche bestimmte Geschmacks- und Geruchsempfindungen auslösen und eine vermehrte Sekretion auch von Magen- und Darmsaft bewirken. Aber auch individuelle Erinnerungen und Assoziationen scheinen die Salivation zu beeinflussen, ebenso wie dies für die Beurteilung der Güte eines Weines nachgewiesen ist, wenngleich subjektive Faktoren Unsicherheiten bedingen, wie sich objektiv durch bestimmte chemische, chemisch-physikalische und mikrobiologische Untersuchungen leicht dokumentieren läßt.

Eine direkte Resorption von Alkohol aus der Mundhöhle findet nur in geringer Menge statt. Viel wichtiger ist die appetitanregende und salivatorische Wirkung auf den weiteren Magen-Darm-Kanal zur Aufschließung der einzelnen Nahrungsbestandteile.

Bei Zufuhr größerer Alkoholmengen enstehen bekanntlich Mundtrockenheit und Durstgefühl, zurückzuführen einerseits auf die hygroskopischen Eigenschaften von Alkohol, andererseits auf dessen indirekte hemmende Wirkung auf die Freisetzung des antidiuretischen Hormons (gegen Urinausscheidung gerichtet). Gleichzeitig kann es zu einer Blockierung der Insulinase-Aktivität in der Leber und damit zu einer verstärkten Insulinwirkung mit nachfolgender Hypoglykämie (Unterzuckerung) kommen.

Magen

Über den Vagusnerven provoziert Weingenuß eine Sekretion aller drüsigen Anteile der Schleimhaut.

Alkohol regt die HCl-Produktion an ("Säure-Locker"). Besonders stark ist der Reiz auf die Gastrin-Freisetzung, welches wiederum die HCl- und die Pepsinproduktion erhöht und damit die Verdauung fördert, die Magendurchblutung erhöht (Wärmegefühl), die Absonderung des "Intrinsic factor" steigert (Erhöhung der Vitamin-B12-

Resorption), die Histaminfreisetzung anregt und die Bauchspeicheldrüsen- und Gallensekretion anregt.

Alkohol fördert die Magenmotorik und verbessert damit die Verdauung. Er beschleunigt die Aufspaltung von Fett und Eiweiß, wichtig besonders auch für ältere Menschen mit nachlassender Verdauungsfunktion. Auch die Resorptionsgeschwindigkeit wird durch Weingenuß positiv beeinflußt, welcher Effekt beispielsweise auch bei der Bindung von bestimmten Medikamenten an Alkohol genutzt wird. Umgekehrt verlangsamt die gleichzeitige Anwesenheit von Speisen die Aethanol-Diffusion, während die Anwesenheit von Wein die Resorption besonders fetter Speisen, aber auch von Fleisch erhöht.

Der Übergang von Aethylalkohol aus dem Magen-Darm-Trakt ins Blut folgt den Gesetzen der Diffusion, indem er den Lipoidkitt zwischen den Epithelzellen lockert. Hochprozentige Alkoholika werden demnach schneller resorbiert als Weine. Als Faustregel kann angenommen werden, daß nach Konsum von einem Glas Wein (ca. 10 bis 20 g Aethanol) auf nüchternen Magen der Diffusionsvorgang nach etwa 40 Minuten abgeschlossen ist. Bei fett- bzw. eiweißreichem Mageninhalt wird die höchste Blutkonzentration dagegen erst nach ein bis zwei Stunden erreicht. Auch scharf gewürzte Speisen verlangsamen die Diffusion. CO_2-haltige Alkoholika beschleunigen demgegenüber den Anstieg, indem sie eine Vasodilatation und damit eine vergrößerte Übertrittsfläche bewirken. Auch die Temperatur spielt eine Rolle, warme Getränke diffundieren schneller.

Der natürliche Säuregehalt von Weinen bewegt sich in einem pH-Bereich von etwa 2,8 - 4,0 und entspricht damit weitgehend den Verhältnissen von Magensaft. Mäßiger Weingenuß bedeutet danach keine Störung der pH-Verhältnisse während der Verdauung. Im Gegenteil können 1 bis 2 Glas Wein zum Essen eine wirksame Unterstützung der HCl-Produktion bedeuten. Da mit zunehmendem Alter eher mit einer Sub- bis (gelegentlich) Anacidität (zu wenig Salzsäure) zu rechnen ist, scheint die Bevorzugung von sauren bzw. säurereichen Weinen (Riesling) zum Essen hinreichend erklärt.

Bei Hyperazidität ist dagegen eher ein säurearmer Wein (beispielsweise Rotwein) indiziert.

Organische Säuren im Wein entwickeln zusammenfassend ähnliche Wirkungen wie Salzsäure, indem sie das Pepsinogen aktivieren, eine Quellung der Proteine bewirken, bei Überdosierung aber auch gastritische Reizbeschwerden hervorrufen können.

Alle positiven Auswirkungen von Weinkonsum auf den Magen gelten allerdings nur für mäßige Mengen (bis zu einer Konzentration von etwa 3 Prozent). Bei Übersteigung kommt es eher zu gegenteiligen Wirkungen wie Störungen der Fermentproduktion, vor allem Hemmung der Gastrin- und Histamin-Sekretion bis zur Hyp- bzw. Anazidität, und Veränderung der osmotischen Druckverhältnisse.

Bei ständigem Weinkonsum kann es wegen der zwar geringen, aber doch vorhandenen Gastrohypertonie zu einer sub- bis anaziden Gastritis kommen. Die Gefahr ist allerdings bei stärker konzentrierten Alkoholika größer.

Die prophylaktische Wirkung von Wein gegenüber bestimmten Darmleiden, insbesondere der Urlaubsdiarrhoe, beruht auf der bakterientötenden, desinfizierenden Wirkung im Darm, wird vielfach praktiziert und war schon im Altertum bekannt.

Dünndarm

Während 20 Prozent der zugeführten Alkoholmenge im Magen (und Mund) resorbiert werden, gelangen die übrigen 80 Prozent aus dem oberen Dünndarm durch Diffusion ins Blut.

Die im Wein enthaltene Milchsäure zeigt den selben reflektorischen Einfluß auf die Pylorusmuskulatur (Magenausgang) und die Magensaftproduktion wie Salzsäure (Hemmung). Essigsäure dagegen bewirkt eine Förderung der HCl-Produktion.

Das unter dem Säureeinfluß von Wein freigesetzte Sekretin bewirkt seinerseits eine Stimulation der Pankreassekretion, der Galleproduktion und eine zunehmende Alkaleszenz, wie sie normalerweise ab dem Dünndarm verstärkt angetroffen wird.

Freie organische Säuren (besonders aus säurereichen Weißweinen) können zu Koliken und Diarrhoen führen.

Leber

Vom Darm aus erfolgt nach seiner Resorption in das Blutgefäßsystem der Alkoholtransport in die Leber zur dortigen Verstoffwechselung. Trotz zahlreicher gegenteiliger Beteuerungen gibt es bisher keinen Anhalt dafür, daß die Leber von erwachsenen, gesunden und sich gesund ernährenden Menschen durch mäßigen Weinkonsum geschädigt werden kann. Selbst gelegentliches Überschreiten der Toleranzgrenze wird in aller Regel ohne Schaden überstanden. Auch bei (seltenen) Alkoholvergiftungen ist nicht mit einem Dauerschaden zu rechnen. Die gesunde Leber hat neben vielen anderen Aufgaben auch unter physiologischen Bedingungen eine Filterungsfunktion zur Eliminierung zahlreicher Gifte, für die sie insgesamt gut vorbereitet ist.

Bezogen auf den Alkohol kompensiert sie die Belastung, solange diese nicht zu hoch wird (Trinkmenge, Trinkhäufigkeit, Regenerationsphasen).

Erst bei Überbelastung (zu häufig, zu viel, fehlende Regeneration, falsche und/oder einseitige Ernährung) dekompensiert sie, Fettleber, Zellnekrosen, Alkohol-Hepatitis und Zirrhose können die Folgen sein. So wurden bei ausreichender Ernährung trotz hoher Alkoholmengen relativ selten Leberschädigungen gefunden.

Zusammenfassend scheint weniger eine spezifische toxische Wirkung von Aethanol bzw. Wein Leberschäden hervorzurufen, sondern vielmehr ein fehlerhafter Umgang mit ihm bzw. besonders ungünstige, gleichzeitig vorherrschende Randbedingungen. Nur in 5 Prozent aller Zirrhosen soll dem Alkohol die alleinige ätiologische Verantwortung zukommen.

Im Zusammenhang mit eiweiß- und kohlenhydratarmer Ernährung entwickelt Aethylalkohol als erste Anpassung strukturelle und funktionelle Veränderungen im sinusoidalen Endothel, welche dann ihrerseits für die zunehmende Verschlechterung des freien intrahepatischen Austausches von Flüssigkeit, Makromolekülen und Immunzellen verantwortlich zeichnen. Es kommt zu einer akuten mitochondrialen Dysfunktion.

Die Verstoffwechselung des Aethanols in der Leber (ca. 90%) erfolgt durch Oxidation über drei unterschiedliche Enzymsysteme (Alkohol-Dehydrogenase, Katalase und die Cytochrom-P-450-abhängige Oxygenase). Der Hauptbiotransformationsweg von Aethanol wird mit etwa 90 bis 95 Prozent über eine Dehydrierung zu Acetaldehyd mittels der Alkoholdehydrogenase und anschließende Oxidation mittels der Aldehyddehydrogenase sowie Aldehydoxidase zu Essigsäure eingeschlagen. Dieser Alkoholabbau ist beim Menschen weitgehend unabhängig von der Blutalkoholkonzentration, vom Alter und Geschlecht und verläuft nicht exponentiell, sondern linear.

Ein zweiter, mengenmäßig wesentlich weniger bedeutsamer Abbauweg - etwa 3 bis 8 Prozent, ebenfalls zu Essigsäure - erfolgt über Cytochrom-P-450-abhängige Monoxygenasen, das MEOS-System. Nur geringe Mengen Aethanol werden als Konjugate ausgeschieden.

Ein kleiner Teil des Aethanols wird allerdings schon in der Magenschleimhaut durch eine dort befindliche spezifische Alkoholdehydrogenase oxidiert, welcher Anteil sich im Fastenzustand, bei älteren Menschen und bei Alkoholikern reduziert, so daß sie bei gleicher Alkoholzufuhr einerseits höhere Blutkonzentrationen errreichen und andererseits ihre Leber stärker belasten.

Gallenwege

Über eine mechanische, chemische und nervale Anregung der Mund- und Magenschleimhautsekretion infolge Weinzufuhr kommt es zu einer leichten Aktivierung der Gallensaftabsonderung. Bei hoher Zufuhr kann es infolge starker Anregung zur Auslösung von Koliken bei aktiven Entzündungen der Gallenblase bzw. bei vorhandenem Steinleiden kommen.

Nach anderen Autoren hat Wein keinen Einfluß auf den Cholecystokinin-Output und Kontraktionen der Gallenwege, dafür sollen eher gleichzeitig zugeführte Speisen verantwortlich sein.

Pankreas

Während früher keine bemerkenswerte pharmakodynamische Wirkung von Wein propagiert wurde, tendiert man heute eher zu der Meinung, daß mäßiger Weinkonsum eine günstige Beeinflussung bewirken könne. Sie käme auf nervalem und mechanischem Wege zustande, aber auch über den Blutweg (Sekretinfreisetzung) mit nachfolgender Erhöhung der Fermentproduktion, die sowohl für die Verdauung von Eiweiß wie für die Aufspaltung von Fetten und Kohlenhydraten eine wichtige Stellung einnimmt.

Krankheiten

Akute Gastritis (Magenschleimhautentzündung)

Sie kann auftreten nach einmaligem, übermäßigem Genuß von Alkohol und mit Schmerzen, Widerwillen gegen feste Nahrung und Sodbrennen einhergehen. Geringe Mengen von Wein wirken oft günstig, indem sie eine Schmerzbetäubung herbeiführen.

Magen-Zwölffingerdarm-Geschwüre

Wegen des zu hohen Säuregehaltes sind Weißweine nicht angebracht, sie würden eher eine Schmerzverstärkung bewirken. Säurearme Rotweine scheinen dagegen möglich, wenn auch nicht immer zu empfehlen.

Spannungs-/Völlegefühl

Rotwein kann eventuell günstig wirken, indem er zu einer verstärkten Vasodilatation führt und Hyperaziditäten vermeidet.

Pankreatitis (Bauchspeicheldrüsenentzündung)

Weinverbot

Haemorrhoiden

Wegen der Gefäßdilatation werden Rotweine in aller Regel schlecht vertragen.

Ganz allgemein gilt, daß Weinkonsum bei Krankheiten des Magen-Darm-Kanals individuell zu handhaben ist. Sowohl auf die Krankheit als auch auf die Gewohnheiten des Patienten ist Rücksicht zu nehmen. Zusammenfassend ist Riesling vor allem zur Verdauungsförderung bei Hyp- bzw. Anazidität, tanninreicher Rotwein eher bei Diarrhoe und in der Rekonvaleszenz, Weine mit höherem Milchsäuregehalt eher bei Hyperazidität und zur Bakterizidie, Süßwein als Kranken- bzw. Rekonvaleszenzwein, Wermutwein bei Dyspepsie sowie CO_2-haltige Weine evtl. zur Herbeiführung einer positiven vegetativen Grundstimmung, zur Durchblutungsförderung, Anregung der Drüsentätigkeit und Peristaltikzunahme zu empfehlen.

Holzschnitt zu Petrus de Crescentiis Schrift über den Landbau "Opus ruralium commodorum libri XII", um 1498. Aus WOSCHEK, Der Wein, Callwey Verlag, 1971.

Herz-Kreislauf-System

Ventrikelfunktion

Beim Arzt
*"Ich habe Ihnen doch gesagt, daß Sie täglich nicht mehr als ein
Glas Wein trinken dürfen!" - "Ich weiß das ja auch, aber wenn ich ein
Gläschen trinke, fühle ich mich gleich wie ein anderer Mensch. Und
was geht mich an, was ein anderer tut!"*

Anatomie und Physiologie

Der Blutkreislauf ist ein in sich geschlossenes Transportsystem, in welchem das
Blut durch das Herz (als Pumpe) in den Gefäßen zum Strömen gebracht wird.

Das Herz arbeitet wie eine ventilgesteuerte Druck-Saug-Pumpe. Es zieht sich in
einem vorbestimmten Rhythmus zusammen und wirft dabei einen Teil seines Inhal-
tes in die angeschlossenen Gefäße aus. Die Tätigkeit des Herzens ist nur dann effektiv,
wenn das Blut bei der Kontraktion erstens nicht wieder dahin zurückfließt, wo es
gerade herkam, und zweitens dann nicht aus den Arterien in das Herz zurückfließt,
wenn der Druck im Herzen wieder nachläßt. Die Regulierung der Blutströme wird
durch den Einbau von Klappen mit Ventilfunktion in das Herz erreicht.

Die mechanische Arbeit des Herzens läßt sich in zwei Phasen unterteilen, die
Kontraktionsphase (Systole) und die Erschlaffungsphase (Diastole). Da sich der Blut-
bedarf in der arbeitenden Muskulatur gegenüber dem Ruhestand stark erhöht, muß
das Herz seinen Blutvolumenauswurf (Minutenvolumen) stark steigern, welcher
Effekt über eine Erhöhung der Herzfrequenz und der vom Herzen pro Schlag ausge-
worfenen Blutmenge (Schlagvolumen) erreicht wird.

Mit der Veränderung des Minutenvolumens bei Belastung steigt auch die Herzarbeit an. Innerhalb eines Druck-Volumen-Koordinationsystems läßt sich die Herzarbeit bei unterschiedlichen Volumen- und Druck-Belastungen schematisieren (Herzar-
beitsdiagramm).

Für die Form des Herzarbeitsdiagramms sind wichtige Funktionsparameter der
Füllungsdruck (am Ende der Diastole, abhängig vom venösen Rückstrom), die Kon-
traktionskraft (abhängig von der Aktivität der das Herz versorgenden sympathischen
Nerven) und der diastolische Blutdruck in den herznahen Arterien.

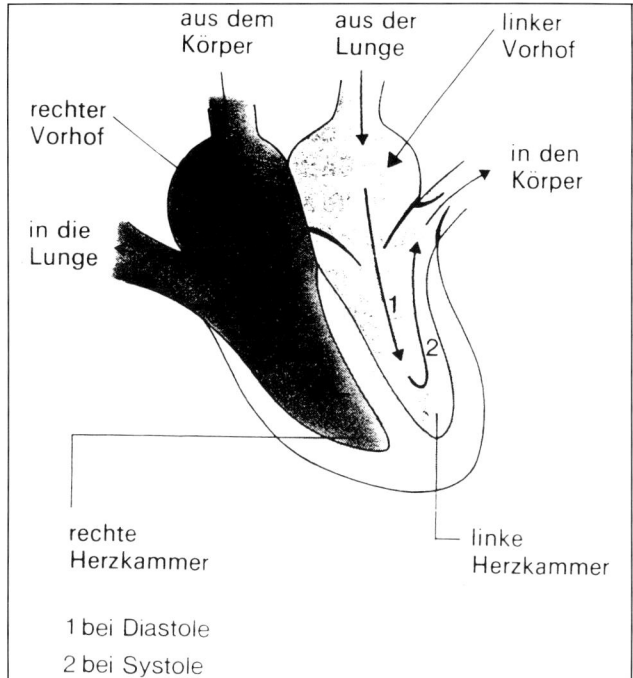

aus dem Körper

aus der Lunge

linker Vorhof

rechter Vorhof

in den Körper

in die Lunge

1

2

rechte Herzkammer

linke Herzkammer

1 bei Diastole
2 bei Systole

Schema des anatomischen Herz-
aufbaus (1 = Fließrichtung in der
Diastole, 2 = Fließrichtung während der Systole) (nach de
MAREES-MESTER: "Sportphy-
siologie I", Diesterweg-Verlag,
Frankfurt 1981)

Wein und Ventrikelfunktion

Auch kleine Mengen Alkohol sollen in bestimmten Fällen eine Depression der linksventrikulären Herzfunktion bewirken können. Bei Alkoholabusus über längere Zeit ist dies mit Sicherheit möglich, die Folge ist eine alkoholische Kardiomyopathie.

Andere Autoren fanden ebenfalls schon bei geringeren Alkoholmengen eine subklinische Depression der linksventrikulären Funktion, die sowohl bei Männern als auch gleichermaßen bei Frauen auftrat, erkennbar an den Veränderungen von Herzfrequenz, Blutdruck, linksventrikulärem Durchmesser, Wanddicke und links-ventrikulärer Masse des Herzens.

Zwar scheint das Risiko einer Kardiomyopathie-Entwicklung in allen Gruppen, auch bei mäßigem Konsum, zu steigen, ohne daß jedoch eine statistisch relevante Abhängigkeit zu finden ist. Umgekehrt wurde bei Patienten mit dilatativer Kar-diomyopathie ein im Durchschnitt häufiger und höherer Alkoholkonsum ermittelt als in Kontrollgruppen. Das relative Risiko stieg jedoch nur unter exzessiven Trinkern deutlich an, unabhängig ob Wein, Bier oder Schnaps konsumiert wurde.

Bei chronischen Alkoholikern wurden eindeutige Befunde erhoben, so eine ver-minderte Ejektionsfraktion, vermehrte enddiastolische und endsystolische linksven-trikuläre Durchmesser, deren Ausmaß eine signifikante Korrelation zur Menge des insgesamt auf Dauer zugeführten Alkohols aufwies. Die Ejektionsfraktion (Auswurf-menge des Herzens) verringerte sich bei einem Drittel der Betroffenen auf Werte unter

55 Prozent der Norm, wobei mikroskopisch Myofibrillenuntergänge, interstitielle Fibrosen und Hypertrophien der Herzmuskelzellen imponierten. Gleichzeitig ergaben sich charakteristische Veränderungen an der Skelettmuskulatur. Im EKG fielen simultan charakteristische Rhythmusstörungen und Blockbildungen auf. Protein- und Vitamindefizite sollen für diese Veränderungen nicht ausschlaggebend sein, eher werden Elektrolytdysbalancen und Mineralstoffmangel als entscheidende Faktoren diskutiert, so vor allem eine Hypomagnesiämie und Hypophosphatämie. Biomechanisch könnte Acetaldehyd die Proteinsynthese und die calcium-abhängige myofibrilläre ATP-ase hemmen.

Zusammenfassend gibt es Hinweise, daß Alkoholabusus einen wichtigen Beitrag zur Entwicklung einer Kardiomyopathie darstellt. Bei mäßigem Konsum ist dieser Zusammenhang keineswegs nachgewiesen, in manchen Studien allerdings vermutet. Inwieweit hier Ernährungsfaktoren eine tragende Rolle spielen, ist bisher unsicher, wenngleich Elektrolytdysbalancen und Mineralstoffdefizite als wichtige Auslöser zu vermuten sind. Weiterhin bleibt unklar, ob Wein dieselben pathologischen Anpassungen zeitigt wie andere Alkoholika.

Wein und plötzlicher Herztod

49 Prozent aller plötzlichen Herztodesfälle sollen im Zusammenhang mit Alkohol stehen, nach anderen Studien 40 bzw. 17 Prozent. Sicher ist, daß der plötzliche Herztod ein multifaktorielles Geschehen sein kann, so werden als auslösende Momente Koronarspasmen, Arrhythmien und Kardiomyopathien diskutiert, wobei der gleichzeitigen Alkoholeinwirkung häufig eine tragende Rolle zukommt.

So fällt auf, daß tödliche **Koronarspasmen** immer wieder etwa 5 bis 17 Stunden nach Aufnahme von mehr als 100 Gramm reinem Alkohol auftreten, also zu einem Zeitpunkt, wo der Plasmaspiegel schon wieder sehr niedrig ist und auch die Serumspiegel von Adrenalin, Noradrenalin und Serotonin sich wieder normalisiert haben. Beim **"Holiday heart sydnrome"** wird mit Einschränkung ein direkter toxischer Effekt diskutiert. Es handelt sich wahrscheinlich um eine alkoholinduzierte Arrhythmie ohne stärkere koronare Herzkrankheit, mit normalem Herzzeitvolumen, normalem Koronarangiogramm und normalen intrakardialen Druckkurven. Aus dem EKG wird höchstens eine präklinische Kardiomyopathie ersichtlich. Verantwortlich könnten ein lokaler Magnesium- oder Calcium-Mangel, eine lokale Fibrose, eine präklinische direkte Kardiotoxizität (Acetaldehyd), eventuell auch bei spontanem abruptem Alkoholentzug sein. Der plötzliche Herztod infolge alkoholischer **Kardiomyopathie** offenbart charakteristische Veränderungen wie Herzvergrößerung, Lungenstauung, Dyspnoe, beidseitige Insuffizienz, pulmonale Hypertonie, Hepatomegalie, priphere Ödeme und erhöhten Venendruck. Der Tod tritt meist vor dem 50. Lebensjahr ein.

Mit zunehmendem, über längere Dauer erfolgtem Alkoholabusus steigt die Gefahr des plötzlichen Herztodes. Bei mäßigem Genuß, auch bei gelegentlichem Abusus (bei sonst gesundem Herzen) bestehen nach hoher Wahrscheinlichkeit keinerlei Gefahren, im Gegenteil überwiegen die vielfältigen kardioprotektiven Effekte.

Erregungsbildungs-/Reizleitungssystem

Balsam

Nestor jetzt, der alte Zecher,
Der drei Menschenalter sah,
Reicht den laubumkränzten Becher
der betränten Hekuba:
Trink ihn aus, den Trank der Labe,
Und vergiß den großen Schmerz!
Wundervoll ist Bacchus Gabe,
Balsam fürs zerrissne Herz.
                                   Friedrich Schiller

Anatomie und Physiologie

Im Herzmuskel finden sich ein spezifisches Muskelsystem und eine Arbeits-
muskulatur. Ersteres besteht aus einem Reizbildungszentrum (Sinusknoten) und
einem Erregungsleitungssystem. Die spezifischen Muskelfasern sind gekennzeichnet
durch einen erhöhten Gehalt an Sarkoplasma und Zellkernen, dagegen eine verringerte Anzahl an Myofibrillen.

Schematische Darstellung des Erregungsbildungs- und Reizleitungssystems im Herzen (nach SO,
C. S.: "Prakische Elektrokardiographie", Selecta-Verlag, München 1974)

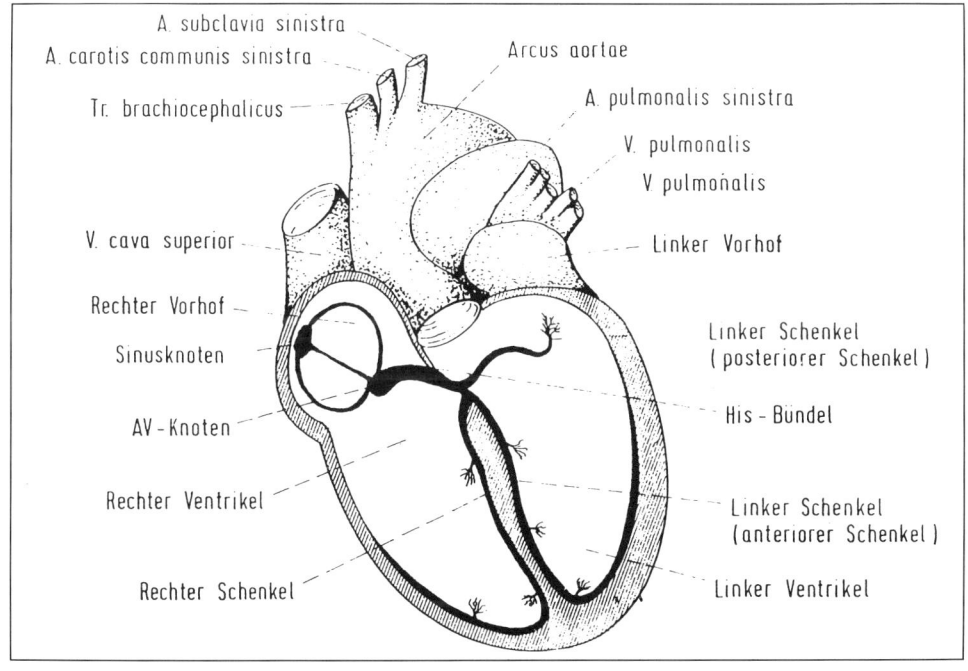

Der physiologische Schrittmacher des Herzens (das primäre Reizbildungszentrum) ist der Sinusknoten (zwischen Vena cava superior und rechtem Herzohr gelegen). Er ist autonom mit einer Frequenz von ca. 60-80 Schlägen pro Minute. Die Erregung tritt aus dem Sinusknoten durch drei Leitungsbahnen in das Vorhofmyokard über und erreicht den AV-Knoten (zwischen Sinus coronarius und Tricuspidalis). Ein oberer kann von einem mittleren und unteren Anteil unterschieden werden. Die Erregung läuft von hier aus weiter kaudalwärts im Stamm des His-Bündels, teilt sich in einen rechten und linken Schenkel und endet in den Purkinje-Fasern, welche die gesamte subendokardiale Schicht des rechten und linken Ventrikels sowie die Papillarmuskeln versorgen.

Verliert der Sinusknoten die Fähigkeit zur selbständigen ryhthmischen Reizbildung, übernimmt der AV-Knoten als sekundäres Automatiezentrum die Schrittmacherfunktion (Frequenz ca. 40 bis 60 Schläge/Minute), bei dessen zusätzlichem Ausfall ein tertiäres Zentrum in den Ventrikeln in Aktion tritt (Frequenz 20 bis 40 Schläge/Minute).

Hierbei entsteht die Gefahr, daß die Ventrikelfunktion versagt und eventuell lebensbedrohliche Rhythmusstörungen wie Kammerflattern und Kammerflimmern auftreten.

Trotz der weitgehenden Automatie kann das Herz dennoch durch die Herznerven beeinflußt werden. Durch den Sympathikus werden vorwiegend Reizbildung, Erregungsleitung, Erregbarkeit und Kontraktilität des Myokards gesteigert, durch den Vagus eher gebremst.

Wein und Erregungsbildungs-/Reizleitungssystem

Unter Alkoholeinfluß wurden gehäuft plötzliche Todesfälle beschrieben, von welchen ein großer Teil auf Rhythmusstörungen zurückgeführt werden dürfte. Der Mechanismus ist noch nicht in allen Einzelheiten bekannt, wenngleich einzelne Aspekte wissenschaftlich gut abgesichert sind.

So bewirken hohe Alkoholspiegel im Blut eine Herabsetzung der Defibrillationseffektivität, Ruhe- und Aktionspotential bleiben eher unverändert, die Repolarisationszeit verkürzt sich mit der Folge einer erhöhten ventrikulären Vulnerabilität.

Bekannt ist auch, daß die Spiegel von Magnesium, Kalium und Zink im Myokard nach akuter Alkoholexposition stark absinken, wodurch die ventrikuläre Flimmerschwelle herabgesetzt wird. Bei chronischen Alkoholikern besteht ein Dauerdefizit an Mg, K und Zn mit einer in der Abfolge erhöhten Irritierbarkeit.

Eindeutig sind kardiale Arrhythmien bei stärkerem, chronischem Alkoholkonsum auf Sympathikuseinflüsse zurückzuführen. Sie bestehen in AV-Blöcken 2. und 3. Grades, in Reflexbradykardien, in Vorhof- und Ventrikelflimmern (welche dann häufig zu Tode führen können, auch als "holiday heart syndrome" bekannt).

Wenngleich der Zusammenhang nicht gänzlich klar ist, das sympathische Nervensystem - soviel ist sicher - spielt eine große Rolle. So erniedrigt Adrenalin die Arrhythmieschwelle, induziert Bradyarryhthmien, wirkt negativ-dromotrop sowie negativ-chronotrop und bewirkt eine kardiale Hypertrophie.

Hohe Aethanolmengen lösen die Freisetzung von Katecholaminen aus den endogenen Speichern aus, führen damit zu einem erhöhten Sympathikustonus, zeitigen viele direkt kardiotoxische Effekte (wie intrakardiale Reizleitungsstörungen, leichte Änderungen des Ruhe- und Aktionspotentials und Elektrolytverschiebungen von Natrium und Calcium, vergleichbar arrhythmogenen Substanzen) und bewirken durch vasokonstriktorische alpha-sympathomimetische Effekte eine Herabsetzung des nutritiven Blutflusses in das Myokard.

Andere Theorien stellen für die elektrische Instabilität des Myokards infolge intrakardialer Leitungsverzögerung Änderungen des Lipidmetabolismus, eine Anhäufung von Triglyceriden und eine veränderte Fettsäuren-Zusammensetzung der Phospholipide in den Zellmembranen in den Vordergrund.

Als neueste Hypothese werden ursächlich Aethanol-Metaboliten diskutiert, welche mit einer 4-fach verlängerten Halbwertszeit wesentlich länger im Gewebe verweilen und die Rhythmusstörungen verursachen sollen.

Krankheiten

Auch über die Akuteffekte von hohen Alkoholmengen am ischämischen Herzen ist relativ wenig bekannt. So scheinen geringe Mengen im Sinne einer Kardiostimulation eher günstig zu wirken, wenngleich Aethanol mehrheitlich als myokardiale Depressor-Substanz angesehen wird.

Während mäßiger Alkoholkonsum am nichtischämischen Herzen eher einen Abfall des koronaren Gefäßwiderstandes und einen Anstieg des koronaren Blutflusses bewirken dürfte, ist am ischämischen Herzen durch hohen Alkoholkonsum meist im Sinne eines "steal phenomenon" ein ungünstiger Effekt zu erwarten.

Ischämisch bedingte Arrhythmien sind offenbar häufig mit mäßigem Alkoholkonsum günstig zu beeinflussen. So wurde eine deutliche Verzögerung der Entstehung von Myokardnekrosen bei koronarer Reperfusion beobachtet, zurückzuführen auf die günstigen sauerstoffsparenden Effekte durch die aethanol-induzierte negative Chronotropie und negative Inotropie, die zu einer spürbaren Verringerung des Sauerstoffbedarfs führen und dadurch den ischämischen Herzmuskel entlasten.

Reperfusions-Arrhythmien am stärker ischämisch geschädigten Herzen lassen sich meist durch Aethanol nicht günstig beeinflussen, wobei als wesentliche Gründe irreversible Zellschäden, aber auch vorübergehende Abweichungen vom normalen Ruhepotential und Auswaschungen von extrazellulär angehäuftem Kalium angesehen werden.

Zusammenfassung

Zusammenfassend bewirkt mäßiger Weingenuß am Herzen bezüglich des Erregungsbildungs-/Reizleitungssystems günstige Effekte, indem er zu einem Abfall des koronaren Gefäßwiderstandes, zu einem Anstieg des koronaren Blutflusses, zu einer Verringerung der Herzarbeit und zu einer Sauerstoffeinsparung führt. Bei großen Alkoholmengen (einmalig und auf Dauer) sind wesentlich weniger günstige bis direkt ungünstige Effekte (verschiedene Rhythmusstörungen) zu erwarten. Bei geringeren Graden von Koronarinsuffizienz wirken mäßige Aethanolgaben ebenfalls günstig, bei stärkeren Veränderungen ist im allgemeinen eine geringere Wirkung, evtl. sogar ein nachteiliger Effekt (steal-phenomenon) zu erwarten.

Kreislauf/Blutdruck

Lob des Weines

Wer schlimme Augen hat, muß trinken.
Ein leichter Schmerz wird vom Wein beruhigt!
Wenn das Blut stockt und nicht mehr in die Adern kreisen will,
Nimm Deine Zuflucht zu der Kraft des Weines, sie wird es heilen.
Das ist der Grund, weshalb in den Verordnungen Lei-kungs
Der Wein bei der Arzneiberatung die größte Rolle spielt.
Der Wein kann die Adern wieder in Ordnung bringen.
Er kann den Dämon der Krankheit verjagen;
Wein zu trinken, wenn man augenleidend ist,
Kann ein verständiger Arzt nicht verbieten.
Li-Tai-Pe trank für sein Leben gern
Und hat doch meines Wissens nie schlimme Augen gehabt.
Tsen-Hia und Kien-Ming waren beide blind,
Aber nicht, weil sie zu viel Wein getrunken hatten.
Wenn nun das Trinken sich als unschädlich erweist,
Was für einen Grund hast Du dann noch,
Den Wein zu verschmähn
Und die guten alten Sitten zu verleugnen?

Yang-Ki

Anatomie und Physiologie

Nach ihrem Bau und ihrer Funktion unterscheidet man unter den Arterien diejenigen vom elastischen Typ (Aorta, Arteria pulmonalis), welche einen kontinuierlichen Blutfluß gewährleisten, diejenigen vom muskulären Typ (Widerstandsgefäße, die den Strömungswiderstand und damit Blutdruck sowie Blutversorgung regulieren), die Kapillaren (zuständig für den Stoffaustausch zwischen Blut und Gewebe) und unter den Venen die Venolen und kleinen Venen (Kapazitätsgefäße) sowie die großen Venen, in welchen das zum Herzen fließende Blut gesammelt wird.

Nach funktionellen Gesichtspunkten wird das Gefäßsystem in ein Hochdruck- (Arterien, Arteriolen) und ein Niederdrucksystem eingeteilt (Kapillaren, Venolen, Venen, Lungenkreislauf).

Zwar wird das Blut vom Herzmuskel rhythmisch in die großen Gefäße ausgeworfen, aufgrund der Elastizität (Windkesselfunktion) ergibt sich dennoch ein kontinuierlicher Blutfluß. Verlieren die Arterienwände mit zunehmendem Alter bzw. infolge von atherosklerotischen Prozessen ihre Elastizität, resultieren einerseits eine vergrößerte Blutdruckamplitude, andererseits eine Mehrbelastung des Herzens.

Der systolische Blutdruck nimmt beim gesunden Erwachsenen Werte zwischen 120 und 140 mmHg, der diastolische zwischen 70 und 90 mmHg an. Der arterielle Mitteldruck, eine weitere charakteristische Kreislaufgröße, ergibt sich aus dem jeweiligen Herzzeitvolumen und dem peripheren arteriellen Strömungswiderstand.

Die Blutdruckregulation erfolgt über einen Regelkreis. Der aktuelle Ist-Wert wird dabei von Pressorezeptoren im Aortenbogen und im Karotissinus registriert und über Nervenimpulse an das Kreislaufzentrum im Gehirn weitergegeben. Dort erfolgt eine Abgleichung mit dem Sollwert, indem das Herzzeitvolumen oder der periphere Widerstand nach oben bzw. unten korrigiert werden.

Eine Erregung des exzitatorischen Vasomotorenzentrums bewirkt eine Anhebung des Sympathikustonus und damit eine Erhöhung von Herzzeitvolumen bzw. peripherem Widerstand, deren Folge eine Blutdrucksteigerung darstellt. Eine Stimulation des inhibitorischen Anteils des Vasomotorenzentrums bewirkt entsprechend einen Blutdruckabfall.

Zusätzlich zum Vasomotorenzentrum erfolgt eine Kreislaufbeeinflussung auch vom übergeordneten Hypothalamus, beispielsweise Blutdruckanstieg bei ergotroper, Blutdruckabsenkung bei parasympathikotoner Reaktionslage.

Auch das Renin-Angiotensin-Aldosteron-System kann den Blutdruck beeinflussen, beispielsweise bei einer Einschränkung der Nierendurchblutung, indem es zu einer Zunahme der Natriumionen-Konzentration mit pressorischer Wirkung kommt.

Wein und Blutdruck

Ein direkter und reversibler pressorischer Effekt von Alkohol entspricht dem subjektiven Empfinden und wurde auch wissenschaftlich immer wieder vermutet. Tatsächlich konnte schon früh eine direkte Beziehung zwischen der zugeführten Alkoholmenge und einem Blutdruckanstieg experimentell nachgewiesen werden. Umgekehrt zieht Alkoholreduktion eine deutliche Blutdrucksenkung nach sich, die auch bei Berücksichtigung des Gewichtseffektes (signifikante Abnahme) für den systolischen Blutdruck voll erhalten bleibt, für den diastolischen Druck allerdings geringer ausfällt. Zusätzlich wird bei Alkoholreduktion auch ein deutlicher Abfall der Gamma-Glutamyl-Transferase, des HDL-Cholesterin-Spiegels und des mittleren Erythrozytenvolumens (MCV) beobachtet, der jedoch unabhängig vom Blutdruckverhalten sich einstellt.

Die stärkste Blutdruckänderung nach Alkoholrestriktion ergibt sich in den ersten zwei Wochen, am ehesten zurückzuführen auf eine veränderte Ansprechbarkeit der Barorezeptoren.

Nach statistischen Berechnungen soll ein Aethanolkonsum von 70 ml pro Woche zu einem Anstieg des systolischen Blutdrucks um 1 (!) mmHg führen. Bei einem Verzehr von mehr als 160 g/Wo wäre das Hypertonie-Risiko für Männer bereits um das Vierfache im Vergleich zu Alkoholabstinenten erhöht. Der Anstieg soll dabei mehr über eine Erhöhung des Herzzeit- und Blutvolumens als über eine Zunahme des Gefäßwiderstands erfolgen.

Bei Reduktion des Alkoholkonsums würde demgegenüber nicht nur die Herzfrequenz abfallen, sondern sich die Häufigkeit von koronaren und zerebralen Gefäßkrankheiten drastisch verringern. Danach wäre der systolische Abfall um 2 bis 3 mmHg genau so effektiv wie die gesamte medikamentöse Therapie. Diese statistische

Berechnung läßt sich allerdings kaum durch klinische Beobachtungen im Einzelfall untermauern.

Eine andere statistische Auflistung aller positiven Aethanoleffekte ergibt, daß etwa 50 Prozent einer Anhebung des HDL-Cholesterins zuzuschreiben sind, 18 Prozent einer (unabhängigen) Erniedrigung des LDL-Cholesterins entsprechen (die nahezu gänzlich aufgehoben werden durch die 17-Prozent-Anhebung über den systolischen Blutdruck) und die restlichen 50 Prozent aufgrund bisher unbekannter Effekte zustandekommen, wobei die Wirkung auf die Plättchenaggregation (s. d.) am stärksten im Gespräch ist.

Die Frage, wie der alkoholinduzierte Blutdruckanstieg zustandekommt, wirft zwei Hypothesen auf, einerseits die Wirkung über eine Veränderung der intrazellulären Natriumkonzentration, andererseits der Einfluß über eine Erhöhung des Sympathikusantriebs. Nach einigen Autoren soll sich dieser schon bei mäßigem Alkoholkonsum entsprechend auswirken. Auch eine Calcium-Entleerung der Zellen soll einen Teil der alkoholabhängigen Blutdruckerhöhung ausmachen.

Bezüglich der Bedeutung von Natrium bzw. Natriumchlorid (Kochsalz) im Entstehungsmechanismus des alkoholbedingten Blutdruckanstiegs wurden viele Forschungsergebnisse veröffentlicht. So wird im Experiment der Natrium-Transport in den Erythrozyten gestört. Klinisch ergibt sich ebenfalls ein abnormer Natriumtransport durch die Erythrozytenmembran, der Natrium-Calcium-Gehalt in der glatten Gefäßmuskulatur wird erhöht gefunden. Die Aktivität der $Na+/K+$-Pumpe ist erhöht, ebenso der $Na+/Li+$-Gegentransport, währenddessen der $Na+/K+/Cl$-Auswärtstransport erniedrigt ist.

Zusammenfassend kommt offensichtlich unter Alkoholeinfluß ein gestörter intrazellulärer Natrium-Metabolismus zustande, wobei allerdings genetische Abnormalitäten vermutet werden und Akohol danach nur der Auslöser wäre.

Die Bedeutung des Calcium-Stoffwechsels im Zusammenhang mit einem alkoholinduzierten Blutdruckanstieg wird von verschiedenen Autoren ausführlich gewürdigt. So kann parallel zur Blutdruckerhöhung ein vermehrter Gehalt von freiem Calcium in Thrombozyten und in der Aortenwand beobachtet werden, der ähnlich wie der erhöhte Blutdruck bei Alkoholreduktion reversibel ist, indem Calcium einen wichtigen Faktor für die Einstellung des Gefäßtonus bildet (Vasokonstriktion). Parallel dazu fällt der Plasma-$Ca++$-Spiegel ab, während sich die Urin-$Ca++$-Ausscheidung nicht erhöht, womit der Transfer vom Plasma in das Gewebe (Gefäßmuskulatur)ebenfalls erklärt scheint.

Chronischer Alkoholkonsum erhöht den Calcium-Einstrom in die Zellen, wodurch es zu einer Zunahme der Reagibilität der glatten Gefäßmuskulatur kommt, das cytosolische Calcium ansteigt und sich als Folge ein erhöhter Gefäßwiderstand und Hypertonus einstellen. Vermutlich kann aus dem Calcium-Gehalt der Thrombozyten direkt auf den Tonus und die Struktur von Widerstandsgefäßen geschlossen werden.

Für den Calcium-Anstieg in den Zellen werden drei verschiedene Mechanismen diskutiert. So könnte Aethanol die $Na+-K+$-ATPase direkt behindern, wodurch der $Na+$-Bestand in der Zelle tangiert und als Folge ein $Na+-/Ca++$-Austausch zu erwarten wäre. Auch käme ein verringerter $Ca++$-Ausstrom durch eine Herabsetzung der

Ca++-Pumpe in Frage. Beide Mechanismen sind ihrerseits magnesiumabhängig, so daß sich eine aethanolbedingte Magnesiumverarmung durchaus in diesem Sinne auswirken könnte. Zusätzlich wird verschiedentlich eine Ca++-Freisetzung aus Speichern durch eine Atkivierung der Phosphoinositid-Phospholipase in Hepatozyten postuliert.

Alkohol nimmt auch auf die Membranzusammensetzung deutlichen Einfluß. So setzt er die Biosynthese von mehrfach ungesättigten Fettsäuren herab, wirkt auf das Cholesterin und die Phospholipide ein und führt zu einer verstärkten Lipidperoxidation. Über längere Zeit gegeben bewirkte Alkohol im Tierversuch eine deutliche Proliferation der glatten Gefäßmuskelfasern, die zu einer Verdickung der Arteriolenwände führt.

Bei der Auswertung der Unterlagen von insgesamt knapp 190 000 Patientendaten in 14 amerikanischen Studien ergab sich eindeutig eine positive Korrelation zwischen Blutdruckhöhe und Alkoholkonsum, unabhängig von Alter, relativem Körpergewicht, Trainingszustand, Zigaretten- und Kaffeekonsum. Die Beziehung verläuft nach den Ergebnissen dieser Studie bei Männern eher linear, bei Frauen j- bzw. sogar u-förmig. Auch europäische Studien ergaben ähnliche Resultate, während bei einem Teil von australischen Untersuchungen keine direkten Beziehungen gefunden wurden.

Bei drei und mehr Drinks täglich war die Korrelation allerdings eindeutig und einstimmig, wobei sich die Einflußnahme auf den systolischen Blutdruck stärker gestaltete als auf die diastolischen Werte (3 bis 4 mmHg bzw. 1 bis 2 mmHg). Die Art des alkolischen Getränks scheint weniger wichtig, soweit aus den vorliegenden Daten ersichtlich. Geschlechtsunterschiede scheinen eher von geringer Bedeutung, wenngleich eine gewisse Rolle hormoneller Einflüsse im Zusammenhang mit der Menopause nicht auszuschließen sind. Bei älteren Menschen gestalten sich die blutdruckerhöhenden Effekte von Alkohol eher stärker als bei jüngeren.

Aus der Münchner Blutdruckstudie wird der diastolische Druckanstieg bei einem Aethanolkonsum von 40 g pro Tag mit 2,4 mmHg im Mittel angegeben, bei Alkoholentzug ergaben sich in einer anderen Studie (randomisiert, kontrolliert, cross-over) nach etwa 4 Wochen systolische Absenkungen um ca. 6 mmHg.

9 bis 30 Prozent aller Hypertonien sollen schätzungsweise in den Industrieländern alkoholbedingt sein, bei Männern ist die Rate höher als bei Frauen.

Bei akuter Alkoholexposition soll sich die Blutdruckerhöhung über eine Aktivierung des adrenergen Systems ergeben, während die Serumspiegel von Plasmarenin und Cortisol eher unbeeinflußt bleiben.

Beim chronischen Alkoholkonsum steigt im Gegensatz dazu der Plasma-Norepinephrin-Spiegel um etwa 20 bis 30 Prozent an, andere Untersuchungen zeigten allerdings keine Unterschiede hinsichtlich Epinephrin, Norepinephrin, Cortisol und Renin.

Quantitäts-Aspekte
Da bei weitem nicht alle Menschen nach Weingenuß mit einem gleichartigen Blutdruckanstieg reagieren, wurden genetisch bedingte Abweichungen des Natrium-Metabolismus vermutet, die auch durch Aethanol ausgelöst werden sollen.

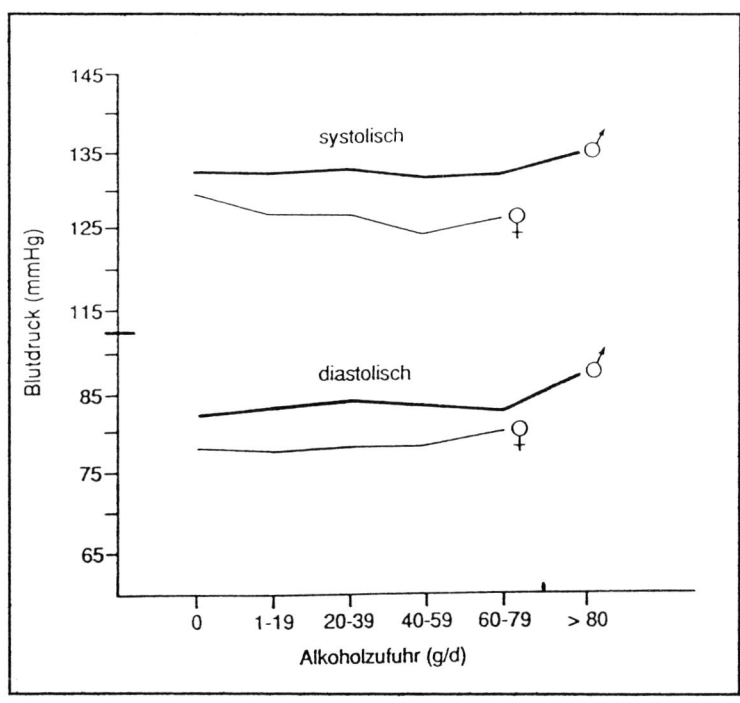

Verhältnis zwischen Alkoholkonsum und systolischem bzw. diastolischem Blutdruck (Daten der Münchner Blutdruckstudie) (nach LUFT et al.: "Nicht-pharmakologische Faktoren in der Behandlung der arterillen Hypertonie", DMW 117 (1992) 145-149)

Ein anderer Aspekt verdient gleichermaßen Beachtung. Wiederholt wurde darauf aufmerksam gemacht, daß Alkohol zwar auch den Blutdruck erhöhen kann, daß aber genauso unkontrollierbare Absenkungen auftreten können. Die Quantität vor allem scheint der wichtigste Regulator dafür zu sein. So wurde in einer Studie festgehalten, daß 1 bis 2 Drinks täglich (10 bis 20 g Aethanol) überhaupt keine Wirkung auf das Blutdruckverhalten zeitigen, im Gegenteil wurde bei Frauen sogar ein u-förmiger Verlauf ausgemacht, welche Tatsache niedrigeren Blutdruckwerten bei mäßigem Konsum im Vergleich mit Nichttrinkern entspricht.

Auch in der "Lipid Research Clinics Prevalence Study" ergibt sich erst ab einem Konsum von 20 bis 30 g Aethanol pro Tag eine klare Auswirkung auf den Blutdruck. In einer anderen Studie wird die Menge mit mehr als 20 g/Tag angegeben, von welcher an systolische und diastolische Druckerhöhungen positiver, strenger und unabhängig korrelierter Art resultieren.

Moderate Einzeldosen sollen auch bei älteren Menschen keine bzw. höchstens geringe Veränderungen des Blutdrucks, weder systolisch noch diastolisch, hervorrufen. Demgegenüber kommt es zu einer Herzfrequenzerhöhung um etwa 3,4 (Sitzen) bis 5,4 Schläge/Minute (Stehen), welche über eine alkoholinduzierte Diurese zur Aufrechterhaltung des Blutdrucks bei reduziertem Plasmavolumen zu erklären ist.

In einer anderen Studie bewirkt eine moderate Einzeldosis bei älteren Menschen gar in aller Regel eine Absenkung des systolischen (von 132 auf 125 mmHg) und des diastolischen Blutdrucks (von 78 auf 74 mmHg), insbesondere bei erhöhten Ausgangswerten, welcher Effekt etwa acht Stunden anhalten soll. Die Blutdrucksenkung bei akuter mäßiger Alkoholzufuhr wird sogar als Haupteffekt bei vorliegender Hypertonie angesehen, wobei der Erfolg einer systemischen Vasodilatation zugeschrieben wird.

Der drucksenkende Effekt ist assoziiert mit einer Erhöhung von Herzfrequenz, Herzzeitvolumen, Plasmakatecholaminen und Renin. Demgegenüber bleiben Blutglukose und Insulin unverändert, während Gefäßwiderstand, Vasopressin und Kalium abfallen.

Zusammenfassung
Eindeutig scheint ein Blutdruckanstieg mit häufiger und reichlicher Alkoholzufuhr verbunden zu sein. Geringerer, mäßiger Alkoholkonsum (bis zu maximal 30 g täglich) haben demgegenüber eher einen umgekehrten Effekt im Sinne einer systolischen und diastolischen Blutdruckabsenkung, zumal wenn die Werte vorher erhöht waren. Der zugrundeliegende Mechanismus wird einerseits einer Vasodilatation, andererseits einem veränderten Ca++-Metabolismus und einem verstärkten Sympathikusantrieb zugeschrieben. Andere Aspekte sind im Einzelfall nicht auszuschließen, wobei auch genetische Faktoren Beachtung verdienen. In größeren Mengen zugeführter Alkohol scheint ein Hauptauslöser für die "Volkskrankheit" Hypertonie darzustellen.

Kreislauf/Gehirn

Sorgenbrecher

Trunken müssen wir alle sein!
Jugend ist Trunkenheit ohne Wein!
Trinkt sich das Alter wieder zu Jugend,
So ist es wundervolle Tugend.
Für Sorgen sorgt das liebe Leben,
Und Sorgenbrecher sind die Reben.

Goethe

Anatomie und Physiologie

Das Gehirn hat einerseits einen sehr großen Energiebedarf, andererseits einen eher kleinen Vorrat an energiereichen Phosphaten. Glukose ist praktisch der einzige Energieträger, so daß seine ständige Zufuhr, zusammen mit Sauerstoff, lebensnotwendig ist.

Obwohl das Gehirn nur 2 Prozent des Körpergewichts ausmacht, benötigt es etwa 15 Prozent des gesamten Herzminutenvolumens, 25 Prozent des Sauerstoffs und 70 Prozent der verstoffwechselten Glukose.

Unter normalen Umständen verlaufen Stoffwechselrate eines bestimmten Hirngebietes und korrespondierende Durchblutungsrate parallel, bei akuten zerebralen Ereignissen geht diese enge Koppelung jedoch verloren (einerseits "Luxusperfusion" beispielsweise bei Migräne, andererseits "Ischämien" mit reduzierter regionaler Hirndurchblutung und Sauerstoffutilisation).

Normalerweise ist die Gesamtrate des Blutflusses durch das Gehirn relativ konstant und zeigt bei Schwankungen des systemischen mittleren Blutdrucks zwischen 50 und 150 mmHg keine Veränderungen. Diese Autoregulation des zerebralen Blutflusses soll das Gehirn vor zu niedrigem ebenso wie vor zu hohem Blutdruck schützen, der letzlich zu einer Hirnblutung führen könnte.

Gesteuert wird die Autoregulation offensichtlich über die Gefäßmuskulatur der kleinen Arteriolen, welche eventuell über vasoaktive Metaboliten wie Adenosin ausgelöst wird. Ein weiterer wichtiger Regulator der Hirndurchblutung ist die lokale CO_2-Spannung des Blutes.

Bei einer lokalen zerebralen Ischämie, beispielsweise infolge eines apoplektischen Insultes (Schlaganfalls), tritt eine regionale Lähmung der Vasomotoren ein, so daß die Autoregulation über Adenosin und die CO_2-Spannung in dem betreffenden Hirngebiet ausfallen. Im Zentrum der Ischämie ist der Blutfluß stark vermindert bis aufgehoben, während in den Randgebieten eine maximale Gefäßweitung durch den Einfluß der anaerob freigesetzten Milchsäure eintritt.

Biochemisch scheinen bei der Ischämie ein Abfall des ATP-Gehaltes im Gewebe aufzutreten, weiter eine Zunahme an sauren Metaboliten, ein Anstieg an freien Fettsäuren wie besonders Arachidonsäure sowie charakteristische Veränderungen der Ionenaustauschprozesse in den Zellmembranen. Folge davon dürfte ein massiver Kalziumeinstrom in die Zellen sein, Hauptgrund für den Zelltod, ausgelöst durch massive Freisetzung freier Radikale, Transmitterausstoß und Inaktivierung von Enzymen.

Wein und Schlaganfall

In einer Übersicht über die Auswertung von 62 Studien, welche sich mit dem epidemiologischen Zusammenhang zwischen der Häufigkeit von Schlaganfällen und dem vorausgegangenen Alkoholkonsum beschäftigen, wird der Schluß gezogen, daß es zwar eine Assoziation gibt, die aber offensichtlich komplexer Natur ist und nicht für alle Bevölkerungsgruppen, Rassen und Alkoholika gleichermaßen gilt. So wurden zwar bei mäßigem Konsum sowohl intrazerebrale als auch subarachnoidale Blutungen (Haemorrhagien) häufiger gefunden, die Beziehungen sind jedoch beispielsweise für die weiße Bevölkerung strenger als für Japaner. Unklar bleibt danach, ob eine akute Alkoholzufuhr eher die Entwicklung eines ischämischen oder eines haemorrhagischen Schlaganfalls (Durchblutungsstörung oder Blutung) fördert.

In einer anderen Studie fanden sich bei Nichttrinkern statistisch unter 1000 Personen 31,9 Schlaganfälle (29 Prozent davon haemorrhagischer Art), unter mäßigen Trinkern 36,8 (35 Prozent), unter Alkoholabhängigen 52,0 (51 Prozent), welche Daten eindeutig eine j-förmige Abhängigkeit sowie eine Bevorzugung haemorrhagischer Ereignisse verdeutlichen.

Eine weitere Übersicht arbeitet deutlich den parallelen Verlauf von Alkoholkonsum und Schlaganfällen heraus, wobei danach alle Arten wie plötzlicher Herztod, Zerebralinfarkt, intrazerebrale und subarachnoidale Haemorrhagien betroffen sind.

Auch moderater Alkoholgenuß, so wird weiter ausgeführt, soll die Schlaganfallrate erhöhen, vor allem bei unter 50-jährigen Männern. Zwar sei die Hypertonie in vielen Fällen ein wichtiger Risikofaktor, dennoch würden die klinischen Befunde oft genug abweichen.

Die akute Alkoholintoxikation löst zwar auch konzentrationsabhängige Defizite in der regionalen zerebralen Blutversorgung aus und bewirkt damit auch Zerebrovasospasmen der kleinen Gefäße sowie deren Rupturen (Tierversuch). Zu schweren Defiziten der zerebralen Blutversorgung führt jedoch vor allem der chronische Alkoholabusus, bewirkt durch die gesteigerte Verfügbarkeit von intrazellulärem freiem Kalzium in der glatten Gefäßwandmuskulatur.

Ein Teil der Arbeiten, die sich mit den Auswirkungen von Alkohol auf den zerebralen Blutfluß und die Häufigkeit von ischämischen Schlaganfällen beschäftigen, betont vor allem den Zusammenhang mit einer alkoholinduzierten Anhebung des Blutdrucks. So wird darauf verwiesen, daß wohl zunächst die Blutdruckerhöhung aufträte und erst danach der ischämisch-okklusive Schlaganfall ausgelöst würde. Aber auch Embolien aufgrund von (alkoholbedingten) Kardiomyopathien oder bei (alkoholbedingter) supraventrikulärer Tachykardie sowie eine allgemeine Thromboseneigung und zerebrovaskuläre Spasmen (ohne bzw. unter Alkoholeinwirkung) werden ätiologisch diskutiert.

Immer wieder wird die seltenere Auslösung von okklusiv-ischämischen zerebrovaskulären Ereignissen durch Alkohol im Vergleich zu den haemorrhagischen Schlaganfällen und die engere Korrelation mit intrazerebralen als mit subarachnoidalen Haemorrhagien betont.

In neueren Arbeiten wird ätiologisch vor allem der membrandestabilisierende Effekt von Alkohol auf die kleinen Hirngefäße und ein veränderter Lipidmetabolismus in der Gefäßwand betont, wobei eine Altersabhängigkeit offenbar nicht vorliegt.

Quantitäts-Aspekte

Wenngleich negative Aspekte bezüglich Hirndurchblutung bei übermäßiger akuter und vor allem chronischer Alkoholexposition gut belegt sind, fehlen vergleichbare Studien für mäßigen Weingenuß noch weitgehend. Die wenigen Studien, die sich mit entsprechenden Auswirkungen bechäftigen, kommen zu eher positiven Schlüssen.

So scheint es bereits aus theoretischer Sicht eine biologisch sinnvolle Begründung für die positiven Effekte von mäßigem Weingenuß zwingend zu geben, besonders im Hinblick auf ischämisch-okklusive Schlaganfälle. Mäßiger Weingenuß erzeugt eine geringere Rate an ischämischen Herzkrankheiten und zerebralen Embolien, verringert die Häufigkeit von extra- und intrakraniellen Atherosklerosen, verändert den Lipidstatus und Lipidmetabolismus in günstige Bereiche, zeigt positive Effekte auf die Zusammensetzung der Apolipoproteine und wirkt Thrombosen entgegen. Danach müßte sich aus theoretischer Sicht auch eine günstige Wirkung hinsichtlich Vermeidung von ischämischen Schlaganfällen ergeben.

Auf die Bedeutung des Magnesiums zur Gefäßmembranstabilität und zur Regulation des peripheren Widerstandes/Gefäßtonus wurde verschiedentlich hingewiesen. Mit seinen antispasmodischen Effekten kann Magnesium wirkungsvoll zur Kompensation alkoholbedingter Gefäßengstellungen im Gehirn beitragen. Somit scheint eine Magnesiumgabe sinnvoll nicht nur in der Prävention von alkoholinduzierten zerebralen Gefäßschäden, sondern auch zu deren Therapie. Auf eine ausreichende, gehaltvolle Ernährung im Zusammenhang mit (auch mäßigem) Weinkonsum wurde immer wieder zu Recht hingewiesen, womit vor allem auch die Zufuhr von Vitaminen und Mineralstoffen gemeint ist.

In vielen Studien wird auf die quantitätsbedingten Unterschiede hinsichtlich der Auswirkungen von Alkohol auf die einzelnen Organsysteme hingewiesen. Auch bezüglich der Häufigkeit von zerebralen Ereignissen ist dieser Aspekt besonders zu betonen.

So gibt es durchaus Studien (die meisten von denjenigen, die sich mit mäßigem Alkoholgenuß beschäftigen), welche auf den U-förmigen Verlauf der Abhängigkeit eingehen. So scheint sich das Risiko für subarachnoidale Haemorrhagien, für intra-zerebrale Blutungen und für Zerebralinfarkte bei mäßigem Konsum sogar statistisch hochsignifikant und epidemiologisch bedeutsam zu verringern. Bei Frauen soll es danach überhaupt nur sehr lose Beziehungen zwischen Alkoholkonsum und zerebra-len Ereignissen geben.

Zusammenfassung

Wenngleich sich für übermäßigen akuten und chronischen Alkoholkonsum das Risiko eines zerebralen Ereignisses, vor allem bei gleichzeitigem Vorliegen von erhöhten Bludruckwerten, verstärkt, ist diese Beziehung für mäßigen Weingenuß bisher keineswegs bewiesen. Im Gegenteil, die wenigen bisher vorliegenden Studien sprechen dem Wein in geringen Mengen durch seine vielfachen kardio-protektiven Eigenschaften auch eine präventive Funktion gegenüber zerebralen Ereigissen zu.

Hämostase (Blutstillung)

Frühlingstrunk

Seht, o seht, geliebte Brüder,
Lenz und Blumen kehren wieder,
Jauchzet ihrer Widerkehr!
Gebt mir gleich aus diesem Fasse
Von dem honigsüßen Nasse.
Hurtig! einen Becher her!

Alkaios

Anatomie und Physiologie

Ein normal funktionierendes Blutstillungssystem ist für den Organismus lebensnotwendig, da beim Ausbleiben der Hämostase schon kleinere Verletzungen zu lebensbedrohlichen Blutungen führen können. Andererseits wird bei erhöhter Gerinnungsneigung die Bildung von Thromben begünstigt und damit die Gefahr einer Thrombose bzw. Embolie erhöht.

Die Hämostase wird entsprechend ihrem Ablauf in zwei Phasen unterteilt, die primäre Hämostase (reversible Thrombozytenaggregation, visköse Metamorphose der Thrombozyten, Serotonin-Freisetzung, Vasokonstriktion) und die sekundäre Hämostase (Fibringerinnung, Gerinnungsthrombus, Narbenbildung).

Die Aktivierung der Gerinnung erfolgt einerseits auf dem extravaskulären Weg (innerhalb von Sekunden, Freisetzung eines Gewebefaktors durch Zerstörung perivaskulärer Zellen, unter Anwesenheit von Ca^{++}-Ionen Umwandlung von Prothrombin in Thrombin, Bildung von Fibrin), andererseits auf dem intravaskulären Weg (Aktivierung des Hagemann-Faktors, unter Anwesenheit von Ca^{++}-Ionen und Phospholipoproteinen, letztlich Umwandlung von Prothrombin in Thrombin und Bildung von Fibrin).

Die letzte Stufe der Gerinnung besteht in einer Zusammenziehung der Fibrinfäden, ausgelöst durch den Zerfall von Thrombozyten.

Durch den Vorgang der Fibrinolyse (auch "Spiegelbild" der Gerinnung) wird Fibrin aufgelöst. Da auch unter physiologischen Bedingungen im strömenden Blut ständig etwas Fibrin gebildet wird und sich ohne Fibrinolyse somit intravasale Thromben einstellen würden, ist sie genau so wichtig wie das Gerinnungssystem selbst.

Die Aktivierung der Fibrinolyse erfolgt wie die Gerinnung über ein extra- und ein intravasales System durch sogenannte Plasminogenaktivatoren, welche aus der inaktiven Vorstufe Plasminogen das aktive Plasmin bilden. Dieses spaltet einerseits Fibrin und löst es auf, andererseits inaktiviert es auch Fibrinogen, dessen Spaltprodukte wiederum die Thrombinbildung hemmen und damit die weitere Gerinnung blockieren.

Zu den Aktivatoren des extravaskulären Systems zählen der Gewebe-Plasminogenaktivator (t-PA) und die Urokinase, zu denjenigen des intravaskulären Systems die aus Leukozyten stammenden Lysokinasen sowie die Streptokinase.

Unter physiologischen Bedingungen stehen Fibrinbildung und Fibrinolyse im Gleichgewicht. Bei dessen Störung kommt es zur Thrombenbildung bzw. Blutungsneigung.

Eine Beeinträchtigung der Blutstillung wird entweder durch eine Veränderung der Thrombozytenzahl oder der Thrombozytenfunktion, durch einen Mangel an Gerinnungsfaktoren oder durch vaskuläre Dysfunktionen hervorgerufen.

Unter einem Thrombus wird ein intravital und intravasal entstandenes Blutgerinnsel verstanden. Abscheidungsthromben entstehen nach Thrombozytenaggregation und anschließendem Zerfall vor allem in Arterien. Im stagnierenden (meist venösen) Blut sowie in stenosierten Arterien werden dagegen Gerinnungsthromben gefunden.

Begünstigt wird die Thrombenbildung durch eine Gefäßwandschädigung (vor allem in atherosklerotisch veränderten Gefäßen), bei herabgesetzter Blutströmung (Bettruhe) und bei beschleunigter Gerinnung (beispielsweise bei Einnahme von Ovulationshemmern, bei Infekten und bei der arteriellen bzw. venösen Verschlußkrankheit).

Alkohol und Hämostase

In epidemiologischen Untersuchungen wurde immer wieder ein Zusammenhang zwischen der Auswirkung mäßigen Weingenusses auf die Thrombozytenfunktion (Aggregation) und seinem Schutzeffekt auf die Entwicklung der koronaren Herzkrankheit postuliert. Moderater Alkoholkonsum soll danach die Plättchenaggregation verringern, wenngleich Kritiker auch keinen bis negativen Effekt (Erhöhung der Aggregation) verbalisieren. Vermittelnd wird von manchen Weinwissenschaftlern behauptet, daß sich kurzfristig keine Änderungen einstellen würden, langfristig sie sich jedoch durchaus beobachten ließen. Dementsprechend ergab sich im "Bed-time-Wine"-Versuch kein Effekt.

In einer Studie wird nach dem Konsum von 2 bis 4 Gläsern Rotwein täglich über fünf Wochen eine eindeutige Aktivitätssteigerung des Plasminogen-Aktivator-Inhibitors (PAI-1) beobachtet, der im Endothel und in Thrombozyten gebildet wird und das Infarktrisiko durch Hemmung der Fibrinolyse entschieden erhöht. Bier und Wein sollen nach dieser Studie eine deutliche Reduktion der fibrinolytischen Aktivität des Blutes entwickeln, besonders in den ersten Stunden nach der Exposition. Ein einmaliger, auch überhöhter Konsum, soll dagegen analog den Ergebnissen anderer Studien keine Wirkung zeitigen. Langfristig wäre allerdings eine Gefährdung deutlich zu erfassen.

Auf die Frage, wie Alkohol vor der Entwicklung von ischämischen Herzkrankheiten schützt, erklärt ein Autor, daß dazu bisher noch relativ wenig bekannt sei und hebt einerseits die Einflußnahme auf den HDL-Spiegel heraus, wobei das weniger assoziierte HDL3 vorwiegend tangiert ist. Wichtiger scheint auch ihm die alkoholinduzierte Einflußnahme auf eine Inhibition der Plättchenaggregation, welche direkter Art sei und nach Absetzen sich wieder schnell "normalisiere". Die Frage, wie Aethanol die Zellfunktion der Thrombozyten störe, ist seiner Meinung nach bisher nicht bekannt, wenngleich er vermutet, daß der Aethanol-Metabolit Acetaldehyd dafür kaum verantwortlich sein könne, vielmehr eine direkte Interaktion in der Zellmembran, eventuell über eine Hemmung der Phospholipase A2, in Frage komme.

Die Atherosklerose würde durch Aethanol weitgehend verhindert, so erklärt sich ein anderer Autor. Auch die Thrombusformation in der Aorta ließe sich durch Aethanol stark verringern. Alkohol entwickle eine hemmende Wirkung auf das Kollagen von Thrombozyten, wodurch Arachidonsäure nur in verringertem Maß mobilisiert werden könne und in der Folge eine herabgesetzte Freisetzung von Thromboxane A2 resultiere. Im Endeffekt ergäbe sich eine positive, inhibitorische Einflußnahme auf atherosklerotische Läsionen sowie auf thromboembolische Komplikationen.

Eine andere Arbeitsgruppe hebt die umgekehrte Dosis-Wirkung-Abhängigkeit von Alkoholkonsum auf die Plättchenfunktion (Aggregation) hervor. Biochemisch komme es nicht nur zu einer direkten Hemmung der ADP-induzierten Aggregation, sondern auch über den Umweg einer Verstärkung der Serotonin-Freisetzung. Die direkte Wirkung von Aethanol beziehe sich somit auf die Zellmembran selbst, auf eine Beeinflussung der Plasmalipide, auf eine Einwirkung auf die Hämostase und auf eine verringerte Freisetzung von Arachidonsäure und deren Metaboliten. Über den Umweg "Serotonin-Freisetzung" werde ebenfalls die Aggregation herabgesetzt, zusammen mit ADP, Adrenalin und Noradrenalin. Weiter scheint es zu einer Hemmung der Ca^{++}-aktivierten Phospholipase A2 in Thrombozyten zu kommen. Eventuell wirkt auch Acetaldehyd auf eine verstärkte Aggregation ein. Letztlich wird auch die inhibitorische Wirkung von HDL2 auf die (potente) Aggregationshemmung angeführt.

Wie andere vor ihm führt ein französischer Autor ins Feld, daß bei akuter Alkoholexposition eine (gefährliche) Hyperaggregation resultieren könne (ebenso wie eine HDL2-Erhöhung), daß bei Langzeitkonsum jedoch mit einem Reifungsdefekt von Megakaryozyten im Knochenmark zu rechnen sei, welche eine Thrombozytopenie und eine Hypoaggregabilität mit einer Reduktion von Thromboxane A2 nach sich ziehe.

Zusammenfassend wird in einer Übersichtsarbeit angeführt, daß moderater Alkoholkonsum die Rate an koronaren Herzkrankheiten um 30 bis 60 Prozent verringere. Im einzelnen resultiere eine HDL-Erhöhung, eine Zunahme an subarachnoidalen Blutungen, eine Erniedrigung des Fibrinogen-Spiegels sowie eine

Steigerung der fibrinolytischen und antithrombotischen Aktivität. Die thrombin-induzierte Aggregations-Inhibition sei ADP-bedingt.

Wie von anderer Seite ausgeführt wird, verringere ein moderater Alkoholkonsum von etwa täglich 20 bis 30 g die Häufigkeit an koronarer Herzkrankheit um 40 Prozent und mehr, wobei der Effekt weniger auf eine verringerte Atherosklerose-Inzidenz, sondern mehr auf eine Optimierung der hämodynamischen Verhältnisse zurückgeführt wird. Durch Wein ließen sich die (gesundheitlich ungünstigen) Effekte von gesättigten Fettsäuren kompensieren bzw. gänzlich aufheben. Mäßiger und regelmäßiger Weinkonsum (ca. 20 bis 30 g täglich) sei eine der effektivsten "Drogen" zur Bekämpfung der koronaren Herzkrankheit.

Spezifische Wirkungen von Wein

Wein zeigt auch bezüglich seiner antiaggregatorischen Eigenschaften auf Thrombozyten abweichende Effekte von anderen Alkoholika. Er wirkt günstiger, zumal wenn er während Mahlzeiten langsam und mäßig zugeführt und resorbiert wird. Auf diese Weise vor allem sind günstige Langzeitwirkungen zu erwarten, auch wenn gleichzeitig zugeführte Nahrungsfette eher ungünstig wirken könnten aufgrund ihrer hyperaggregatorischen Eigenschaften.

Bei plötzlicher Alkohol-(und Wein-)karenz bei Abhängigen wurde ein gefährlicher Rebound-Effekt beschrieben, womit plötzliche Todesfälle bei Trinkern geklärt scheinen. Der aggregationshemmende Effekt von Alkohol scheint zusätzlich bei Abhängigen gesteigert, eine mögliche Erklärung ebenfalls für die verstärkt beobachteten Blutungsneigungen und Schlaganfälle unter ihnen. Andere Effekte könnten allerdings begünstigend wirken, so ein Vitamin-K-Mangel, eine Thrombozytopenie infolge Splenomegalie, ein Folatdefizit und eine Knochenmarksuppression.

Auf die einzelnen Weinsorten bzw. Alkoholika ganz allgemein eingehend, besteht die Erkenntnis, daß Alkohol zu einer Erhöhung von ADP, Adrenalin, Apoprotein A1 sowie einer Verminderung von LDL und der Thrombozytenaggregation führe. Weißwein bewirke zusätzlich eine Erniedrigung des Gesamtcholesterins sowie einen Anstieg von HDL, während Rotwein wegen seines hohen Tanningehaltes auch noch verstärkt auf die ADP-induzierte Plättchenaggregation und eine weitere HDL-Erhöhung einwirke.

Wein (Alkohol) entwickelt zusammenfassend vielfältige Auswirkungen auf die Hämostase, die sich bei geringem Konsum nach allgemeiner Überzeugung stark kardioprotektiv und gesundheitsförderlich auswirken, bei Mißbrauch dagegen eher negativ einzuschätzen sind.

Im einzelnen gibt es drei verschiedene Mechanismen zu unterscheiden, nämlich die Effekte auf die Thrombozyten, auf das Fibrinogen und die Fibrinolyse. So wird durch Wein die Aggregationsfähigkeit und Freisetzungsreaktion von Thrombozyten eingeschränkt. Über direkt toxische Effekte wird eine Thrombozytopenie induziert. Als Resultat ergibt sich eine verlängerte Blutungszeit bzw. - kardioprotektiv ausgedrückt - eine verringerte Thromboseneigung.

Fibrinogen ist als Gerinnungsfaktor, aber auch als eigenständiger Risikofaktor involviert. Fibrinogen zeigt eine inverse Korrelation zum Alkoholkonsum, unabhängig vom Geschlecht. Seine Erniedrigung wirkt ebenfalls kardioprotektiv durch Abnahme des Thrombose- bzw. Embolierisikos.

Alkoholinduzierte Effekte auf die Fibrinolyse sind komplex. Nach mäßigem und regelmäßigem Weinkonsum kommt es zu einer deutlichen Abnahme des Plasminogenspiegels. Die fibrinolytische Aktivität steigt an, die Konzentration an Plasminogenaktivatoren nimmt zu, die Aktivität des Plasminogenaktivator-Inhibitors wird gehemmt, ein insgesamt starker kardioprotektiver Effekt. Bei höheren Alkoholmengen treten gegenteilige Effekte auf, welche das Risiko von koronaren Herzerkrankungen sogar umkehrend durch Hemmung der Fibrinolyse erhöhen.

Faßboden im Weinkeller von Schloß Johannisberg (Rheingau) mit dem Psalm 104, V. 15 "und der Wein erfreue des Menschen Herz" in den gleichbedeutenden historischen Quellen und der Vertonung in gotischen Hufnagelnoten.

Koronarprotektion/NO (Stickstoffmonoxid)

Das richtige Maß

Ein trunkner Dichter leerte
Sein Glas auf einen Zug;
Ihn warnte sein Gefährte:
Hör auf! Du hast genug.

Bereit vom Stuhl zu sinken,
Sprach der: Du bist nicht klug;
Zuviel kann man wohl trinken,
Doch nie trinkt man genug.

Gotthold Ephraim Lessing

Anatomie und Physiologie

Zum Wirkmechanismus der Nitrate, einem der herausragenden Koronartherapeutika (Antianginosa) wurde gefunden, daß diese im Organismus durch reduzierende Substanzen in den eigentlich effektiven Bestandteil, nämlich Stickstoffmonoxid bzw. NO, überführt werden.

NO stimuliert die cytosolische Gyanylatcyclase, einen wichtigen Katalysator, durch dessen Aktivität die intrazelluläre Calciumionen-Konzentration abnimmt und dadurch eine Erniedrigung des Gefäßtonus bewirkt wird. Zusätzlich wirkt NO indirekt auf eine Herabsetzung der Thrombozytenadhäsion und Thrombozytenaggregation günstig ein.

Wie in den letzten Jahren erst gefunden wurde, handelt es sich bei dem vom (intakten) Gefäßendothel gebildeten und über die Vermittlung verschiedener Substanzen (beispielsweise Acetylcholin) freigesetzten relaxierenden Faktor (EDRF) ebenfalls um NO. Als endogener Aktivator der Gyanylatcyclase ist EDRF ebenfalls an der Regulation des Gefäßtonus beteiligt, welche Funktion bei einer Endotheläsion entfällt.

Dies ist beispielsweise der Fall bei atherosklerotisch veränderten Gefäßen (auch Koronargefäßen) mit teilweise funktionsuntüchtigem Endothel, so daß Gefäßspasmen geradezu vorprogrammiert scheinen, die durch künstliche Gaben von NO unterdrückt bzw. beseitigt werden könnten.

Stickstoffmonoxid ist darüberhinaus an vielen anderen Prozessen im Organismus beteiligt, beispielsweise bei der Aktivierung der Immunabwehr oder bei der Verdauungsregelung. Das kleine Molekül wirkt ähnlich wie die Hormone, es zerfällt im Gegensatz zu jenen jedoch sehr rasch und eignet sich daher nur als Gewebshormon in seiner unmittelbaren Umgebung. Mühelos dringt es durch Zellmembranen. Gefährliche Sauerstoffradikale werden von ihm eingefangen und metabolisiert.

Im Überschuß allerdings könnte NO Probleme verursachen, so wird vermutet. Schock, Schlaganfall und Migräne werden in diesem Zusammenhang erwähnt.

Wein und NO

Wie experimentell bestätigt werden konnte, vermehrt Aethanolzufuhr die Bildung und Freisetzung von Stickstoffmonoxid in den arteriellen Gefäßwandendothelien, wodurch eine Vasodilatation der glatten Gefäßwandmuskulatur eingeleitet wird. Eventuell ist diese Relaxation vorwiegend abhängig von NO und Prostaglandin.

Auch in anderen Arbeiten wird auf die Steigerung der NO-Synthese und der NO-Aktivität durch Alkohol hingewiesen und damit seine protektive, kompensierende Rolle gegen den gleichzeitig bewirkten hypertensiven Effekt begründet.

Auch im Bereich des Gehirns erfolgt durch die alkoholinduzierte Freisetzung und Aktivitätssteigerung von Stickstoffmonoxid eine Vasodilatation, vermittelt durch aktive Neuronen, welche eventuell die Gehirndurchblutung mit der Gehirnaktivität abstimmt. Ob damit die Zunahme von alkoholbedingten Schlaganfällen in Zusammenhang steht, kann nur vermutet werden.

Zusammenfassung

So günstig geringe Weinmengen auf die Bildung und Freisetzung von Stickstoffmonoxid mit der erwünschten kardioprotektiven Vasodilatation einwirken, so zweifelsfrei scheint die Feststellung richtig, daß überhöhte Alkoholmengen über lange Zeit nachteilige Effekte bezüglich einer Erhöhung von Schlaganfallrisiken zeitigen.

Blutbildendes System/Anämien

Die Veltliner-Traube

Brütend liegt ein heißes Schweigen
Über Tal und Bergesjoch,
Evoe und Winzerreigen
Schlummern in der Traube noch.

Purpurne Veltlinertraube,
Kochend in der Sonne Schein,
Heute möcht'ich unterm Laube
Deine vollste Beere sein!

Mein unbändiges Geblüte,
Strotzend von der Scholle Kraft,
Trunken von des Himmels Güte,
Sprengte schier der Hülse Haft!

Aus der Traube niederhangend,
Glutdurchwogt und üppig rund
Schwebt'ich dunkelpurpurprangend
Über einen roten Mund!

Meyer

Anatomie und Physiologie

Blut stellt eine Flüssigkeit dar, bestehend aus Zellen (Blutkörperchen) sowie einer eiweiß- und elektrolythaltigen Flüssigkeit, dem Plasma. Seine Hauptfunktionen beziehen sich auf den Transport von Nährstoffen (z.B. Kohlenhydrate, Fette, Eiweiß), von Gasen (Sauerstoff, Kohlendioxid), von Wirkstoffen (Vitamine, Fermente, Hormone), von Abwehrstoffen (beispielsweise in Leukozyten), von Stoffwechselprodukten (wie Harnstoff), von Salzen (so K, Mg, Na), von Wasser und von Wärme. Darüber hinaus besitzt das Blut Abwehrfunktionen bei Infektionen und eine Schutzfunktion vor Blutverlust durch die Fähigkeit zur Hämostase. Schließlich hält es seine eigenen chemischen Reaktionen konstant im leicht alkalischen Bereich (pH-Wert-Regulation).

Die Gesamtblutmenge beträgt etwa 7 bis 8 Prozent des Körpergewichts, so daß ein normal schwerer Mensch über ca. 5 Liter Blut verfügt, die sich auf ca. 55 Prozent Blutflüssigkeit (Plasma) und ca. 45 Prozent Blutzellen (Erythrozyten, Leukozyten und Thrombozyten) aufteilen.

Die Erythrozyten sind kernlose, flache Scheiben von etwa 8 u Durchmesser, deren Zentrum von beiden Seiten in der Mitte eingedellt ist. Der Mann besitzt etwa 5,2 Mill/ul, die Frau ca. 4,6 Mill/ul. Zu einem Drittel bestehen die Erythrozyten aus Hämoglobin, dessen Hauptaufgabe der Sauerstofftransport von der Lunge zu den Geweben und der Kohlendioxidtransport vom Gewebe zu den Lungen ist. Sein Gehalt beträgt beim Mann durchschnittlich 16 g pro 100 ml Blut.

Die Lebensdauer der in die Blutbahn aus dem Knochenmark abgegebenen Erythrozyten beträgt in der Regel 100 Tage, bevor sie durch Zellen des retikulo-endothelialen Systems in Milz, Leber und Knochenmark abgebaut (phagozytiert) werden.

Bei der Anämie liegt meist keine allgemeine Blutarmut, sondern entweder ein solitärer Mangel an Hämoglobin oder an Erythrozyten vor. Als Ursachen von Anämien sind Störungen der Hb-Synthese (Eisenmangel), Beeinträchtigungen der Erythrozytenbildung durch Reifungs- bzw. Regenerationshemmung (megaloblastäre und aplastische Anämien), beschleunigte Erythrozytenzerstörung (hämolytische Anämien) sowie akute und chronische Blutungen zu überlegen.

Wein und blutbildendes System

In mäßigen Mengen zugeführt, wirkt sich Wein in aller Regel positiv auf das blutbildende System und das Blut aus. So wurden schon seit alters Weine vulkanischer Böden bevorzugt bei Anämien verabreicht. Als Begründung ist der hohe Gehalt an Phosphaten (Wachstumsreiz) und an Eisen (effizient besonders bei Eisenmangelanämien) zu sehen. Der Medoc-Wein beispielsweise wurde geradezu als spezifisches Hämopoetikum bekannt. Das im Wein enthaltene Vitamin C verbessert zusätzlich die Fe-Resorption durch Überführung der Ferri- in Ferro-Salze, wie umgekehrt bei Vit.C-Verarmung von Weinen während der Lagerung die Ferro-Salze zunehmend in Ferri-Salze oxidiert werden.

Auch auf das erythropoietische System werden günstige Wirkungen von mäßigem Weingenuß angenommen, wobei Rotweinen gegenüber Weißweinen der Vorzug gegeben wird, indem sie mehr Phosphat, Eisen (mit etwa 6,0 mg/Liter etwa die Hälfte der notwendigen Tagesdosis) und Vitamin C enthalten.

Gerade auch bei Infektionen, während derer Eisen zusätzlich im retikuloendothelialen System gebunden wird, ist die mäßige Rotweingabe zu empfehlen, ebenso wie bei Blutarmut, wo sogar Kindern die Weinzufuhr unter ärztlicher Kontrolle mitunter empfohlen wird.

Wein ist zusammenfassend ein wertvolles und beliebtes Therapeutikum bei krankhaften Veränderungen des Blutes und der blutbildenden Organe, solange er mäßig und regelmäßig genossen wird.

Quantitätsprobleme

Anders sind die Wirkungen bei überhöhter Zufuhr über längere Zeit zu bewerten, sie kehren sich geradezu ins Gegenteil um.

So werden beispielsweise alkoholbedingte Anämien durch enzymatische Hemmungen des Pyridoxal- und Folsäurestoffwechsels, durch membranlokalisierte Lipidalterationen und durch gleichzeitige Mangelernährung bei zunehmenden Leberzell-schädigungen und gastrointestinalen Blutungen beschrieben.

Typischerweise werden in diesen fortgeschrittenen Fällen von Alkoholabusus Makrozytosen der Erythrozyten, Vit.B$_{12}$-Mangel, Folsäure-Mangel, gestörte Eisen-verwertung und Auftreten von Plasmavakuolen in Erythrozyten beschrieben. Zu-sätzlich tritt eine Thrombozytopenie mit verstärkter Blutungsneigung und eine Erhö-hung der Alphaglutamyltranspeptidase auf, ein Hinweis auf eine Entgiftungsstörung der Leber.

"Weinprobe der Kenner", nach einem Gemälde von H. P. Hasenclever (1810 - 1891)

Psychovegetative Aspekte/Stress

Seliger Rausch

Wann Bakchos erst mich heimsucht,
Dann schlummern meine Sorgen,
Reich bin ich dann, wie Krösos,
Und singe süße Weisen.

Bekränzt mit Efeu lieg'ich,
Im Übermute tret ich
Verachtend alles nieder.
- Schenk ein! Es gilt zu trinken!
Reich mir den Becher, Knabe!
Viel besser ist es, trunken
Als tot am Boden liegen.

Den Pokal, mein Sohn! Ein Trunk soll
Mir gedeihn, ein voller! Doch nimm
Nur den Becher Wassers zehnfach,
Und vom Lautern schöpfe fünfmal.
Denn nicht überkühn und maßlos
Mit dem Gott zu schwärmen denk ich.
Nicht den wilden Lärm fortan! Nicht
Wie der Skythe sich des Weins freut -
Unter süßen Liedern, sinnvoll,
Nur so sachte schlürfen wir ihn.

Anakreon

Anatomie und Physiologie
Im Stress steigt der Erregungsspiegel im Hypothalamus, wodurch vermehrt sympathische Innervationen erfolgen, das Nebenierenmark zu verstärkter Katecholaminfreisetzung angeregt wird und über sogenannte "releasing factors" die Hypophyse ihr unterstellte Hormondrüsen zunehmend aktiviert.

Folgen sind ein Anstieg des myokardialen Stoffwechsels, Änderungen des Elektrolythaushalts in Richtung Kaliumverarmung und Natriumanreicherung sowie eine zunehmende energetisch-dynamische Herzinsuffizienz. Der Haupteffekt von Stress auf das Herz dürfte allerdings einerseits die Steigerung des Sauerstoffbedarfs, andererseits die Lumeneinengung der koronaren Strombahn durch funktionelle (auch spastische) Prozesse und drittens die rasche Steigerung der Gerinnungsneigung des Blutes sein.

Der Sympathikus bewirkt im Streß nicht nur Änderungen des Herzstoffwechsels, sondern auch die allgemeinen bekannten Steigerungen der Erregbarkeit des Myokards, welche Anlaß zur Auslösung von Extrasystolen selbst am gesunden Herzen sein können.

Katecholamine führen auf Dauer zu Intimaveränderungen mit Anhäufung von Neutralfetten und sauren Mukopolysacchariden, der Fettspiegel im Blut steigt ebenso wie der Blutzucker und die Triglyceride, wobei besonders enge Beziehungen zum individuellen Angstniveau gegeben sind.

Auch die Blutgerinnung wird erhöht, der Blutdruck steigt an. Daß die koronare Herzkrankheit und ihre Komplikationen zu bestimmten Verhaltens- und Persönlichkeitsmustern in Beziehung stehen könnten, wurde vor allem von Pathologen lange Zeit negiert und ist auch heute noch immer nicht allgemein anerkannt. Sicher hängt diese Ablehnung auch damit zusammen, daß psychische Variable mit (natur)wissenschaftlichen Methoden schwerer erfaßbar sind als beispielsweise Lipidspiegel, Blutdruck und Rauchverhalten.

Ein sogenanntes Typ-A-Verhaltensmuster - charakterisiert als aggressiv, zwanghaft, dominant und übertrieben gewissenhaft - ist immer wieder mit einer erhöhten klinischen Inzidenz an koronarer Herzkrankheit in Verbindung gebracht worden. Der Zusammenhang könnte durchaus über erhöhten Blutdruck, Blutfette, Rauchen und Gerinnung hergestellt werden oder zumindest die Folge von Veränderungen verschiedener metabolischer, biochemischer oder physiologischer Abläufe sein, bei welchen das vegetative Nervensystem eine wichtige Regulationsfunktion einnimmt.

Wein und Stress
Drei wichtige Auswirkungen von Stress auf das Herz-Kreislauf-System lassen sich durch mäßigen, gleichmäßigen Weingenuß invers, d.h. ins Gegenteil verändern. So bewirkt Stress eine Tachykardie, die durch Alkoholzufuhr verringert bzw. aufgehoben werden kann, wahrscheinlich über eine Reduktion des Ausstoßes von stress-induzierten Katecholaminen. Stress führt zu einer Veränderung der Plasma-Lipoprotein-Zusammensetzung mit einer Wahrscheinlichkeitszunahme der Entwicklung einer koronaren Herzkrankheit, mäßiger Alkoholkonsum bewirkt das Gegenteil. Eine stress-induzierte Veränderung des Calcium-Spiegels im Blut führt zum Bluthochdruck, welche Entwicklung bei gleichmäßiger, mäßiger Aethanolzufuhr verhindert wird.

Bei nervösen Störungen hat Wein seit alters seinen wichtigen Stellenwert mit einer außerordentlichen Indikationsbreite von Angst, Depression, Ärger, Frustration bis Schlafstörungen, Wut und Konzentrationsschwäche, Appetitlosigkeit und unvermittelten Schweißausbrüchen.

Wein (bzw. Alkohol) löst seelische Spannungen und mildert vorhandene Ängste.

Im Prinzip wirkt Alkohol positiv auf eine Verminderung von myokardialem Stress ein. Allerdings nehmen gewichtigen Einfluß die Quantität der zugeführten Alkoholmenge (bei Überschreiten der individuell tolerablen Schwelle Umkehr der positiven Wirkungen ins Gegenteil möglich), die Trinkgewohnheiten und der Alkoholtyp.

So wurde der blutdruckerhöhende Effekt von Bier höher als von Wein gefunden, womit ein kardioprotektiver Schutzmechanismus von Bier weitgehend entfällt.

Aber auch individuelle Eigenheiten der betroffenen Menschen nehmen Einfluß auf weinbedingten Abbau von myokardialem Stress. Zu erwähnen sind Alter, Geschlecht, Ernährungsgewohnheiten, ethnische Zugehörigkeit, sozioökonomischer Status, kulturelle Vorlieben und eventuell gleichzeitige Medikamenteneinnahme.

Weiter spielen eine wichtige Rolle die Trinkdauer und - zumindest bei Betrachtung der Wirkung von Alkohol zur Vermeidung der stressinduzierten koronaren Herzkrankheit - die Beachtung von Latenzzeiten.

So wirkt mäßiger Alkoholkonsum günstig auf eine Erniedrigung vor allem streßinduzierter Herzstillstände ein, welcher Effekt für Wein weitaus günstiger ausfällt als für andere Alkoholika. Diese Beziehung bleibt auch dann erhalten, wenn gleichzeitig andere vorhandene Risikofaktoren statistisch ausgeschaltet werden wie ungünstige Werte von systolischem Blutdruck, Cholesterin, Triglyceriden, Harnsäure, Glukose, Zigaretten, körperlicher Aktivität, Vitalkapazität und Körpergewicht.

Geringer gestaltet sich die Korrelation bei älteren und sozial schwächer gestellten Menschen, enger bei gleichmäßigen Trinkgewohnheiten.

Als mögliche Mechanismen zur Verringerung schädlicher Streßauswirkungen am Herzen durch mäßigen Weingenuß werden neun verschiedene Punkte diskutiert.

Eventuell gibt es einen direkten und generellen inhibitorischen Effekt von Wein auf das autonome Nervensystem, unabhängig vom Umweg über die Plasmakatecholamine. Alkohol bewirkt zwar eine Herabsetzung des Adrenalinspiegels, auf den Noradrenalinspiegel wirkt er allerdings nicht ein.

Während Alkohol (und Wein) den Gesamtcholesterinspiegel weniger zu beeinflussen scheint, sind die Auswirkungen auf den HDL-(Anstieg) und LDL-Anteil (Erniedrigung) eindeutig. Allerdings muß einschränkend berücksichtigt werden, daß innerhalb des HDL-Spektrums mehr der HDL_3-Anteil erhöht wird, der im Gegensatz zum HDL_2-Anteil jedoch weniger kardioprotektive Eigenschaften entwickelt. Somit - so wird in dieser Studie geschlußfolgert - kommt der weininduzierten Auswirkung auf den Lipidmetabolismus weniger Bedeutung zu.

Allgemein anerkannt und beachtet werden die weininduzierte Inhibition der Plättchenaggregation und der Thromboseneigung, die Erniedrigung des Fibrinogenspiegels sowie die Erhöhung der fibrinolytischen Aktivität. Sie sind unter anderen Faktoren hauptverantwortlich für die kardioprotektiven Eigenschaften von Alkohol.

Demgegenüber bleibt die aethanolbedingte Reduktion der intravasalen Calcium-Konzentration experimentell weniger abgesichert, wenngleich theoretisch gut untermauert.

Zwei gegenläufige Alkoholauswirkungen auf den Sauerstoffmetabolismus wirken gleichermaßen günstig gegen die Entwicklung einer koronaren Herzkrankheit, im Detail die Erhöhung des koronaren Blutflusses und andererseits der verringerte Sauerstoffbedarf der Myokardzellen.

Unklar bleiben vorerst auch noch, so das Ergebnis der Übersicht über die aktuelle Literatur, die alkoholunabhängigen, genetisch determinierten Einflüsse auf das Blutdruckverhalten und die inversen Alkoholauswirkungen auf die Blutdruckwerte in

Abhängigkeit von Geschlecht und teilweise auch Rasse, sofern die Differenzen gewichtsbezogen aufgeschlüsselt werden.

Der psychologisch myokardinfarkt-anfälligere Typ A scheint auch durch die Fähigkeit charakterisiert, daß er die streßinduzierte systolische und diastolische Blutdruckerhöhung durch Alkohol zu kompensieren in der Lage ist, während dieser auf die Herzfrequenz und das Affektverhalten weniger einwirkt.

Zuletzt wird ausgeführt, daß der Umfang des Alkoholkonsums zusammen mit eventuellem Übergewicht die höchste Korrelation zu möglichen Blutdrucksteigerungen ergibt.

Zusammenfassung

Wenngleich noch manche Aspekte nicht ausdiskutiert sind, scheint die Aussage dennoch - auch unter wissenschaftlichen Kautelen - gerechtfertigt, daß Alkoholika im allgemeinen und Wein vor allem sowie ganz speziell Rotwein das stressinduzierte Risiko einer koronaren Herzkrankheit zumindest abzumildern, wenn nicht gar zu kompensieren in der Lage sind. Diese Aussage bezieht sich streng auf mäßigen und regelmäßigen Weingenuß über längere Zeit.

Für größere Mengen wie im Akutversuch gelten offensichtlich andere Gesetzmäßigkeiten, die eventuell subjektiv zum erwünschten Erfolg führen können, objektiv jedoch sehr wahrscheinlich das kardiale Risiko kaum vermindern, sondern im Gegenteil über viele einzelne negative Auswirkungen das Gesamtrisiko sogar zu erhöhen in der Lage sind.

Kardioprotektion/koronare Herzkrankheit

Essen und Trinken

Es macht der Saft der Purpurtraube
Des Menschen krankes Herz gesund.

Ernst Moritz Arndt

Anatomie und Physiologie

Das Herz, im vorderen unteren Teil des Mediastinums gelegen, entspricht etwa der Göße der geballten Faust des betreffenden Menschen und wiegt ungefähr 320 (Mann) bis 280 g (Frau).

Unter funktionellen Gesichtspunkten ergeben sich zwei Teile, das rechte und das linke Herz, die jeweils aus einem kleineren Vorhof (Atrium) und einer größeren Kammer (Ventrikel) bestehen. Vorhöfe und Kammern sind jeweils durch Herzklappen bzw. Scheidewände voneinander getrennt.

Das gesamte Herz ist von einer serösen Hülle, dem Pericard oder Herzbeutel, umgeben. Die Herzwand selbst besteht aus drei Schichten, dem Endokard, dem Myokard und dem Epikard.

Das Herz erfüllt seine Pumpfunktion durch rhythmische Kontraktionen und Erschlaffungen, wobei die Kontraktionsphase als Systole, die Erschlaffungsphase als Diastole bezeichnet wird.

Die Anpassung der Herzaktion an den jeweiligen Bedarf erfolgt einerseits über Änderungen des Schlagvolumens, andererseits der Herzfrequenz.

Das Myokard, vor allem des linken Ventrikels, hat einen hohen Eigenbedarf an Sauerstoff. Sein Transport erfolgt über die beiden Koronararterien (links Ramus circumflexus und Ramus interventricularis anterior, rechts Ramus interventricularis posterior). Die pro Zeiteinheit durch die Koronarien fließende Blutmenge hängt vor allem vom Perfusionsdruck (dem Blutdruck in den Koronarien) und vom Koronarwiderstand ab. Dieser setzt sich aus der vasalen (Tonus der glatten Muskulatur der Koronargefäße) und der myokardialen Komponente zusammen (Druck des Myokards auf die Koronarien).

Das gesunde Herz verfügt über eine erhebliche Koronarreserve, bei Bedarf kann dem Herzen über eine Abnahme des Gefäßtonus wesentlich mehr Blut und Sauerstoff zugeführt werden (Zunahme etwa um das Sechsfache gegenüber Ruhe). Die autoregulatorische Steuerung der Koronardurchblutung wird insbesondere durch Adenosin vermittelt.

Infolge des rhythmischen Ablaufs der Herzaktion erfolgt auch die Koronardurchblutung nicht kontinuierlich, sondern vorwiegend, vor allem in den subendokardialen Schichten, in der Diastole. Für die myokardiale Sauerstoffversorgung sind deshalb Qualität und Quantität der Diastole von entscheidender Bedeutung.

Wie andere Arterien können auch die Koronarien von einer Atherosklerose betroffen sein. Sie führt zu einer Einengung der Strombahn oder - durch zusätzliche Thrombenbildung - auch zu einem teilweisen oder vollständigen Verschluß bestimmter prädisponierter Koronararterienäste (koronare Herzkrankheit).

Je nach Schweregrad und Manifestationsform werden verschiedene Ausprägungen unterschieden, die von der Angina pectoris über den Herzinfarkt bis zum Herzschlag reichen.

Als gesicherte Risikofaktoren sind Rauchen, Hypertonie, Hypercholesterinämie, Diabetes mellitus und genetische Veranlagung sowie Alter anerkannt, als weniger einflußreiche Risikofaktoren gelten auch das Übergewicht, die ungenügende körperliche Bewegung, hektische Lebensweise und psychischer Dauerstress (Angst, Frustration usw.).

Während bei der Angina pectoris reversible Hypoxien des Myokards im Vordergrund der klinischen Symptomatik stehen, liegt dem Myokardinfarkt ein Untergang von Herzmuskelgewebe zugrunde, der in der Regel mit einem vernichtenden Druck- und Schmerzgefühl sowie Todesangst einhergeht und zu Blutdruckabfall, Fieber, Leukozytose, Blutzuckeranstieg, erhöhten Muskelenzymkonzentrationen im Blut sowie charakteristischen Veränderungen im EKG führt. Besonders gefährlich gestalten sich Herzinfarkte mit Komplikationen, so Rhythmusstörungen, Insuffizienz, Aneurysmen, Wandthromben, Rupturen und Schock.

Wein und Kardioprotektion

Erste Vermutungen darüber, daß Weingenuß zu einem Schutz vor Arteriosklerose führen könne, wurden zu Beginn des 20. Jahrhunderts geäußert. Pathologen und Klinikern in Freiburg, Mainz, Straßburg und Würzburg war aufgefallen, daß unter Weintrinkern seltener Sklerosen, vor allem auch Koronarsklerosen, zu beobachten waren.

Auch aus USA kamen um die Jahrhundertwende Berichte, welche eine inverse Beziehung zwischen Alkoholkonsum und Sklerosehäufigkeit einschließlich der koronaren Herzkrankheit propagierten.

Lange Zeit wurden diese auffallenden Befunde jedoch nur bei Alkoholikern erhoben. Erst in den letzten Jahren häufen sich Meldungen, daß die kardioprotektiven Eigenschaften von Wein auch bei mäßigem Genuß zu erwarten wären.

Zu Beginn der 60er Jahre wurden erste epidemiologische Daten publiziert, welche eine statistisch signifikant geringere Sterblichkeit an koronaren Herzkrankheiten in Weinländern deutlich manifestierten. Die Beziehung war ebenfalls negativer Natur.

Der bekannte, bemerkenswerte Rückgang an Koronartodesfällen in den USA in den letzten Jahren wurde wiederholt und glaubhaft mit der Zunahme des Weinkonsums in Verbindung gebracht. Die Korrelation ist hochsignifikant. Zusätzlich hat sich kein anderer Faktor der Lebensweise in den letzten Jahren so gravierend geändert.

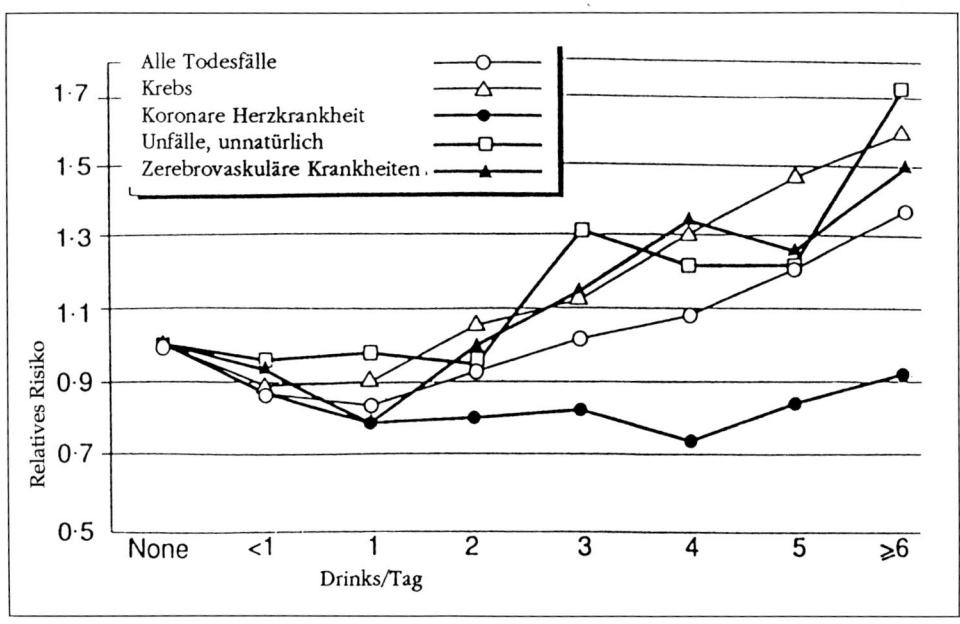

Alkoholkonsum und relatives Sterblichkeitsrisiko an koronarer Herzkrankheit (Perspektivstudie der amerikanischen Krebsgesellschaft über 12 Jahre an 276 802 Männern im Alter von 40-59 Jahren) nach MARMOT/BRUNNER: "Alcohol and cardivascular disease: the status of U-shaped curve", BMJ 303 (1991) 565-568

Die Frage, die sich zu Recht stellt und teilweise bis heute unterschiedlich beantwortet wird, ist die, ob dieser Effekt ganz allgemein dem Alkohol oder aber sehr spezifisch dem Wein zuzuschreiben ist. Vieles spricht für den Wein, wie noch aufzuzeigen sein wird.

Die Mehrzahl aller bisher vorliegenden Studien haben einen epidemiologischen Hintergrund. Sie weisen auf einen U-förmigen Zusammenhang zwischen Alkoholkonsum und koronarer Sterblichkeit hin. So haben in aller Regel mäßige Trinker eine höhere koronare Lebenserwartung als Abstinenzler bzw. Vieltrinker/Alkoholiker.

Bei wiederholten koronarangiographischen Studien wurde der Schweregrad der Lumeneinengung in aller Regel entgegengesetzt dem vorangegangenen Alkoholkonsum gefunden, auch bei hohem gleichzeitigem Zigarettenverbrauch, zunehmend hohem Cholesterinspiegel und ansteigender Hypertonieprävalenz.

Am günstigsten wird - nach dieser Übersicht - ein mäßiger Genuß angesehen, entsprechend den Ergebnissen aller zugrundeliegenden Einzeluntersuchungen, indem eine Anhebung des HDL-Cholesterins erfolgt, welches das von LDL ins Gewebe transportierte Cholesterin wieder zurück in die Leber bringt, wo es metabolisiert wird.

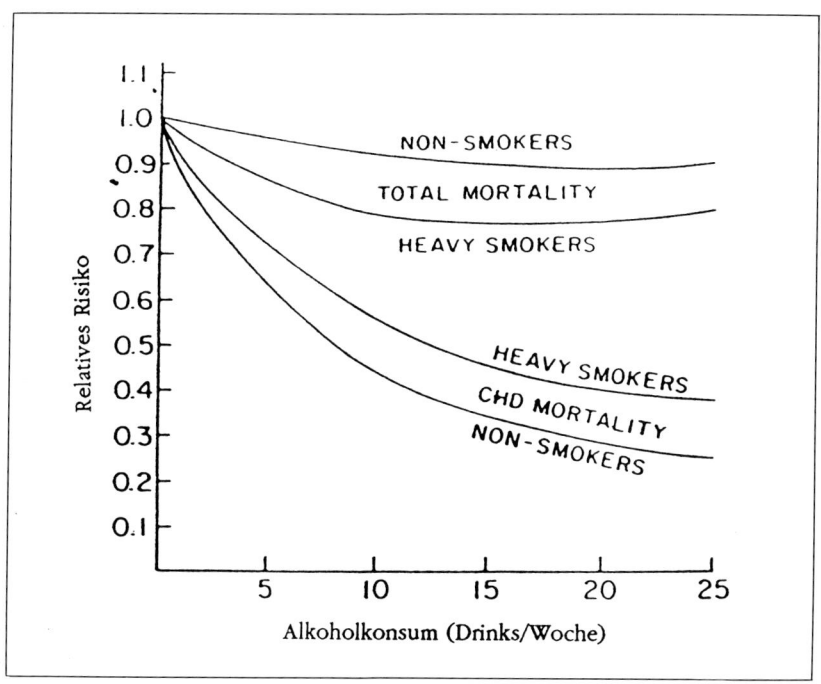

Geschätztes Sterblichkeitsrisiko infolge koronarer Herzkrankheit (CHD) und insgesamt (total mortality) in Abhängigkeit von Rauchgewohnheiten und Alkoholkonsum (Ergebnisse der Framingham-Studie über 24 Jahre) nach FRIEDMAN/KIMBALL: "Coronary heart disease mortality and alcohol consumption in Framingham", Am.J.Epidemiol. 124 (1986) 481-489

Bei einem Konsum von bis zu 1,5 Litern Wein pro Woche wurde dementsprechend eine ca. 10 Prozent höhere HDL-Fraktion gefunden als bei Abstinenzlern.

Gleichzeitig bewirkt Alkohol zwar eine vorübergehende Anhebung des Triglyceridspiegels, wodurch jedoch die LDL- und VLDL-Fraktion weniger tangiert wird.

Selbst bei sportbedingten hohen HDL-Spiegeln erfolgt bei mäßigem Weingenuß eine weitere Anhebung. In Zahlen ausgedrückt, soll Alkohol den HDL-Anteil um bis zu 100 Prozent erhöhen, den LDL-Anteil um bis zu 35 Prozent absenken.

Bei mäßigen Trinkern scheinen sich über das LDL-Cholesterin hinaus auch andere Werte, sofern vorher erhöht, zu normalisieren bzw. stabilisieren, so Blutdruck, relatives Gewicht, Zigarettenkonsum, Nüchternblutzucker, Serumtriglyceride und Serumcholesterin, vielleicht zurückzuführen neben der direkten Auswirkung durch Wein auch auf eine ingesamt ausgeglichenere Persönlichkeitsstruktur.

Zusammenfassend wird in diesem Überblick festgehalten, daß die Gesamtsterblichkeit wie die Sterblichkeit an Koronarereignissen bei mäßigen, regelmäßigen Trinkern am geringsten gefunden wird im Gegensatz zu Abstinenzlern und

Vieltrinkern/Alkoholikern (Abhängigkeit in Form einer U-Kurve). Maßvolle Trinker haben danach die höchste Lebenserwartung und die geringste kardiovaskuläre Sterblichkeit.

Auch andere Autoren betonen den hohen kardioprotektiven Effekt von maßvollem Weingenuß, welcher in einer Verschiebung des Lipidprofils, einer Plättchenaggregations-Inhibition, einer Verringerung des Thromboserisikos sowie einer Fibrinogensenkung besteht und insgesamt zu einer Abnahme des Koronarrisikos führt. In mäßigen Mengen zugeführt, neutralisiert Wein durch diese positiven Aspekte selbst einige Nachteile wie den blutdruckerhöhenden Effekt, das Schlaganfallrisiko sowie die Kardiomyopathie-Entstehung.

Bei stärkerem und überhöhtem Konsum (mehr als 30 g pro Tag) gewinnen offensichtlich die negativen Auswirkungen größere Bedeutung, überwiegen die positiven kardioprotektiven Effekte und setzen damit das Risiko von Herzerkrankungen sogar herauf (U-förmiger Kurvenverlauf).

In anderen Studien wird aufgezeigt, daß sich das Risiko von Herzattacken um bis zu 45 Prozent durch mäßigen Aethanolkonsum reduzieren läßt, daß die kardioprotektive Wirkung sich vorwiegend bei älteren Menschen einstellt, während sie bei Jüngeren kaum zu finden ist, daß sie weniger vom Alkoholtyp (Bier, Schnaps, Wein) abhängt und daß offensichtlich doch nicht nur der (weniger) protektive HDL_3-Anteil (wenn auch vorwiegend), sondern auch der (stärker kardioprotektive) HDL_2-Anteil ansteigt.

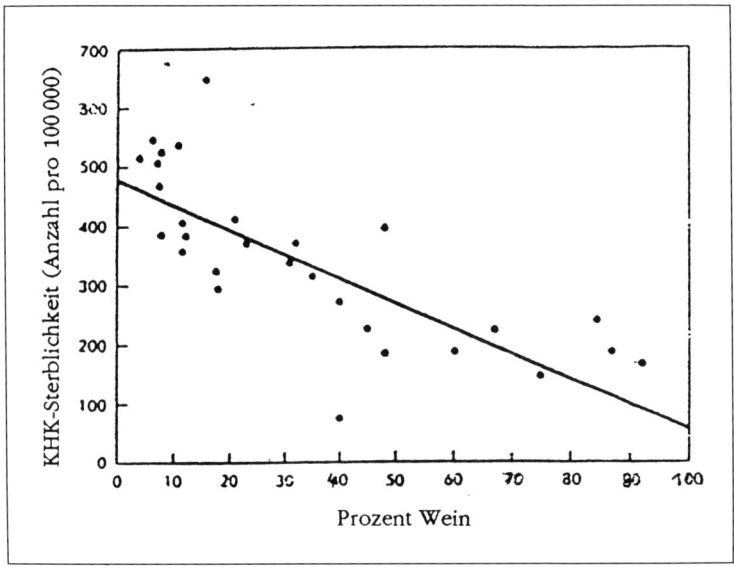

Beziehung zwischen Weinkonsum (in Prozent der gesamtzugeführten Alkoholmenge) und der Sterblichkeit an koronarer Herzkrankheit (nach NANJI, A. A.: "Alcohol and ischemic disease: Wine, beer or both?", Int.J. Cardiol. 8 (1985) 487-489

In neuerer Zeit konnte anhand der Auswertung von insgesamt über 4700 Personen (Framingham-Studie) eindrucksvoll gezeigt werden, daß die U-förmige Beziehung zwischen Akoholkonsum und Todesfällen infolge koronarer Herzkrankheit zwar für männliche Nichtraucher und schwere Raucher sowie für weibliche Raucher die tatsächlichen Verhältnisse richtig wiedergibt, daß diese Beziehung für weibliche Nichtraucher jedoch nicht gilt, womit einerseits die unterschiedliche Reaktion der Geschlechter auf Weinkonsum, andererseits auf die Interferenz zwischen Alkohol und Nikotin unterstrichen wird. Bier und gleichermaßen Wein sollen nach dieser Analyse bei Nichtrauchern bessere Effekte zeitigen als Schnaps. Nach anderen Ermittlungen (einmal Auswertung von 27 Ländern, einmal von 18 Ländern) ist die strenge und spezifische, inverse Korrelation Alkohol/koronare Todesrate allein dem Wein zuzuordnen, bei Bierkonsum ergäbe sich sogar umgekehrt eine positive Beziehung.

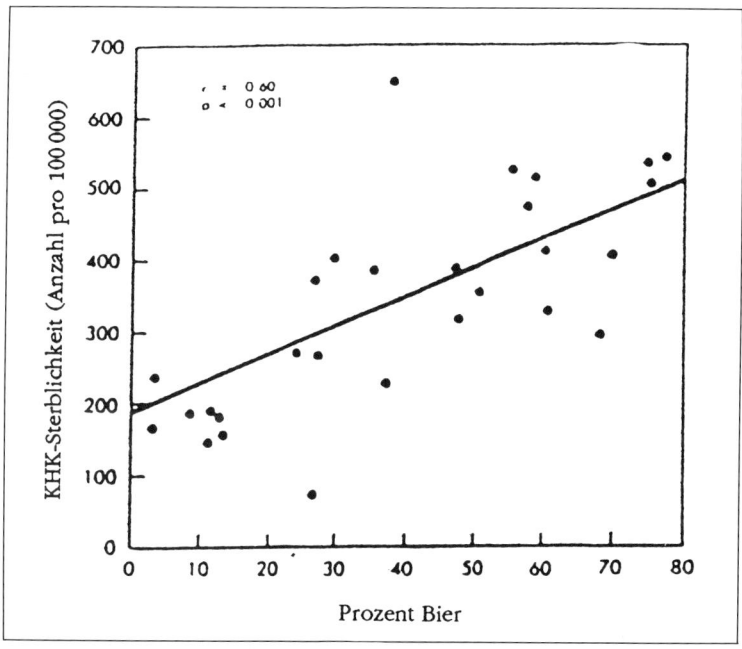

Beziehung zwischen Bierkonsum (in Prozent) der gesamtzugeführten Alkoholmenge) und der Sterblichkeit an koronarer Herzkrankheit (nach NANJI, A.A.: "Alcohol and ischemic disease: Wine, beer or both?", Int.J.Cardiol. 8 (1985) 487-489

Auch in der Kaiser-Permanente-Studie wird auf die statistisch signifikante negative Assoziation zwischen Alkoholkonsum und nachfolgender koronarer Herzkrankheit ausführlich eingegangen. Niedrige wie mäßige Mengen Alkohol, so die Quintessenz, erhöhen zwar die Herzfrequenz, das Herzzeitvolumen und eventuell den systolischen Blutdruck, wodurch sich eine Erhöhung der Herzarbeit und des Sauerstoffbedarfs ergibt, gleichzeitig kommt es aber zu einer Vasodilatation sowie zu einer mehr oder weniger starken Absenkung des peripheren

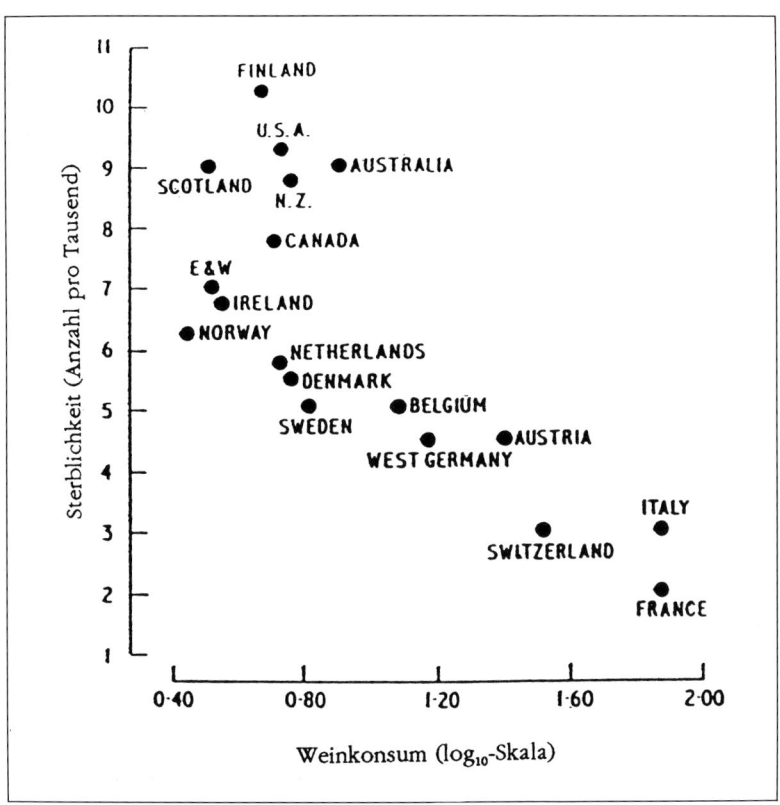

Beziehung zwischen Sterblichkeit infolge koronarer Herzkrankheit (55-64jährige Männer) und Weinkonsum (nach LEGER/COCHRANE/MOORE: "Factors associated with cardiac mortality in developed countries with particular reference to the consumption of wine", Lancet 5 (1979) 1017-1020

Gesamtwiderstandes (abhängig von einer gleichzeitig bestehenden bzw. nicht-
vorhandenen viszeralen Vasokonstriktion), so daß sich die Effekte zumindest kompensieren bzw. wahrscheinlich eine Kardioprotektion resultiert.

Bei höheren Dosen verstärkt sich demgegenüber der moykardiale Depressor-Ef-
fekt, ebenfalls bei kranken Menschen, bei chronischen Alkoholikern und bei ausge-
prägter koronarer Herzkrankheit möglich.

Ein anderer Aspekt ist in diesem Zusammenhang bisher noch wenig untersucht,
die kardioprotektiven Effekte durch antioxidative Phenolverbindungen in Rotwein.
Sie werden von einigen Autoren als Erklärung herangezogen für das sogenannte
"French paradoxon"', worunter die Tatsache verstanden wird, daß viele Franzosen
trotz eines ausgeprägt hohen Verzehrs an gesättigten Fettsäuren dennoch so selten an
koronarer Herzkrankheit (und an Krebs) erkranken. Der LDL-Anteil des Cholesterins
wird vor allem gefährlich bezüglich der Bildung von atherosklerotischen Plaques,
wenn er durch Oxidation chemisch modifiziert wird, welchen Vorgang mäßiger
Rotweingenuß verhindern hilft.

Die antioxidative Wirkung von Rotwein soll mindestens so stark sein wie diejenige des "klassischen" Antioxidans Vitamin E, wenn nicht sogar stärker. Zusätzlich entwickelt Wein eine antithrombotische Wirkung, indem es die Cyclooxigenase und die Lipoxygenase von Thrombozyten inhibiert. Somit gewinnt Rotwein durch seine antioxidativen Eigenschaften besonders im Lichte der Oxidationshypothese bezüglich der Pathogenese kardiovaskulärer Erkrankungen Interesse. Die biochemische Analyse der im Rotwein vorhandenen Substanzen ergibt eine hohe Konzentration von antioxidativen Phenolen wie Flavonoiden, Katechinen und Tanninen.

Zusammenfassend soll auf die Ausführungen von Cabot im Jahre 1904 eingegangen werden, die noch heute aktuell sind und schon damals die zeitgenössische Meinung widerlegten, daß Alkohol als Hauptursache der Atherosklerose anzusehen sei. Er konnte experimentell und epidemiologisch belegen, daß unter Alkoholikern besonders selten atherosklerotische Gefäßveränderungen zu beobachten waren (unter 50-Jährigen 6 Prozent, unter 40-Jährigen lediglich 1,4 Prozent), daß zweitens unter Atherosklerotikern nur 13 Prozent Alkoholiker zu finden waren, und daß drittens unter den autopsierten Sklerotikern 60 Prozent absolut keinen Alkohol und weitere 19 Prozent nur wenig bzw. sehr wenig Alkohol zu Lebzeiten getrunken hatten. Von den restlichen 21 Prozent (20 Alkoholiker) hatten 4 gleichzeitig eine chronische Nephritis (die zu diesem Zeitpunkt ätiologisch als wichtiger Auslösefaktor für eine Atherosklerose angesehen wurde), so daß insgesamt 16 Prozent Alkoholiker unter allen Atherosklerotikern übrigbleiben, ein insgesamt doch sehr geringer Prozentsatz. Gleichzeitig verwies Cabot auf einen Einzelfall, einen 36-jährigen Mann, der sich über 10 Jahre buchstäblich zu Tode trank und bei der Sektion völlig normale Arterien aufwies.

French Paradoxon

In allerletzter Zeit wurde aufgrund eines hochakzeptierten und aufrüttelnden Fernsehfilmes in USA mit dem gleichnamigen Titel ein Buch über das sogenannte "French paradoxon" herausgegeben, welches zusammenfassend nochmals alle Wirkungen und Erklärungen der kardioprotektiven Eigenschaften von Rotwein verbalisiert. Widersprüchlich war lange Zeit gewesen, daß Franzosen einerseits ein geringes Risiko zur Entwicklung einer ischämischen Herzkrankheit aufweisen, andererseits eine stark atherogene Kost mit vielen gesättigten Fettsäuren bevorzugen. Als Bindeglied fungiert offensichtlich der in Frankreich beliebte und vielkonsumierte Rotwein, welcher nicht nur die atherogenen Effekte der üblichen Kost neutralisiert, sondern darüberhinaus zu einer starken Kardioprotektion führt.

Bei Berücksichtigung einer Beschränkung des Konsums auf etwa 200 - 350 ml Wein entsprechend 25 g reinem Alkohol täglich werden die möglichen Nachteile bezüglich Leber und Krebs minimiert bei hochsignifikanter Verringerung des kardiovaskulären Risikos. Von allen Alkoholika zeigt Rotwein den stärksten kardioprotektiven Effekt, besonders wenn er zum Essen, vor allem zu Fleisch getrunken wird, indem so seine Absorption verringert wird und dadurch eine über lange Zeit gleichbleibende Konzentration im Blut sich einstellt.

Dem Inhaltsstoff Resveratrol scheint dabei besondere Bedeutung beizukommen, wie sich auch aus der Tatsache ergibt, daß diese Substanz in der traditionellen chinesischen Medizin gegen Atherosklerose eingesetzt wird. Resveratrol ist vor allem in den Schalen der Trauben enthalten, weshalb auch Rotwein die höheren Konzentrationen aufweist. Während der Fermentation verringert sich sein Gehalt.

Während bei hohem Konsum die negative Beeinflussung mentaler Funktionen, der Koordinationsverlust, die Urteilseinschränkung, eine zunehmende Unbeholfenheit, eine Abnahme der Kontrollfunktion, Leberkrankheiten, Kehlkopfkrebs, Kardiomyopathien, Rhythmusstörungen und Schlaganfallrisiko im Vordergrund stehen, löst mäßiger Weinkonsum in aller Regel überwiegend positive Adaptationen aus, so Vasodilatation, Herabsetzung des Gefäßmuskeltonus, HDL-Anstieg, Abnahme der Plättchenaggregation. Insgesamt kommt es zu einer 20- bis 40-prozentigen Abnahme des Myokardinfarkt-Risikos, während sich die Gesamtmortalität um 10 bis 20 Prozent verringert.

Respirationstrakt

Wider den schweren Athem und Keichen

"So man die Loorbeern kleine stößet mit Honig und süßem Wein vermischet und eine weiche Latwerge daraus machet, solche eingenommen hilft wider den kurtzen und schweren Athem und wider alle Flüsse, so in die Lunge fallen. Man mag auch Feigen alleine in Rheinwein sieden und darvon trinken. Auch Cypressenüß kleine gestoßen und mit Wein getruncken sind gut wider den schwerlichen Athem und Husten. Wider den alten Husten, kurtzen und schweren Athem sind auch gut Gamanderle, Cardobenedikten, Frawenhaar, Adianthum und Capillus Veneris genannt, deutsch: Beerenklawkraut und Wurzel in Wein gesotten und getruncken, reumet die dicken, phlegmatischen Feuchtigkeiten und den Köder von der Brust und Lunge."

Johannes Wittichius

Anatomie und Physiologie

Der Respirationstrakt dient der Aufnahme des lebenswichtigen Sauerstoffs und der Abgabe von Kohlendioxid.

Als Organe der Atmung gelten die zuführenden Atemwege (Nase, Mundhöhle, Trachea, Bronchien, Bronchiolen) und die Lungen mit ihren etwa 300 Millionen Alveolen, den eigentlichen Austauschorganen der Atemgase.

Aufgabe der Atmungsregulation ist es, in Ruhe und bei Belastung die Ventilationsgröße der jeweiligen Stoffwechsellage optimal anzupassen und dabei den O_2- und CO_2-Partialdruck sowie den pH-Wert des arteriellen Blutes auf einem bestimmten Sollwert zu halten. Atemtiefe und Atemfrequenz müssen dabei so aufeinander abgestimmt werden, daß die Atmungsarbeit unter möglichst ökonomischen Bedingungen erfolgt.

Wein und Atmung

Nur ein kleiner Teil - maximal 2 bis 10 Prozent - des Gesamtalkohols wird über die Atmung ausgeschieden, der größte Teil wird in der Leber verstoffwechselt.

Wein führt zu einer deutlichen Vertiefung und Beschleunigung der Atmung, erkennbar an einer zunehmenden Erniedrigung der alveolären CO_2-Spannung (respiratorische Alkalose). Am ehesten hängt dies mit einer Beeinträchtigung der willkürlichen ökonomischen Regulation der Atemtiefe unter Alkohol zusammen, welche eine mehr oder weniger unkontrollierte Funktion des vegetativen Zentrums, ähnlich wie im Schlaf, induziert.

Zusätzlich regt Weinkonsum die Blutzirkulation an, erhöht die Perfusion, steigert die Wärmeproduktion und mobilisiert Abwehrkräfte.

Unter Aethanol kommt es zu einer Vasodilatation, indem unter seinem Einfluß vom arteriellen Gefäßwandendothel verstärkt NO (Stickstoffmonoxid) und Prostaglandin produziert werden, welche beiden Substanzen auf die glatte Gefäßwandmuskulatur detonisierend (entspannend) wirken und zusätzlich zu einer Herabsetzung der Thrombozytenadhäsion und -aggregation führen. Im weiteren Gefolge stellt sich auch eine venöse Relaxation ein.

Wein und Abwehr

Wein wird in der Volksmedizin seit jeher als probates Vorbeugemittel gegen bestimmte Erkältungskrankheiten wie Schnupfen, Husten und grippale Infekte angesehen, mitunter ist sein Einsatz auch therapeutisch wirksam.

Dies scheint um so eher möglich, da bakterizide und viruzide Eigenschaften des Weins auch wissenschaftlich bestätigt werden konnten. Allerdings ist jeder Zweifel ausgeschlossen, daß der Konsum größerer Mengen Alkohol in aller Regel durch eine Schwächung des Immunsystems das Gegenteil bewirkt, indem die körpereigenen Abwehrkräfte stark herabgesetzt werden.

Krankheiten

Wein erfreut sich eines anerkannten Stellenwertes bei Erkältungskrankheiten. Durch seine vielfachen positiven Auswirkungen auf die Atemorgane und Zirkulation soll er selbst Pneumonien verhindern können. Vielfach wird sein Einsatz bei Bronchitis, Bonchopneumonie und Grippe propagiert, wobei die Verabreichung von Weißwein mehr empfohlen wird als Rotweingaben. Auch bei Asthma kann sein Einsatz wegen der krampflösenden Wirkung günstig sein.

Stoffwechsel

Lipoproteine

Blutreinigung

*Zum Blutreinigungszweck neme man nach geschehenem Aderlaß Trau-
ben-Kropf oder wilde Raute, junge Hopffendulden, Holunderdulden oder
zarte, junge Ochsenzungenbletterlein, stoße sie zusammen in einem Mörsel
und zwinge durch eyn subtil Tüchlein darauß den Safft, mische dazu den
Molken von jungen Kühen oder Zicklein. Solcher Blutreinigungstranck
eröffnet alle innerliche Verstopfftung, zertheilet und treibet durch den
Stuelgang und Harm auß die verbrannte Gall und Melancholey, auch
andere böse und schnöde Feuchtigkeiten des Geblüths, so sonsten der
Mensch müßte aussiechen.*

J. Wittichius

Anatomie und Physiologie

Für die Ätiopathogenese der Atherosklerose ist ein erhöhter Lipidblutspiegel,
insbesondere ein Cholesteringehalt über 200 mg/100 ml fraglos ein bedeutender
Risikofaktor. Ein allgemein akzeptierter Ansatzpunkt für die Prophylaxe sowie in
gewissem Umfang auch für die Therapie atherosklerotisch bedingter Krankheiten
und ihrer Folgen stellt eine Absenkung erhöhter Plasmalipidspiegel dar.

Zu den Plasmalipiden werden Neutralfette (oder Triglyceride), Phospolipide,
Cholesterin, Cholesterinester und freie Fettsäuren gerechnet. Im Blut werden sie -
selbst wasserunlöslich - als Lipoproteine (d.h. an bestimmte Eiweißstoffe, die Apolipoproteine oder auch Apoproteine A, B, C, D gebunden) transportiert.

Die Lipoproteine selbst werden aufgrund ihres unterschiedlichen Verhaltens unterteilt in Chylomikronen, Very-low-density-Lipoproteine (VLDL), Low-density-Li-
poproteine (LDL) und High-density-Lipoproteine (HDL).

Chylomikronen entstehen ständig bei der Resorption von Fetten aus dem Darm
in der Darmwand, gelangen über die Lymphe ins Blut und geben nach Spaltung der
in ihnen enthaltenen Triglyceride durch die Lipoproteinlipase Fettsäuren an das
Fettgewebe (zur Speicherung) bzw. an die Muskulatur (zur Verstoffwechselung und
Energiegewinnung) ab. Die verbleibenden Überreste mit einem hohen Gehalt an
Cholesterinestern werden an einen leberspezifischen Rezeptor gebunden und auf
diesem Wege in die einzelnen Leberzellen eingeschleust. Hier erfolgt einerseits die
Umwandlung in Gallensäuren, andererseits die Synthese zu VLDL, zusammen mit
Apoproteinen, Phospholipiden und Triglyceriden, welches wieder in den Kreislauf
abgegeben wird. Auch von den VLDL nimmt - ähnlich wie bei den Chylomikronen -

das Fett- und Muskelgewebe die durch die Lipoproteinlipase abgespaltenen Fettsäuren auf. Der Rest (sogenannte Intermediate-density-Lipoproteine IDL) bindet sich wieder direkt oder über den Umweg LDL an die Leber- oder andere Körperzellen, wird intrazellulär enzymatisch abgebaut und gibt dadurch Cholesterin frei, welches die weitere Neusynthese von Cholesterin hemmt und gleichzeitig die Bildung von Cholesterinestern stimuliert, so daß auf diese Weise der Cholesterinstoffwechsel gesteuert wird. HDL, gebildet aus Chylomikronen in der Leber, können Cholesterin aus den Körperzellen und dem Blut abfangen und dieses nach Veresterung wieder in den VLDL-/LDL-Kreislauf einschleusen.

Wein und Lipidstoffwechsel

Mit den Auswirkungen des Alkoholkonsums auf den Lipidstoffwechsel haben sich viele Forschergruppen beschäftigt.

Bereits 1982 wurde eine starke alkoholinduzierte Aktivitätssteigerung der Plasma-Lipoprotein-Lipase wie der hepatischen Lipoprotein-Lipase gefunden, welche sich nach einwöchiger Abstinenz wieder völlig normalisierten. Diese Aktivitätssteigerung wäre verantwortlich für die HDL-Zunahme, hauptsächlich bedingt durch den Anstieg des HDL_2-Anteils. Im Vergleich zu abstinenten Personen wurden bei Alkoholikern die HDL-Werte durchschnittlich um 54 Prozent erhöht gefunden, wobei der HDL_2-Anteil stärker tangiert war (63 Prozent) als der HDL_3-Anteil (20 Prozent). Eine Woche nach Alkoholentzug lagen die Werte wieder im Normbereich.

1988 wurde eine Studie über die Auswirkungen von chronischem Alkoholabusus veröffentlicht. Erhöhte Serumwerte von Lipidperoxiden (im Zusammenhang mit einer Erhöhung von VLDL und LDL) würden sich einstellen, die insgesamt eine wichtige Rolle in der Pathogenese der koronaren Herzkrankheit und der Atherosklerose spielen. Es ergäben sich zytotoxische Effekte für Zellen und Gewebe, welche atheromatöse Plaques im Endothel initiieren und aufrechterhalten. Sie wären auch primär verantwortlich für die Entwicklung einer Fettleber und dadurch bedingte Folgeschäden. Die Wirkung von Acetaldehyd zeigte sich gegenüber Aethanol zusätzlich verstärkt.

Eine andere Untersuchung derselben Zeit beschäftigt sich mit den gegenläufigen Effekten von hohem chronischem Alkoholkonsum einerseits und Omega-Drei-Fettsäuren (Fischöl) andererseits auf den Lipidstatus. Während Aethanol im Übermaß zu einer Erhöhung von Cholesterin und Triglyceriden im Blut führt, bewirkt Fischöl deren Absenkung. Auch in der Leber führt Alkoholabusus zu ihrer Erhöhung, Fischöl senkt deren Cholesteringehalt, während die Triglyceride unbeeinflußt bleiben. Gleichzeitig verabreicht führt Fischöl zu einer Blockade der alkoholinduzierten Anstiege, so daß sein Verzehr nicht nur zur Vorbeugung, sondern auch zur Behebung vieler alkoholinduzierter Lipid- und Lipoprotein-Anormalitäten geeignet erscheint. Fischöl-Verzehr reduziert bei Alkoholikern den Cholesterinspiegel durchschnittlich um 29 Prozent, den Tiglyceridspiegel um 30 Prozent innerhalb von zwei Wochen und erhöht den Plasma-Apolipoprotein A-1-Spiegel.

In einer neueren Studie ergab sich bei starkem Alkoholkonsum über ein Jahr eine deutliche Abnahme des Gesamtcholesterinspiegels, während der HDL-Anteil anstieg, zurückführbar auf eine Erhöhung sowohl der HDL_2-Fraktion (58 Prozent im Durchschnitt gegenüber einer Kontrollpopulation) als auch der HDL_3-Fraktion (entsprechend 29 Prozent). Aufgeschlüsselt nach Altersgruppen war die Zunahme sowohl von HDL_2 (110 Prozent) als auch HDL_3 (38 Prozent) für die 31- bis 40-Jährigen am höchsten, während sie für die Jüngeren (HDL_2: 20 Prozent für die 21- bis 30-Jährigen) als auch für die Älteren (HDL_2: 20 Prozent für die 61- bis 70-Jährigen) wesentlich geringer ausfiel.

In der erhöhten Phospolipid-Fraktion von Alkoholisierten fand sich ein stark verminderter Gehalt an Arachidonsäure, in den ebenfalls vermehrten Triglyceriden ein solcher von Linol- und Linolensäure, eventuell der Hauptgrund für die elektrophysiologischen und funktionellen Störungen des linken Ventrikels bei alkoholischer Kardiomyopathie.

Auch bei mäßigen Trinkern - so das Ergebnis einer neueren Studie - sind positive wie negative alkoholinduzierte Effekte auf den Lipidstoffwechsel zu erwarten. So komme es zwar zu einem signifikanten Anstieg der kardioprotektiven HDL, Apo A-1-Fraktion, des HDL_2-(stärker) und des HDL_3-Anteils (geringer). Gleichzeitig nehmen aber auch die atherogenen Lipide, Triglyceride, VLDL, LDL, und Apolipoprotein B, zu.

Andere Wissenschaftler unterstützen die Meinung, daß der alkoholbedingte HDL-Zuwachs etwa 50 Prozent des Gesamtschutzes bei der Vermeidung von koronaren Herzkrankheiten ausmache, während die restliche Hälfte auf die positiven Wirkungen einer veränderten Hämostase zurückzuführen sei. Alkoholkonsum erhöhe zusätzlich die Spiegel von Apo A-1 und Apo A-2, welche mit einer Zunahme von HDL und Verringerung des KHK-Risikos korrelieren. Die kardioprotektive alkoholbedingte LDL-Abnahme müsse notwendigerweise mit einer simultanen Blutdruckerhöhung korreliert werden, welche Effekte sich nahezu neutralisieren. Die Annahme, daß Alkohol "nur" die HDL_3-Fraktion erhöhe, während als kardioprotektive Substanz ausschließlich die HDL_2-Fraktion wirksam werde, müsse korrigiert werden. Einerseits wirke auch HDL_3 kardioprotektiv, andererseits komme es auch zu einem HDL_2-Anstieg.

Mit den negativen Effekten längerfristiger hoher Alkoholzufuhren beschäftigen sich einige aktuelle Studien. Während moderater Alkoholkonsum vorwiegend zu einem antiatherogenen Lipoprotein-Profil führe, sei aufgrund höherer Zufuhren sowohl mit einer Zunahme des koronarprotektiven HDL-Profils als auch des atherogenen LDL-Profils zu rechnen. Mit zunehmender Alkoholzufuhr steigt zunächst der Gesamtcholeseringehalt (aufgrund der HDL-Erhöhung) an, bei höherer und längerer Dosierung vermehrt sich auch die LDL-Fraktion. Parallel dazu verhalten sich die Apolipoprotein A-1-Fraktion (HDL zugeordnet) und die Apo B-Fraktion (LDL-assoziiert). Während die Plasma-Lipoprotein-Lipase durch Alkohol weniger tangiert wird, erhöht er die hepatische Triglycerid-Lipase-Aktivität sehr stark, zumindest bei höherer Zufuhr, während die Plasma-Lezithin-Colesterin-Acyltransferase-Aktivität erst in hohen Konzentrationen abnimmt.

Metabolisch wird unter konzentriertem Alkoholeinfluß weniger die Syntheserate von Apo A-1 und Apo B verändert, sondern vielmehr deren Abbau herabgesetzt, wobei Veränderungen des Leberstoffwechsels als Basis für die verzögerte Lipopro-tein-Clearance und die erhöhten Apolipoprotein-Spiegel diskutiert werden.

Zur unterschiedlichen Wirkung einzelner Alkoholika findet sich lediglich ein Hinweis, daß Rotweine mit ihrem relativ hohen Phenolgehalt die kupferkatalysierte Oxidation von LDL (Lipidperoxidation) in besonderer Weise verhindere und diesbe-züglich sogar stärkere Effekte als das allgemein hoch eingeschätzte Antioxidans Vitamin E entwickele.

Zusammenfassung

Wie für andere Parameter läßt sich aus allen bisher vorliegenden Untersu-chungen der eindeutige Schluß ziehen, daß vor allem die Alkoholmenge bestimmt, ob sich positive oder negative Effekte auf den Lipidmetabolismus einstellen.

Mäßiger Konsum bewirkt eine Erhöhung der kardioprotektiven HDL und Apo A-1/Apo A-2, eine Erniedrigung der atherogenen VLDL und LDL sowie der Apo B.

Bei hohem, unmäßigem Konsum über längere Zeit kommt es neben den auch unter diesen Umständen weiterbestehenden kardioprotektiven Effekten auf HDL zu einer Umkehr der Wirkung auf LDL und Apo B, indem diese sich erhöhen und sich zusätzlich ein Anstieg des Gesamtcholesterins einstellt, so daß die kardiopro-tektiven Eigenschaften neutralisiert werden, wenn die atherogenen Effekte nicht sogar überwiegen.

Unter der HDL-Fraktion wirkt nicht nur der auf Alkohol geringer reagierende HDL_3-Anteil kardioprotektiv, sondern ebenfalls (wenn auch in schwächerem Maße) der auf Alkohol stärker ansprechende HDL_2-Anteil.

Unter allen Alkoholika scheint Rotwein aufgrund seines hohen Phenolgehaltes am stärksten auf eine Inhibition der LDL-abhängigen Lipidperoxidation ein-zuwirken.

Die atherogenen Auswirkungen hoher Alkoholzufuhren lassen sich offen-sichtlich durch eine antiatherogene Ernährungsweise (Fischöle beispielsweise) weitgehend kompensieren.

Nach Alkoholabstinenz scheinen sich - bei mäßigem wie übermäßigem Kon-sum - die entsprechenden Adaptationen schon bald zurückzubilden bis zu den Ausgangswerten. Betroffen davon sind die positiven kardioprotektiven wie nega-tiven atherogenen Effekte.

Kohlenhydrate

Leberstärkung

Rosmarin in Wein oder Wasser gesotten thut der schwachen
Leber wol zu morgens frühe getruncken. Auch Kramerneglein
gessen oder warm im Wein getruncken stercken die Leber.
Item deutscher Beerenklaw in Wein oder Wasser gesotten
und getruncken ist gut den Lebersüchtigen.

J. Wittichius

Anatomie und Physiologie

Nach der Verdauung und Absorption kann die Glukose entweder direkt metabolisiert, temporär als Glykogen gespeichert oder zur Fettsynthese verwendet werden.

Die direkte Verwertung ist in allen Zellen möglich. Vor allem das Gehirn und die Erythrozyten sind ständig auf Glukose zur Funktionserhaltung angewiesen. Die Speicherkapazität des Körpers für Kohlenhydrate ist unter normalen Bedingungen gering (300 bis maximal 700 Gramm) und vorwiegend auf die Muskulatur und die Leber beschränkt. Aus Muskelglykogen kann, auch ohne Sauerstoff, sehr schnell Energie gewonnen werden, unter anaeroben Verhältnissen fällt Laktat an, welches - bei Zufuhr von Sauerstoff - weiter metabolisiert oder in die Leber zum erneuten Aufbau von Glukose bzw. Glykogen transportiert wird.

Übersteigt die Zufuhr den Bedarf, wird der Überschuß in Fett umgewandelt und als Depotfett gespeichert. Aber auch ohne Überschußzufuhr wird ein großer Teil der zugeführten Kohlenhydrate in Fett umgewandelt (normale Umwandlungsrate von Glukose in Glykogen bzw. Fett wie 1:10).

Die normale Blutglukosekonzentration beträgt nüchtern 80 bis 100 mg/100 ml und postprandial bis zu 130 mg/100ml und mehr. Ein Wert von 180 mg/100 ml wird selten überschritten, da vorher vermehrt Glukose mit dem Urin ausgeschieden wird. Unter physiologischen Bedingungen sinkt die Blutglukosekonzentration innerhalb von zwei Stunden wieder auf das Nüchternniveau ab.

Der Glukosegehalt im Blut bleibt - auch nach Fasten - in ausreichender Höhe bestehen, um vor allem die Aktivitäten und Funktionen des Gehirns zu gewährleisten, möglich vor allem über die Gluconeogenese.

Die Aufrechterhaltung des Blutglukosespiegels unterliegt den Wirkungen mehrerer Hormone. Das wichtigste (Insulin) bewirkt eine Konzentrationsabnahme im Blut. Die Insulinproduktion im Pankreas und seine Freisetzung wird unter physiologischen Bedingungen vor allem durch die Kohlenhydrataufnahme sowie bestimmte

Aminosäuren reguliert. Obwohl letztere die Insulinausschüttung stimulieren, erfolgt bei Kohlenhydratmangel dennoch keine Absenkung der Blutglukosekonzentration, da dieser durch die kohlenhydratmangel-bedingte, vermehrt einsetzende Glucagonausschüttung entsprechend entgegengewirkt wird.

Adrenalin bewirkt die Freisetzung von Glukose aus Glykogen sowie von freien Fettsäuren aus dem Depotfett. Glucagon führt zu einem Abbau des Leberglykogens in Glukose. Cortisol greift fördernd in die Gluconeogenese ein, ebenso bewirkt das Wachstumshormon einen Anstieg der Blutglukosekonzentration.

Bei Blutglukosewerten unter 80 mg/100 ml spricht man von Hypoglykämie, bei solchen über 180 mg/100 ml von Hyperglykämie. Sie kommen auch unter physiologischen Bedingungen vor und können über unterschiedliche Mechanismen ausgeglichen werden.

Weitere, ernährungsphysiologisch wichtige Effekte von Kohlenhydraten sind deren proteinsparende Wirkung (bei genügender KH-Zufuhr kann auf die Energiegewinnung aus Eiweiß verzichtet werden), ihre antiketogene Wirkung (starke Gewichtsabnahmen bei Bevorzugung von Fett und Eiweiß unter Aussparung von Kohlenhydraten, jedoch geringere Lipogenese, Lipolyse und Reveresterung mit der Folge einer gesteigerten Ketonkörperbiosynthese und damit einer erhöhten Gefahr von Atherosklerose, Hyperurikämie und Nierenschädigung) und ihre antiatherogene Wirkung (kohlenhydratinduzierte Hypertriglyceridämie in aller Regel vorübergehende Erscheinung).

Wein und Glukosestoffwechsel

Seit über 100 Jahren wird beobachtet, daß Alkohol unter bestimmten Umständen den Plasmaglukosespiegel absenken kann, bei Normalpersonen wie Diabetikern. Die umgekehrte Reaktion ist allerdings auch möglich, abhängig offenbar von der Art des zugeführten Alkoholikums, von der Menge und der gleichzeitig eingenommenen festen Nahrung sowie deren Zusammensetzung. Genetische Unterschiede sollen eine zusätzliche Rolle spielen.

Ebenso wirkt das Alter auf die alkoholbedingte Änderung des Glukosemetabolismus ein. So soll Alkohol bei jüngeren Menschen zwar auch eine akute Insulinresistenz hervorrufen können, die jedoch durch eine Verstärkung der Insulinausschüttung kompensiert würde, so daß dadurch eine verschlechterte Glukosetoleranz vermieden werde. Bei älteren Menschen zeige sich dagegen die Insulinresistenz einerseits verstärkt, andererseits wäre die Möglichkeit einer zusätzlichen Insulinausschüttung herabgesetzt. Folge wäre eine verringerte Glukosetolerenz bei Alkoholkonsum. Somit ergäbe sich bei älteren Menschen nach (stärkerer) Alkoholzufuhr eine höhere Blutglukosekonzentration sowie eine geringere Glukosetoleranz bei etwa gleichen Insulinspiegeln. Alkohol verringert bei ihnen auch die insulinstimulierte Glukoseaufnahme in die Zelle, ihre Oxidation daselbst sowie die Kapazität ihrer intrazellulären Speicherung.

Der diabetogene Effekt von Alkohol verstärkt sich bei älteren Menschen, bei ausgiebigem Genuß über längere Zeiträume wurde gar die Entwicklung eines Diabetes beschrieben. Alkohol entwickelt Anti-Insulin-Effekte, besonders in der Muskulatur.

Auch neuere Arbeiten berichten über die Möglichkeit einer Diabetes-Entwicklung und einer zunehmenden Glukoseintoleranz bei entsprechendem, hohem Alkoholkonsum über lange Zeit, welche sich bei Frauen häufiger als bei Männern finden lasse.

Bei schweren alkoholischen Exzessen wurde immer wieder die verstärkte Neigung zu Glykosurien beschrieben. Zur Erklärung wird eine gesteigerte Durchlässigkeit der Niere, die sogenannte Tubulusdiarrhoe, angeführt. Während in früheren Zeiten bei vorhandener Glykosurie die tägliche Zufuhr von ein bis zwei Litern Wein empfohlen wurde, auch in Abhängigkeit vom Ausfall der Kohlenhydrate in der Nahrung, ist dieser Rat heute - bei genauerer Kenntnis der pathophysiologischen Zusammenhänge - geradezu obsolet.

Als überwiegende Auffassung kann festgehalten werden, daß ein diabetogener Effekt von Alkohol zwar oft beschrieben, aber nie exakt und nachvollziehbar erklärt wurde. Insulinresistenzen akuter Art kommen vor, allerdings nicht immer, wobei vor allem ein Zusammenhang mit der gleichzeitig zugeführten Ernährung postuliert wird.

Bei Personen, welche fasten bzw. deren Glykogenspeicher entleert sind, ist nach Alkoholkonsum mit mäßigen bis schweren Hypoglykämien zu rechnen. Ursächlich dürfte eine Verminderung der hepatischen Glukoseproduktion durch Inhibition der Gluconeogenese dafür verantwortlich sein. Bei normaler Ernährungssituation bleiben die Verhältnisse insgesamt unklar, verringerte/erhöhte und unveränderte Glukosetoleranzen wurden beschrieben. Bei latenten Diabetikern wurden allerdings Diabetes-Manifestationen beobachtet, welche sich nach Alkoholentzug wieder besserten.

Quantitative Aspekte

Daß hohe Alkoholmengen über lange Zeit den Glukosemetabolismus tangieren, ist hinreichend genau belegt. Insulinresistenzen, Glukoseintoleranzen, Hypo- und Hyperglykämien, Hyperinsulinämien und Glykosurien wurden als mögliche Folgen herausgearbeitet.

Wie liegen jedoch die Verhältnisse bei mäßigem Konsum? Wenn sich insgesamt auch wenige Arbeiten mit dieser Frage beschäftigen, scheinen die Ergebnisse dennoch eindeutig.

Mäßiger, auch regelmäßiger Konsum entwickelt danach keine diabetogenen Effekte, besonders wenn eine normale Essenszufuhr berücksichtigt wird, wenn keine stärkeren Gewichtsanomalien vorliegen und wenn eine regelmäßige körperliche Ertüchtigung stattfindet.

Bei mäßigem Konsum ergibt sich keine nennenswerte Beeinflussung der Blutglukosekonzentration sowie der Nierendurchlässigkeit für Glukose (Glykosurie). **Die Insulinspiegel werden bei etwa 20 g Alkohol pro Tag besonders niedrig gefunden, die Beziehung zwischen Insulinspiegel und Alkoholkonsum zeigt einen U-förmigen Verlauf (bei Nichttrinkern/Abstinenzlern und Vieltrinkern/Alkoholikern höhere Insulinspiegel als bei Wenigtrinkern).**

Bei Vieltrinkern sind die Einflüsse auf die Glukosekonzentration viel größer als bei mäßigen Trinkern, sowohl in Richtung Hyperglykämie wie auch Hypoglykämie. Bei Wenigtrinkern (sowohl Männern als Frauen) ist der Abfall des Glukosespiegels nach Alkoholzufuhr beispielsweise gering, nicht signifikant, im Gegensatz zu Vieltrinkern.

Vieltrinker reagieren sensibler und stärker auf Alkohol mit einer Glukoseerniedrigung, wobei als Grund eventuell auch eine langsamere Absorption aus dem Magen-Darm-Kanal zu diskutieren wäre.

Proteine

Eine starcke Purgation

Schwartze Nießwurtz oder Christwurtz in weißem Wein
purgiret und treibet durch den Leib allerley
Feuchtigkeiten. Insonderheit aber die Gallen und
zähen Schleim. Sol aber denen fürnemblichen geben
werden, die mit der fallenden Sucht beladen sind.
Item die mit schwerer oder unnatürlicher Fantasey
oder Melancholey umbgeben. Item die mit Podagra,
Krampff, Feber, Quartan, Wassersucht und Aussatz
oder Frantzosen beladen.

J. Wittichius

Anatomie und Physiologie

Proteine stellen im Gegensatz zu Fetten und Kohlenhydraten keine wichtige Energiequelle dar. Ihre Hauptaufgabe besteht im Aufbau und in der Erneuerung körpereigener Eiweißstoffe aus Aminosäuren, auch essentiellen Aminosäuren.

Leber und Nieren sind die Hauptorgane des Proteinstoffwechsels. Hier erfolgen die drei wichtigsten metabolischen Reaktionen, an denen Proteine beteiligt sind. Gemeint ist der Abbau von Gewebeproteinen und die Einschleusung dabei freigewordener Aminosäuren in den "Aminosäurenpool", wo sie zur Wiederverwendung zur Verfügung stehen. Ein anderer Teil wird weiter abgebaut zur Energiegewinnung bzw. zur Umwandlung von Glykogen und Fett, wobei die freiwerdende NH_2-Gruppe zur Harnstoffsynthese verwendet wird. Und drittens wird ein Teil der aus Protein feigesetzten Aminosäuren herangezogen zur Synthese neuer N-haltiger Verbindungen wie Purinbasen, Adrenalin und Kreatin, wovon ein Teil weiter abgebaut wird zu charakteristischen Ausscheidungsprodukten, beispielsweise Harnsäure, Kreatinin und Vanillinmandelsäure. Letztlich werden bestimmte nicht-essentielle Aminosäuren synthetisiert.

Die im Körper gespeicherte Proteinmenge ist nicht konstant, da sie weitgehend von der Proteinzufuhr abhängig ist. Erfolgt nach proteinreicher Ernährung eine Unterversorgung, stellt sich die Stickstoffausscheidung langsam auf das neue Niveau ein und umgekehrt. Faktoren, welche die Stickstoffausscheidung zusätzlich beeinflussen, sind Wachstum, Verletzung, Streß und körperliche Tätigkeit, einhergehend mit einer negativen Stickstoffbilanz (Ausscheidung höher als Zufuhr).

Als Gicht wird die Krankheitsmanifestation einer Hyperurikämie, d.h. einer Erhöhung des Blutharnsäurespiegels über 50 bis maximal 65 mg/Liter bezeichnet. Sie stellt eine chronisch verlaufende, erbliche Störung des Purinstoffwechsels mit einer Erhöhung des Harnsäurepools im Körper sowie Ausfall und Ablagerung von Harnsäure in mesenchymalen Geweben sowie rezidivierender, schließlich chronisch verlaufender Arthritis dar. Gestört sein kann einerseits die Bildung von Harnsäure im Intermediärstoffwechsel oder - häufiger - die renale Harnsäureausscheidung. Neben der erblichen Komponente sind exogene Faktoren wie Bewegungsmangel, hektische Lebensweise, Fehlernährung und Übergewicht bedeutsam. Betroffen sind vor allem Männer im mittleren und höheren Lebensalter. In einem hohen Prozentsatz finden sich gleichzeitig Hypertonie, Störungen im Kohlenhydratstoffwechsel, Hyperlipoproteinämien, Atherosklerose, Fettleber und Nierenschädigungen.

Wein und Proteine

Im Blut von Betrunkenen wie von Vieltrinkern findet sich meist ein stark erhöhter Harnsäurespiegel. Gichtanfälle werden besonders häufig in solchen Situationen dann ausgelöst, wenn der Alkohol konsumiert wird ohne gleichzeitige Essenszufuhr, da Nahrungsrestriktion zusätzlich zu einem Harnsäureanstieg führt. Am wenigsten bekömmlich für Hyperurikämiker scheinen Rotwein und Sekt zu sein.

Auch andere Autoren bestätigen die Erfahrung, daß Gichtanfälle nach exzessivem Alkoholkonsum möglich sind, wobei als prädestinierter Zeitpunkt die darauffolgende Nacht angegeben wird. Als pathophysiologisches Korrelat gilt der Aethanolabbau in der Leber durch das Enzym Alkoholdehydrogenase, wodurch Acetaldehyd entsteht, welcher zu einem Anstieg des Redoxpotentials und zu einer Hemmung der Glykolyse auf der Stufe der Phosphoglycerinaldehyd-Dehydrogenase-Reaktion und des Zitratzyklus führt.Als Folge entsteht vermehrt Laktat, welches die Harnsäureausscheidung hemmt und die Azidose verstärkt, wodurch wiederum die Löslichkeitsgrenze für Harnsäure herabgesetzt wird. Eventuell kommt eine gesteigerte endogene Harnsäurebildung noch zusätzlich hinzu.

Eine andere Untersuchung betont nicht nur eine bei Gichtikern vemehrte Produktion von Harnsäure, sondern ebenso die verminderte oder völlig gehemmte Ausscheidung. Aber nicht alle Gichtiker seien betroffen, es müßte eine spezifische Disposition vorhanden sein. Am günstigsten würden außerdem Weine mit einem relativ niedrigen Alkoholgehalt sowie einem optimalen Verhältnis von Mineralstoffen/Säure vertragen, welche alkalisierend wirken und die Diurese anregen.

Quantitative Aspekte

Beim Gesunden ist nach Alkoholapplikation , wenn überhaupt, höchstens mit einer um 30 Prozent erhöhten endogenen Harnsäuresynthese zu rechnen, die kaum, zumindest bei mäßigem Alkoholkonsum, zu subjektiven Beschwerden, objektiven Hyperurikämien und Gichtanfällen führen dürfte. Im Gegensatz kann bei vorbestehender Harnsäureüberladung des Blutes auch bei geringerem Konsum in Einzelfällen schon ein Anfall ausgelöst werden, indem nicht nur die Produktion erhöht, sondern auch die Ausscheidung verringert wird.

So irrig die Meinung ist, daß Weingenuß durch Öffnung der "Nierenschleuse" die Ausschwemmung der harnsauren Salze herbeiführen kann, genauso fehl ist die Auffassung, daß bei Hyperurikämie bzw. Gicht jeder Wein verboten ist und in jedem Fall eines Weingenusses ein Anfall ausgelöst wird.

Individuelle Eigenheiten, gleichzeitig vorliegende weitere Gesundheitseinschränkungen und der jeweilige Ernährungsstatus sind zu berücksichtigen. Von *Sydemham* stammt der kluge Ausspruch: "Vinum potans laborabis podagra, vinum non potans podagra laborabis."

	Harnsäure in mg pro 100 g	Harnsäure in mg pro 100 kcal (418 kJ)
Innereien		
Bries	900-1200	900
Leber	200 - 300	190
Niere	240	-200
Fleisch		
Rindfleisch		
fett	110	55
mager	130	65
Schweinefleisch		
fett	118	39
mager	130	43
Kalbfleisch		
fett	125	78
mager	190	118
Fisch		
Karpfen	150	125
Anchovis	450	280
Seezunge	127	62
Gemüse		
Spinat	70	350
Erbsen, grün	145	181
Spargel	30	150
Blumenkohl	25	80
Salat	20	100
Milch		
Milchprodukte	0	0
Brot		
Schwarzbrot	40	15
Weißbrot	5-25	5
Verschiedenes		
Reis, Nudeln Butter, Öl, Kaffee, Tee, **Wein**	0	0
Eier (pro Stück)	1	1
Bier	16	16

Puringehalt (berechnet als Harnsäure) in verschiedenen Lebensmitteln (nach ELMADFA/LEITZMANN: "Ernährung des Menschen", UTB, Ulmer-Verlag, Stuttgart 1988

Gewicht

Beim vollen Becher

Song-tsen hat sich auf Kin-hoa in
Flammen aufgelöst,
Ngan-ki ist mit seinem Erdenleib bis
zum Pong-lai emporgestiegen;
sie gewannen Unsterblichkeit in der Urväter Zeiten,
sie stiegen himmelempor, nun wohl,
aber wo sind sie geblieben?

Das Leben vergeht wie ein Blitzstrahl,
dessen Glanz kaum so lange währt,
daß man ihn sehen kann.
Wenn die Erde und der Himmel ewig
unbeweglich stehen,
wie rasch fliegt die wechselnde Zeit
über das Antlitz des Menschen.
O du, der du beim vollen Becher sitzest
und nicht trinkst,
O sage mir, auf wen wartest du noch?

Li-tai-pe

Anatomie und Physiologie

Übergewichtigkeit ist die übermäßige Vermehrung oder Bildung von Fettgewebe mit generalisierter Ablagerung und Speicherung an den verschiedenen Körperstellen. Das Verhältnis Fett zu Muskulatur bzw. die Relation von Fett- zu Muskelentwicklung ist gestört. Übergewichtigkeit ist die Folge einer gestörten Energiebilanz, Resultat eines Mißverhältnisses zwischen Kalorienzufuhr und Energieverbrauch.

Derzeit anerkannte Gewichts-Bezugsnormen sind das Normalgewicht (Körperlänge in Zentimetern minus 100) und das Idealgewicht (wünschens- bzw. anstrebenswertes Körpergewicht mit der -statistisch- höchsten Lebenerwartung), von denen die Übergewichtigkeit und die Fettsucht abgegrenzt werden.

Für eine effektive Minderung des allgemeinen Erkrankungsrisikos wie einer überhöhten Sterblichkeit sollte jegliches Übergewicht schon möglichst frühzeitig korrigiert werden, einerseits unter dem Aspekt der Gesundheitsförderung, andererseits der Krankheitsverminderung und des psychischen Wohlbefindens.

Die Gründe für Übergewichtigkeit sind multifaktoriell. Zwar scheint das Gewicht prinzipiell genetisch determiniert, gewisse Modifikationen durch Umweltbedingungen wie Nahrungsaufnahme und Energieverbrauch sind jedoch anerkannt.

Bestimmte enzymatische Mechanismen ergeben beim Übergewichtigen offen-sichtlich einen "besseren" thermodynamischen Wirkungsgrad seines biologischen Systems als beim Normalgewichtigen. Hormonelle Faktoren scheinen für die Auslö-sung von Übergewichtigkeit eine weniger wichtige Rolle zu spielen, während sie umgekehrt eine Reihe endokrinologischer Störungen nach sich ziehen kann.

Annäherungsweise haben als pathogenetisch wirksame Faktoren von Über-gewichtigkeit zu gelten mangelnde Erfahrungssammlung hinsichtlich Unter-scheidung von Appetit- und Sättigungsverhalten in der Kindheit, überschießende Nahrungszufuhr in Streßsituationen, Störungen des Sättigungsgefühls und davon abhängiger Reaktionen, übersteigerte Abhängigkeit von äußeren appetitanregenden Reizen, soziale Gegebenheiten, familiäre Traditionen, Einstellung (Selbstkontrolle zum Beispiel), Umfeld (Angebot, Werbung), genetische Faktoren (Geschlecht, Fett-zell-Eigenschaften), konstitutionelle Faktoren, körperliche Aktivität und metabo-lische Faktoren.

Zwischen allen Faktoren bestehen Wechselbeziehungen, die sich addieren, poten-zieren, verringern oder auch kompensieren können. Eine Wertigkeit der einzelnen Faktoren ist nicht gegeben, sie können sich intra- und interindividuell ganz unter-schiedlich gestalten.

Die Kontrolle der Nahrungsaufnahme spielt unwidersprochen eine herausra-gende Rolle bei der Gewichtsregulation, ebenso wie das Ausmaß körperlicher Ertüch-tigung.

Wein und Gewicht
Während einige Wissenschaftler (noch immer) an der Beobachtung festhalten, daß auch bei geringem Alkoholkonsum eine deutliche Gewichtszunahme erfolgen könne, wird in den letzten Jahren zunehmend die Meinung vertreten, daß auch chronische Alkoholzufuhr nicht a priori mit der erwarteten Gewichtszunahme aufgrund der rechnerischen Kalorienbilanz verbunden sein müsse.

Bei Ersatz der gleichen Menge Kohlenhydrate durch Alkohol stelle sich in aller Regel ein Gewichtsverlust ein, während bei Zusatz von Alkohol zu einer normalen Ernährung keine obligatorische Zunahme erfolge. Bei vorhandener Übergewichtig-keit wäre sogar mit einer weiteren alkoholinduzierten Gewichtserhöhung zu rechnen.

Das entstehende Energiedefizit kann nicht über eine verstärkte Maldigestion bzw. Malabsorption erklärt werden, sondern kommt durch die Induktion des mikrosoma-len Aethanol oxidierenden Systems (MEOS) zustande, welches Alkohol auf einem metabolischen Nebenweg ohne Energieproduktion zu oxidieren in der Lage ist. Weiter spielen ein erhöhter Sympathikotonus mit assoziierter Thermogenese-Steige-rung und eventuell eine verstärkte ATP-Bildungsstörung mit erhöhtem Purinkatabo-lismus eine wichtige zusätzliche Rolle.

In einer anderen Arbeit wird der Nebenweg der alkoholischen Oxidation ohne Energiegewinnung noch weiter herausgearbeitet. Alkohol führt danach zu einer Aktivitätssteigerung der hepatischen mikrosomalen Enzyme, insbesondere von P 450 2E1 und CYP 2E1, wodurch die metabolische Rate ansteigt und vermehrt NADPH anfällt, mit der Folge einer verstärkten, energieindifferenten Wärmeproduktion. Dieser Nebenweg ist ATP-unabhängig, welches auch nicht vermehrt gebildet wird.

Während es bei etwa 50 Prozent aller Betroffenen zu einer deutlichen Gewichtsabnahme kommt, bleibt dieser Effekt bei der anderen Hälfte aus. So ergab sich beispielsweise bei Frauen eine deutliche negative Assoziation zwischen dem Ausmaß des Alkoholkonsums und dem BMI (body mass index, Verhältnis von Körpergewicht zu Quadrat der Körperlänge, einem guten Index zur Bestimmung des relativen Gewichts). Alkoholkonsumierende Frauen waren in aller Regel leichter als nichttrinkende Kontrollpersonen. Bei Männern wurde diese Korrelation nicht bestätigt.

Von anderer Seite wird ausgeführt, daß Alkohol nicht nur eine erhöhte Kalorienzufuhr bedeute, sondern daß es darüberhinaus zusätzlich zu einer Bremsung des Fettabbaus um etwa 30 Prozent komme, während der Kohlenhydrat- und Proteinstoffwechsel nahezu unbeeinflußt bliebe. Folge der verringerten Fettoxidation wäre ein unvollständiger Abbau von Lipiden und deren Speicherung in Depots, insgesamt eine teils erhebliche Gewichtszunahme. Auslöser wäre vor allem der Alkoholmetabolit Acetaldehyd, welches zu einer verstärkten Hemmung der Lipidoxidation in peripheren Geweben führe und teilweise auch zur Liponeogenese verwendet würde. Selbst kleine Mengen Alkohol könnten unter bestimmten Umständen schon zu einer Verminderung der Lipidoxidation führen.

Andererseits wurde ebenso wissenschaftlich erarbeitet, daß es schon nach einer einzigen mäßigen Alkoholdosis zu einem Anstieg des energieneutralen Enzyms CYP 2E1 und damit zu einer alkoholbedingten Gewichtsabnahme kommen könne.

Keine befriedigende Erklärung gibt es bisher für die Tatsache, daß ein erwarteter Gewichtsverlust dann ausbleibt, wenn Alkohol zusammen mit einer sehr fettarmen Diät konsumiert wird. Jedoch dürfte eine Änderung der Energiebereitstellung maßgeblich sein, vielleicht durch eine Abkopplung der Oxidation von der Phosphorylierung in den alkoholgeschädigten Mitochondrien bewirkt.

Zusammenfassung

Alkohol kann nach den bisher vorliegenden Untersuchungen gewichtsneutral, aber auch gewichtsanhebend und - absenkend wirken, wobei nicht nur die Art des zugeführten Alkohols sowie dessen Menge und Häufigkeit Einfluß nehmen, sondern auch die Tatsache, ob gleichzeitig feste Nahrung zugeführt wird oder nicht. Weingenuß während des Essens schlägt weniger an als unabhängig vom Essen verzehrter Alkohol. Durchgegorener, natursäuerlicher Weißwein wirkt sogar verstärkt entschlackend, so daß er gerne bei entsprechenden Kuren verordnet wird.

Für die gewichtsmindernde Wirkung von Wein zeichnen bestimmte mikrosomale Enzyme in der Leber verantwortlich, welche auf einem Nebenweg Alkohol ohne Energiegewinnung oxidieren. Der gewichtserhöhende Effekt wird neben der kalorischen Mehrbelastung vor allem auf eine acetaldehyd-bedingte Abbremsung der Lipidoxidation und - im Zusammenhang damit - verstärkte Fettablagerung in die Depots rückgeführt.

Zusätzliche, genetisch fixierte Verstoffwechselungs-Eigenheiten lassen eine Selbsterfahrung geraten scheinen, wobei Zu- wie Abnahmen selbst ausgelöst werden könnten.

Passiver Bewegungsapparat

Lob der Weine

Man sagt wohl: in dem Maien
Da sind die Brünnlein g'sund -
Ich glaub's nit, bei mein Treuen,
Es schwenkt ei'm nur den Mund
Und tut im Magen schweben,
Drum will mir's auch nicht ein:
Ich lob die edlen Reben,
Die bring'n uns guten Wein.
Nun sei mir gottwillkommen,
Du edler Rebensaft!
Ich hab gar wohl vernommen,
Du bringst mir süße Kraft,
läßt mir mein Gemüt nicht sinken
Und stärkst das Herze mein -
Drum wollen wir dich trinken
Und alle fröhlich sein!

Fischart

Anatomie und Physiologie

Der passive Bewegungsapparat (oder besser das Knochen- bzw. Skelettsystem) umfaßt alle Knochen, Bänder und Gelenke, zusammenfassend Organe, die der gleichen Funktion dienen, ein Stützgerüst bilden und Bewegungen ermöglichen.

Die Knochen stellen, zusammen mit den Zähnen, die Hartgebilde unseres Körpers dar, bedingt durch die Einlagerung anorganischer Bestandteile, vor allem von Kalksalzen, in eine organische Grundsubstanz.

Den Knochen kommen drei Aufgaben zu, einerseits Gerüstwerk des Körpers, andererseits Hebel für den Ansatz von Muskeln und drittens schützende Hülle für Knochenmark, Gehirn, Sinnesorgane und innere Organe.

Die Gelenke bestehen aus den Gelenkkörpern, einer Gelenkkapsel, einer Gelenkhöhle und der Gelenkschmiere. Die Gelenkkörper sind in aller Regel von Knorpel überzogen, welcher keine Blutgefäße und Nerven enthält und über den Diffusionsweg mit den lebensnotwendigen Substraten versorgt werden muß. Die Gelenkbänder werden aus kollagenen Bindegewebsfasern, ähnlich wie die Kapseln, aufgebaut, sie bestimmen im wesentlichen das individuelle Bewegungsausmaß in den einzelnen Gelenken.

Wein und passiver Bewegungsapparat

Neuere Studien belegen, daß mäßiger Alkoholkonsum zu einem relevanten Anstieg der Knochendichte führt. So konnte bei steigendem regelmäßigem Alkoholkonsum über eine Woche eine deutliche Zunahme der Knochendichte am Femurhals (Männer) bzw. im Bereich der Wirbelsäule (Frauen) nachgewiesen werden, während Alkoholkonsum in den letzten 24 Stunden eher die Knochendichte im Radiusschaft (Männer) bzw. ebenfalls Wirbelsäule (Frauen) erhöhte.

Worauf diese Unterschiede bei mäßigem Konsum über längere bzw. kürzere Zeit wie auch in Abhängigkeit vom Geschlecht zurückzuführen sind, bleibt vorerst unklar. Die Tatsache einer Zunahme der Knochendichte bei mäßigem Alkoholkonsum scheint allerdings gesichert.

Gleichzeitig wird betont, daß chronische Alkoholiker (hoher Konsum über lange Zeit) zu einer Häufung von Frakturen neigen. Hierfür wird allerdings in einer ersten Vermutung weniger eine aethanolbedingte Osteoporose, sondern vielmehr eine Mangelernährung verantwortlich gemacht. Gleichzeitig weist der Autor auf die erhöhte Unfallgefahr hin.

Krankheiten

Aus Frankreich kommt die Nachricht, daß verschiedene Weinsorten bei rheumatichen Krankheiten gute Erfolge zeitigen können. Ausgangspunkt für die statistischen Erhebungen war die Tatsache, daß in Gegenden, wo Männer einen eindeutigen Mehrverbrauch an Wein aufzeigen, diese gleichwohl wesentlich seltener von rheumatischen Krankheiten betroffen waren.

Danach sollen bei der akuten Arthritis (acute arthritis, Ziffer 710 nach der "International classification of diseases") antibiotica-haltige Rotweine (1 bis 2 Glas) besonders günstig wirken, während bei der rheumatischen Arthritis (rheumatoid arthritis, Ziffer 712) leichte Weißweine, am besten mit schwefliger Säure behandelt, wegen der damit verbundenen Elimination toxischer organischer Bestandteile vorgezogen werden sollten.

Bei Vorliegen einer Osteoarthritis (osteo-arthritis, Ziffer 713) steht die progressive Degeneration von Gelenken im Vordergrund, zurückzuführen in der Regel auf einen Mangel an Mineralsalzen wie Natrium, Magnesium und Mangan mit den nachteiligen Folgen für Knochen, Knorpel und Gelenke. Wein enthält zwar diese defizitären Substrate, allerdings in quantitativ eher vernachlässigbaren Mengen. Immerhin ist eine gewisse katalytische Funktion weitgehend anerkannt.

So wird zunächst ein Versuch mit leichten Weinen empfohlen, vor allem solchen, die siliciumhaltig sind (bestimmte Rotweine), indem sie den Calcium-Metabolismus aufrechtzuerhalten helfen, wichtig für die Festigkeit und Strukturerhaltung von Knochen und Gelenken.

Bei gleichzeitig vorhandenen Nierenaffektionen wird wegen möglicher nachteiliger Nebenwirkungen von siliciumhaltigen Weinen zugunsten von magnesiumhaltigen abgeraten. Diese gewinnen in diesem Zusammenhang als Überträger von Phosphat (Verbesserung der Kalzifikation) besondere Bedeutung. Zusätzlich enthalten sie meist gewisse Mengen an Vit. A und Vit. C (Rotweine, besonders südlicher

Anbaugebiete) und tragen damit zur Minderung eventuell gleichzeitig vorhandener Schmerzen bei.

Bei der mehr chronischen Form (Arthrose) werden manganhaltige Weine empfohlen, indem sie zu einer Herabsetzung des Eiweißumsatzes führen und damit eine geringere Uratbildung zur Folge haben. Auch hierbei handelt es sich in aller Regel um Rotweine.

Wenn im deutschen Sprachraum im allgemeinen solch detaillierte Angaben zur Eignung bestimmter Weinsorten bei einzelnen Krankheiten nicht üblich und meist auch nicht anerkannt sind, soll und kann diese ausführliche Darstellung aus unserem Nachbarland Frankreich immerhin zeigen, wie weit dort der Weinkonsum aus ärztlicher Indikation noch oder wieder eingeführt und wissenschaftlich akzeptiert ist.

Muskelsystem

Vor dem Wein

Dunkler, heiliger Wein!
Sieh, ich dürfte dich trinken,
doch in dein mystisches Blinken
schau ich mit Andacht hinein.

O, wie schauert's mich an,
all dies Quellen und Weben,
das zum glühendsten Leben
wecken und steigern mich kann.

Das bist du, o Natur,
deiner gewaltigsten Kräfte,
deiner verborgensten Säfte
überfließende Spur.

Wein, ich trinke dich! Bald
wirbeln nun Stürme und Fluten,
Blitze und wildere Gluten
mir durch die Brust mit Gewalt.

Hebbel

Anatomie und Physiologie

Das Muskelsystem ist als Motor für den passiven Teil des Bewegungsapparates zu verstehen. Zu ihm gehören die Muskeln mit ihren Hilfseinrichtungen, den Sehnen, Faszien und Schleimbeuteln. Muskeln besitzen die Fähigkeit zur Verkürzung und vermögen dadurch gelenkig miteinander verbundene Knochen, an denen sie über Sehnen befestigt sind, zu bewegen.

Schon in Ruhe spielt sich in ihnen etwa 40 Prozent des gesamten Stoffwechsels ab, bei körperlichen Höchstleistungen beträgt dieser Anteil über 90 Prozent.

Von der Muskulatur gehen die intensivsten Rückwirkungen auf den übrigen Organismus aus, so vor allem Herz-Kreislauf, Atmung, Stoffwechsel, Hormonsystem, Vegetativum und Psyche. Von der Muskulatur wird der Körper am stärksten beeinflußt und in seinem äußeren Erscheinungsbild geprägt.

Die Bedeutung des Muskelapparates geht auch aus seinem gewichtsmäßigen Anteil am Gesamtkörpergewicht hervor, der allerdings nach Alter und Geschlecht schwankt (40 Prozent beim männlichen Jugendlichen, etwa 23 kg beim 70-Jährigen).

Gemeinsam ist den drei unterschiedlichen Muskelformen (glatte Muskulatur der Gefäße und inneren Organe, quergestreifte Herzmuskulatur und quergestreifte Skelettmuskulatur) das intrazelluläre Vorkommen von Fibrillen mit der Fähigkeit der Verkürzung, wobei Calcium, Adenosintriphosphat und ATP-ase vorhanden sein müssen.

Wein und Muskelsystem

Theoretisch müßte Aethanol über den Umweg Acetaldehyd eine gute Energiequelle bei Muskelarbeit darstellen, dies um so mehr, da er nahezu restlos in den Energiehaushalt einbezogen wird und somit eine Sparwirkung auf die endogenen Kohlenhydrat- und Fettspeicher ausübt.

Dem entspricht subjektiv eine scheinbare Steigerung von Kraftleistungen, wie wiederholt von Wettkampfteilnehmern unter Alkoholeinfluß verbalisiert wurde. Charakteristischerweise empfanden sie ausnahmslos eine höhere Leistungsfähigkeit trotz eventuell geringerer effektiver Muskelkraft (bei höherer Dosierung).

Selbst mögliche kurzdauernde Erhöhungen der muskulären Leistungsfähigkeit aufgrund mäßigen Alkoholkonsums sollen nach Expertenmeinung durch eine Verschlechterung der Koordination und Verlust von über lange Zeit eintrainierten (engrammierten) motorischen Stereotypen aufgehoben werden.

Bei akuter Alkoholvergiftung kommt es fraglos zu erheblichen Abnahmen der Muskelleistung.

Auf die glatte Muskulatur von Dickdarm, Uterus und Ureter wirkt Wein kontrahierend, welcher Effekt mitunter auch therapeutisch genutzt wird.

Bei chronischen Alkoholikern wurde in der letzten Zeit verstärkt auf pathologische Veränderungen der Skelettmuskulatur im Sinne einer Myopathie hingewiesen, deutlich zu erkennen an unspezifischen elektronenmikroskopischen Veränderungen der Muskelfasern, an einer Erhöhung der Serumkreatinase und an einer Myoglobinurie sowie vor allem an typischen Atrophien von Typ II-Fasern. Subjektiv imponieren Muskelschwäche, Schmerzen, Dunkelfärbung des Urins und verringerte muskuläre Belastbarkeit. Enge Beziehungen zur alkohlischen Kardiomyopathie werden vermutet.

Akute Myopathien wurden bei 5 Prozent Alkoholkranken, chronische Myopathien dagegen bei etwa 20 Prozent gefunden.

Ursächlich wird angenommen, daß der Aethanolmetabolit Acetaldehyd die Proteinsynthese sowie die calciumabhängige myofibrilläre ATP-ase hemmt. Eine Mangelernährung (Protein, Vitamine) scheint weniger wichtig.

Wein und Sport

Im Sport wird dem Weinkonsum weder eine unmittelbare Gesundheitsgefährdung zugeschrieben noch sind bei mäßigem Konsum sichere Beeinträchtigungen auf Dauer nachgewiesen. Allerdings werden kurzfristig normale Hemmvorgänge beseitigt, es kommt zu einer Einschränkung der Kritikfähigkeit, die Koordinationsleistung nimmt ab, so daß durchaus in bestimmten Sportarten ein Sicherheitsrisiko auftreten kann.

Zusammenfassend beeinflußt Alkohol das Erregungsniveau der Formatio reticularis im Hirnstamm, weshalb es vor allem bei hohen muskulären Beanspruchungen zu Fehleinschätzungen kommen kann. Folgen sind verlängerte Reaktionszeiten und beeinträchtigte Koordinationsleistungen.

Bezüglich statischer Kraft-Beanspruchungen scheint es, vor allem bei Untrainierten, durch Wegfall von hemmenden zentralen Impulsen, kurzfristig zu Steigerungen kommen zu können.

Bei Sportschützen wurden entspannende Komponenten von Aethanol beschrieben, wahrscheinlich aufgrund einer Depression behindernder Effekte im Zentralnervensystem.

Bei submaximaler Belastung am Fahrradergometer bewirkt Wein eine Anhebung der Herzfrequenz für gleichhohe Wattleistungen, während die Sauerstoffaufnahme und andere spiroergometrische Daten unverändert gefunden werden.

Der pH-Wert im Blut (Säuregrad) wird unter Alkoholeinfluß in Ruhe etwas niedriger als im völligen Nüchternzustand gefunden, während Belastung finden sich Laktat, pH, Glukose, Neutralfette, Glycerin und freie Fettsäuren unverändert, sodaß geringe Mengen Wein die metabolische Belastungsreaktion kaum zu ändern scheinen.

Bei größeren Aethanolmengen ergeben sich während Belastung früher und stärker Abweichungen in Richtung metabolische Azidose, die Regeneration wird verzögert.

Geringere Aethanolkonzentrationen wirken sich auch kaum auf maximale hämodynamische, zirkulatorische und ventilatorische Parameter aus. So bleiben die maximale Sauerstoffaufnahme, das maximale Herzzeitvolumen, das maximale Schlagvolumen, die maximale Herzfrequenz, die maximale arteriovenöse Sauerstoffdifferenz und der periphere Widerstand während Maximalbelastung nahezu unverändert.

Auf submaximalen Belastungsstufen wurde die Herzfrequenz teilweise leicht erhöht gefunden, welcher Effekt auf die Vasodilatation der Hautgefäße mit Erhöhung des Herzzeitvolumens nach Alkoholkonsum zurückgeführt wurde. Bei maximaler Belastung ist die Hautdurchblutung dagegen auch ohne Aethanol aus thermoregulatorischen Gründen gesteigert.

Im Gegensatz zu Kraft- und Koordinationsleistungen scheinen reine Ausdauerbeanspruchungen durch Alkohol weniger tangiert.

Chronischer Weingenuß in größeren Mengen - darüber besteht allerseits Einigkeit - setzt die kardiopulmonale Leistungsfähigkeit eindeutig herab, verschlechtert die Aktivität aerober und anaerober Enzyme und baut die intramuskulären Glykogendepots beschleunigt ab.

Haut

Runtzeln vertreiben

"Welches Weib ihr Antlitz bewaren will, das es nimmer runtzlich werde, die thue also: Sie neme einen newen, eisern Tigel oder Pfanne, lege die ins Feuer, bis sie glühend werde, als denn neme sie den Mund voll Weins, spritze ihn gäling und gar auff einmal auf den glühenden Tigel, vordecke das Heupt mit einem Tuche und empfahe also den Dampff von dem Tigel ins Angesicht, darnach mache sie den Tigel wieder glühend, werfe darauff eyn Stücklein guter Myrrhen und lasse den Rauch unterm Tuche ins Antlitz fahren. Mit solchem Tuche sol sie das Antlitz biß zum Bunde binden und darauff schlafen gehen. Sie sol solches zweymal im Monat thun, so darff sie sich keiner Falden im Angesicht besorgen, und wird sie schön weiß und wie ein Sammet weich."

J. Wittichius

Anatomie und Physiologie

Die Haut ist ein lebenswichtiges Organ, welches die äußere Oberfläche des Organismus und damit die Schranke zwischen Umwelt und innerem Milieu darstellt. Sie besteht aus der Epidermis (Oberhaut) mit deren Anhangsgebilden (Drüsen, Haare, Nägel) und dem bindegewebigen Korium (Lederhaut). Unter der Haut (Kutis) befindet sich die Subkutis (Unterhaut).

Die Aufgaben der Haut bestehen im Schutz der tieferliegenden Gewebe gegen chemische oder physikalische, insbesondere mechanische Schädigungen sowie gegen das Eindringen unerwünschter Mikroorganismen, in der Verhinderung von Austrocknung sowie dennoch gleichzeitiger Möglichkeit einer gewissen physiologischen Wasserverdunstung, in der Verengung bzw. Erweiterung der Hautgefäße sowie Wasserverdunstung zur Wärmeregulation, in der Unterstützung der Nierentätigkeit (durch die Schweißsekretion und die damit verbundene Möglichkeit zur Elimination bestimmter unerwünschter Stoffwechselprodukte unter Umgehung der Niere) sowie letztlich - quasi als Sinnesorgan - in der Vermittlung von Druck-, Temperatur- und Schmerzreizen über zahlreiche Rezeptoren.

Wein und Haut

Weinkonsum führt zu einer ubiquitären Vasodilatation, welche sich besonders auch auf die Haut bezieht. So wird eine Durchblutungszunahme um mehrere Hundert Prozent erreicht. Folgen sind bei chronischem hohem Konsum außer einem geröteten Gesicht eigene Gefäßzeichnungen an Nase und Bauch (welche vor anderen Alkoholika vor allem dem Weinkonsum zugeschrieben werden) und eine Trinkernase.

Objektiv führt die Vasodilatation einerseits zu einer verbesserten Stoffwechselsituation, sich positiv auswirkend und erzeugend eine gesunde Farbe, Reinheit und Schönheit, andererseits bewirkt sie über die thermoregulatorischen Effekte eine vorzeitige vermeidbare Auskühlung, indem Wärme nach außen abgegeben, dem Körper entzogen und dadurch bei kalter Umgebungstemperatur die Gefahr eines Erfrierungstodes eingegangen wird.

Bei chronischem Alkoholkonsum treten im Gegensatz zum gelegentlichen Weinkonsum gegenteilige Effekte auf. So erfolgen kleinere Blutungen in die Haut, die Temperatur fällt um bis zu 25 Prozent ab (ohne daß die Blutzellen eine Änderung erfahren), es kommt zu einem geröteten, gedunsenen Gesicht, die Haut wird fettigglänzend, die Skleren verfärben sich leicht gelblich, eine chronische Konjunktivitis entwickelt sich.

Nach akuter Alkoholexposition erfolgt eine vorübergehende mehr oder weniger umfassende Betäubung aller wärmeregulierender Zentren, so daß im Rausch durchaus Gefahren einer Unterkühlung auftreten können. Nach Kälteexposition eignet sich Wein dagegen gut zur Aufwärmung von innen bei gleichzeitiger warmer Umgebung. Durch seine Wirkung auf die gefäßerweiternden Nerven führt er zu einer starken Erwärmung der Haut, allerdings auf Kosten der inneren Organe, indem deren Gefäße sich verengen.

Dies wird als Hauptgrund für einen zunehmenden Wärmetransport vom Kern zur Schale gesehen, resultierend in einer erhöhten Wärmeabgabe auch nach außen. Die sedierende Wirkung des Alkohols führt zusätzlich zu einer Herabsetzung der wärmeproduzierenden Muskeltätigkeit und der Wärmeerzeugung durch den Leberstoffwechsel.

Krankheiten

Weithin ist der Glaube verbreitet, daß Wein bei Hautkrankheiten allgemein kontraindiziert sei, indem er die Heilung verzögere und lästigen Juckreiz erzeuge. Meist zieht Weingenuß allerdings keine nachteiligen Folgen nach sich, vor allem Juckreiz ist kein obligatorisches Begleitsymptom.

Dem maßvoll konsumierten Wein ist auch keine Bedeutung beizumessen bei der Entstehung der Rosacea (Kupferfinnen der Nasenhaut), vielmehr ist sie oft bei übermäßigem Genuß über eine Schädigung der Leber und des Magen-Darm-Kanals zu erwarten.

Auch das Rhinophym (Knollennase) wurde fälschlicherweise in alleinigen Zusammenhang mit Alkoholkonsum gebracht, wobei die charakteristische Verdickung der Nase infolge Hyperplasie von Talgdrüsen und Bindegewebe mit und ohne Rosacea einhergehen kann. Auch das Rhinophym entsteht meist über den Umweg einer Leberschädigung bei übermäßigem Alkoholkonsum.

Wichtiger scheint die heilende Wirkung von Wein bei offenen Wunden, wie schon in der Bibel erwähnt wird (barmherziger Samariter beispielsweise). Auch die rituelle Beschneidung erfolgte unter Verwendung weingetränkter Tücher. Rotwein wurde schon im Altertum zur Befeuchtung von Verbänden schwerverwundeter Gladiatoren und Soldaten benutzt. Die lokale Entzündungshemmung durch Wein war den Ärzten seit dem Altertum bis in die Neuzeit bekannt.

Wissenschaftlich wurde vor allem für Rotwein mit seinem hohen Gerbstoffgehalt nachgewiesen, daß er durchaus adstringierend, blutstillend, bakterienhemmend, bakterientötend, antibiotisch, wundreinigend und vernarbend wirkt. Zuzüglich regt er die Produktion der Hormone von Nebennierenrinde und Schilddrüse an, welche die Wundheilung ebenfalls positiv beeinflussen. Ein weiterer wichtiger Faktor stellt sein Gehalt an Calcium-, Magnesium- und Silizium-Salzen dar, welche ebenfalls seit alters zur äußerlichen Behandlung von Wunden und Verbrennungen anerkannt sind.

Der alkoholbedingte Wärmestrom vom Körperkern zur Körperschale und der dadurch bedingte Abfall der Körpertemperatur waren Anlaß, Wein als adäquates Antipyretikum einzusetzen.

Hormonales System

Ehelich Werck zu stercken und bezauberte Liebe hinweg zu thun

"Süßer Klingermören die Wurtzel in Wein gekocht, darnach in Butter geröst, mit Pfeffer bestrawet, ist eine freundliche und anmutige Speise, macht den Ehemann lustig. Item Faseln mit Milch gesotten biß sie brechen, darnach mit langen Pfeffer, Galgant, Fenchel und Zucker betrawet, mehret FACULTATEM GENERANDI".

J. Wittichius

Anatomie und Physiologie

Neben dem vegetativen Nervensystem verfügt der Organismus mit dem hormonalen System über eine weitere Möglichkeit zur Regulation seines inneren Milieus. Während im Nervensystem Informationen auf dem Leitungsweg sowie chemisch über Synapsen übertragen werden, kann das hormonale System mit einem drahtlosen Kommunikationssystem verglichen werden. Chemische Informationsträger (Hormone) werden von bestimmten spezialisierten Drüsenzellen gebildet, sezerniert und lösen in den Zielorganen spezifische Wirkungen aus. Während das Nervensystem vorrangig der schnellen und gezielten Informationsübertragung dient, ist das hormonale System hauptsächlich für die längerdauernde und globale Steuerung der Zellfunktionen zuständig.

Hormone werden ständig, dem wechselnden Bedarf angepaßt, gebildet, sezerniert und gesteuert inaktiviert. Zu den hormonbildenden Organen rechnen das Zwischenhirn, die Hypophyse, die Schilddrüse, die Nebenschilddrüse, der Thymus, die Langerhans'schen Inseln des Pankreas, die Nebennieren, die Leydig'schen Zwischenzellen der Hoden, die Follikel und Corpora lutea der Eierstöcke sowie die Plazenta.

Einige Hormone (wie Insulin, Aldosteron und die Katecholamine) werden entweder bei Bedarf oder als Antwort auf bestimmte Reize abgegeben, bei anderen (wie den Glukokortikoiden und den weiblichen Sexualhormonen) erfolgt eine Basissekretion in bestimmten zeitlichen Rhythmen. Wieder andere Hormone weisen eine weitgehend konstante Konzentration auf (Schilddrüse).

Hormone wirken im Zielorgan nur eine begrenzte Zeit, ihre Anreicherung daselbst wird durch Biotransformation (im Erfolgsorgan selbst, aber auch in Leber, Nieren und Lungen) verhindert.

Die physiologischen Wirkungen der Hormone werden hauptsächlich auf drei verschiedene Weisen ausgelöst, so durch intrazelluläre Einverleibung von Hormon-Rezeptor-Komplexen, durch Bildung eines zweiten Botenstoffes (second messenger) durch Interaktion mit membranständigen Strukturen und durch Induktion von Enzymen und/oder anderen Proteinen durch Wechselwirkungen mit intrazellulären Rezeptoren.

Wein und hormonales System

Durch mäßigen Weingenuß wird das hormonale System in aller Regel angeregt. Dies gilt im Prinzip für alle hormonbildenden Organe, in besonderer Weise jedoch für die Schilddrüse, das Nebennierenmark, die Nebennierenrinde, das Pankreas und die Sexualdrüsen.

Wie für andere Lebensbereiche bewahrheitet sich auch hinsichtlich der Auswirkungen von Alkohol auf den Organismus die Regel von Roux, wonach kleine Mengen anregen, mittlere Mengen die einzelnen Funktionen optimal erhalten und darüber hinausgehende Mengen zunehmend schaden. Große Mengen Wein bewirken entsprechend eine Verringerung bis Drosselung der Hormonproduktion. Erhöhter Weinkonsum bedeutet Stress im Sinne von Hans Selye, der sich zunächst in Toleranz gegenüber dem Stressor (Alkohol), später in Kompensation erster schädlicher Auswirkungen und zuletzt in Erschöpfung ihm gegenüber auswirkt. Unausbleibliche Folgen sind Herabsetzung der Widerstandskraft, Erhöhung der Infektionsgefahr und Krankheit.

Weingenuß am Vormittag, eventuell auch zur Mittagszeit, macht sich zunächst in einer verstärkten Anregung der Hormonproduktion bemerkbar, welche jedoch zu diesem Zeitpunkt aufgrund des normalen zirkadianen Rhythmus ohnehin unauffällig sein sollte, um dann einem um so stärker verfrühten Abfall zu weichen, endend in zunehmender Müdigkeit.

Im einzelnen entsteht der Eindruck, daß die Schilddrüse durch Weingenuß "ruhig" gestellt wird, die Beziehung scheint umgekehrt proportional zu sein. Bei hohen Zufuhren über lange Dauer bildet sich eine Art "Kolloidstruma" heraus, einhergehend mit auffallender Teilnahmslosigkeit, Schläfrigkeit, zunehmendem Haarausfall und abnehmendem Grundumsatz. Typisch ist der anfänglich gesteigerte Grundumsatz (Folge des Wärmeverlusts), ebenso wie das bald auftretende Erschöpfungsstadium.

Kleine Mengen Wein scheinen dagegen von Vorteil, indem sie die Schilddrüsentätigkeit leicht anregen und damit die Widerstandskraft gegenüber Infektionen wie Schnupfen, Influenza, aber auch gegenüber rheumatischen Beschwerden und eventuell Lungenentzündungen, ganz allgemein gegenüber Stress erhöhen.

Die teilweise bessere Weinverträglichkeit bei älteren Menschen könnte durchaus mit der "physiologischen" Altersinvolution der Schilddrüse zusammenhängen und auf eine zusätzliche Resorption von Jod bei gleichzeitig verlangsamter Ausscheidung zurückzuführen sein.

Von den Hormonen der Nebennierenrinde wirken die Mineralocorticoide (Hauptvertreter Aldosteron) auf den Kohlenhydrat-, Mineral- und Wasser-Stoffwechsel, die Glukokortikoide (Hauptvertreter Cortisol) beeinflussen ebenfalls den Kohlenhydratstoffwechsel, unterdrücken die Antikörperbildung, wirken antiallergisch und setzen entzündliche Gewebsreaktionen herab. Kortikoide können androgene Wirkungen entfalten und tragen zur Entwicklung der Geschlechtsmerkmale bei. Geringe Mengen Wein zeitigen günstige Effekte auch bezüglich wichtiger nebennierenrindenausgelöster Organreaktionen, wobei allerdings nicht nur reine Aethanolwirkungen vermutet werden, sondern auch die im Wein enthaltenen Säuren, insbesondere die künstlich zugesetzte Schwefelsäure bzw. schweflige Säure, entscheidend beitragen sollen.

Geringe Weinkonzentrationen rufen ebenso Adaptationen der Hormone des Nebennierenmarks (Katecholamine Adrenalin und Noradrenalin) hervor, welche im Sinne einer progressiven Transformation eine "erwünschte" Stress-Reaktion bewirken und damit die allgemeine Arbeitskapazität (ohne weitere Beanspruchung koordinativer Leistungen) kurzfristig und spontan erhöhen. Größere Mengen zeigen wie vermutet eher negative Wirkungen.

Aktivitätssteigerungen der Sexualdrüsen bei geringem Weinkonsum fördern die Libido, in größeren Mengen kommt es zu einer erheblichen Potenzstörung. Manche Wissenschaftler nehmen an, daß ständig hoher Weinkonsum wirtschaftlich gut situierter Bevölkerungsschichten in früheren Zeiten erheblich zum Untergang bestimmter Populationen (beispielsweise Rom) beigetragen hat, wobei durch hohen Weinkonsum bedingte Mutationen und Erbschädigungen zusätzlich diskutiert werden.

Wissenschaftlich nachgewiesen wurde eine alkoholinduzierte Suppression der Testosteron-Produktion (wahrscheinlich über die Freisetzung von Stickstoffmonoxid). Weiterhin konnte gezeigt werden, daß Aethanol einen wichtigen oestrogenisierenden Faktor darstellt, bei längerem mäßigem Alkoholkonsum zeigen sich signifikante positive Korrelationen zwischen Weinkonsum, Uterusgewicht und Oestradiolspiegel. Auch in anderen Untersuchungen konnte aufgezeigt werden, daß mäßiger Weinkonsum zu einem biologisch relevanten Anstieg des Oestradiolspiegels führte. Allerdings stammen diese Ergebnisse aus Tierversuchen, wobei nicht eindeutig klar ist, ob sie auf menschliche Verhältnisse so ohne weiteres übertragen werden dürfen.

Während des Klimakteriums und zunehmend in der Menopause wird als wichtigste Quelle endogener Oestrogene eine Aromatisation von (reichlich vorhandenen) Androgenen gesehen, wobei Alkohol diese Umwandlung verstärkt. **Mäßiger Weinkonsum gilt damit als wichtiger Garant für einen ausreichenden postmenopausalen Oestrogenstatus, wichtig auch im Sinne einer Kardioprotektion.**

Samenzellen werden durch Wein offenbar nicht geschädigt, auch wurde keine Auswirkung auf die Empfängnis beschrieben.

Krankheiten

Die zunehmende "physiologische" Schilddrüsenatrophie im Alter scheint der Grund für die verbesserte Alkoholverträglichkeit zu sein, insbesondere Frauen profitieren davon. Ebenso wird bei Myxödem in aller Regel eine gute bis sehr gute Alkoholverträglichkeit beschrieben. Umgekehrt stellen Überfunktionen der Schilddrüse eine relative, Thyreotoxikosen eine absolute Kontraindikation bezüglich Weingenuß dar. Die mehr oder minder stark ausgeprägte Alkoholintoleranz wird als Ausdruck einer Steigerung der an sich schon erhöhten pathologischen Exaltation angesehen.

Über lange Zeit erhöhte Alkoholzufuhr soll zu genetischen Mutationen und Erbschädigungen führen, wenngleich eindeutige Beweise bisher eher fehlen. Im Gegensatz dazu führt stärkerer Alkoholkonsum während einer Schwangerschaft gehäuft zu alkoholischer Embryopathie.

Nachgewiesen sind bei langdauerndem Alkoholkonsum beim Mann eine Fibrosis testis, eine Zeugungsunfähigkeit, eine Herabsetzung der Samenreifung sowie ein vermehrter Untergang von Eizellen und Follikeln.

Niere und ableitende Harnwege

Nierenstein

"Man geust über gedörrte Kirschen newen Wein, lest ihn darüber verjären, dieser Kirschwein vertreibet den Stein. Es sind auch die Kirschkern sehr gut denen, so zum Stein geneigt sind, treiben den Harn. Item das Hartz, so an den Kirschbewmen wechst, in Wein zerlassen und getruncken, ist gut zu den Stein. Item Fenchel in Wein gesotten und getruncken ist gut zu allerley Gebresten der Nieren und Blasen, zertreibet den Lendenstein, hilfft denen, so nicht harren können!"

J. Wittichius

Anatomie und Physiologie

Die Nieren erfüllen wichtige Funktionen im Gesamtorganismus, so die Ausscheidung harnpflichtiger Substanzen (wie Harnstoff) und überzähliger physiologischer Stoffe (Na, Glukose beispielsweise), die Regulation des Wasser- und Elektrolythaushalts sowie des Säure-Basen-Gleichgewichts, die Kontrolle des extrazellulären Flüssigkeitsvolumens und des arteriellen Blutdrucks, die Synthese von Erythropoietin (Bildung von Erythrozyten) sowie Beteiligung am Calcium- und Phosphatstoffwechsel. Zusätzlich übernimmt die Niere Aufgaben der Biotransformation und der Ausscheidung von Xenobiotika.

Makroskopisch lassen sich an der Niere die Rinde, das Mark sowie das Becken mit dem Harnleiter unterscheiden, mikroskopisch imponieren die Nierenkörperchen (Nephron) und der Tubulusapparat.

Aus dem durchfließenden Blutplasma wird im Glomerulus (Teil des Nephrons) ein nahezu eiweißfreies Ultrafiltrat, der Primärharn, abgepreßt. Er macht im Erwachsenenalter etwa 180 Liter, bei über 70-Jährigen nur noch etwa die Hälfte täglich aus. Reguliert wird die Filtrationsrate über eine weitgehende Durchblutungskonstanz.

Während der Passage durch die einzelnen Tubulusabschnitte wird aus dem Primärharn der größte Teil der gelösten Bestandteile und ca. 99 Prozent des Wassers rückresorbiert und dem Blutkreislauf wieder zugeführt. Hierbei sind sowohl aktive als auch passive Vorgänge zu unterscheiden (Diffusion beispielsweise).

Die tägliche Harnmenge schwankt in der Regel zwischen 500 und 3000 ml. Der pH-Wert beträgt normal zwischen 4,8 und 7,5. Um eine weitgehende Konstanz im inneren Milieu des Organismus zu gewährleisten, muß die Nierenfunktion bei wechselndem Anfall von täglich auszuscheidenden Substanzen ständig variiert werden, möglich durch Regelkreise, die einer zentralen Kontrolle unterliegen.

Die Niere ist zusammenfassend ein wichtiges Stellglied der Systeme, welche der Regulation des Wasser- und Elektrolythaushaltes sowie des Säure-Basen-Status dienen.

Wein und Niere

Die vasodilatierende Wirkung von Wein bezieht sich wie auf andere Organe auch auf die Niere. Folgen sind vermehrte Durchblutung und vermehrter Harnfluß, der oft subjektiv als unangenehm empfunden wird. Verursacher der gefäßerweiternden und harntreibenden Effekte scheinen einerseits bestimmte phenolische Verbindungen zu sein, andererseits dürfte sich auch eine gewisse Blockierung des antidiuretischen Hormons mit einer mehr oder weniger starken Hemmung der Rückresorption von Wasser aus dem Primärharn entsprechend auswirken.

Die Vermehrung der Urinmenge scheint sich mehr auf die Dauer der Ausscheidung als auf die Intensität auszuwirken, wobei die Wasserdiurese im Vordergrund steht.

Aufgrund eines relativ konstanten Verhältnisses von Aetanol im Blut bzw. Urin (etwa 3:4, auch von forensischer Bedeutung) kommen in der Niere wie in den ableitenden Harnwegen relativ geringe Aethanol-Konzentrationen zustande, so daß zumindest bei Gesunden kaum Wandirritationen zu erwarten sind. Erst bei höheren Konzentrationen und längerfristiger Einwirkung wurden aufgrund des wasserentziehenden Effektes von Alkohol mäßige Schleimhautreizungen beobachtet.

Alkoholkonsum bewirkt in metabolischer Hinsicht eine gesteigerte Durchlässigkeit der Niere für Zucker im Sinne einer Glykosurie, man spricht auch von einer Tubulusdiarrhoe. Aufgrund der besseren Durchblutung und verstärkten Diurese werden einerseits bestimmte Stoffwechselendprodukte (beispielsweise aus dem Eiweißstoffwechsel: Harnstoff, Ammoniak) schneller und zahlreicher ausgeschieden, andererseits gehen aber auch wertvolle Blutbestandteile (wie Salze, Mineralstoffe) vermehrt verlustig.

Krankheiten

Bei Nierenerkrankungen ist von Weingenuß im allgemeinen eher abzuraten. Insbesondere bei Prostatahypertrophie kann es zu Anurie (Harnverhaltung), Dysurie (Schmerzen beim Wasserlassen) und Spasmen (vor allem bei Weißweingenuß, so Riesling, weißer Burgunder, Gewürztraminer, Ruländer, Müller-Thurgau) kommen. Am wenigsten Beschwerden scheint Silvaner zu verursachen, besonders wenn er langsam, in geringen Mengen und mit Wasser gemischt getrunken wird. Rotweine eignen sich bei Prostatahypertrophie in aller Regel besser, vor allem, wenn sie alkoholarm sind, wenig Säure enthalten und eine Resorptionsverlangsamung durch einen hohen Tanningehalt aufweisen.

Weinkonsum hat zwar keinerlei ätiologische Bedeutung zur Entstehung von Nephritiden und Nephrosen (wie mitunter behauptet), bei Vorliegen dieser Erkrankungen sollte dennoch wegen einer möglichen Exazerbationsgefahr auf jeglichen Weingenuß verzichtet werden (weitere Einlagerung von Ödemen, irreparable Schädigung).

Bei Vorliegen von Blasenleiden werden manche Weine individuell gut, andere schlecht vertragen, ähnlich wie bei Vorliegen von Haemorrhoiden. Die alkalisierende Wirkung ist auf jeden Fall zu berücksichtigen. Cystitis und bakterielle Erkrankungen lassen die Vermeidung von Alkohol eher geraten scheinen.

Immunsystem

Für die schwere Noth

"Nim auß der Apotheken rothe, zubereithete Corallen Peonienkörner, von der Hirnschale eines Menschen, so anatomirt werden, jegliches ein halbes Loth. Diese Stücke alle klein gepülvert, die Schale vom Menschen aber erst auff einer Feilen kleine geraspelt, und solches ferner zusammengemenget, dann in drei Theile getheilet, und einen Theil früh morgens dem Kranken mit einem Leffel vol Weins eingegeben, den andern Theil zu Mittage, den dritten Theil auff den Abend".

J. Wittichius

Anatomie und Physiologie

Für die Abwehr potentiell schädlicher Stoffe bzw. Mikroorganismen stehen dem Organismus unspezifische und spezifische Abwehrmechanismen zur Verfügung, an welchen einerseits humorale, andererseits zelluläre Prozesse beteiligt sind. Bei den spezifischen Prozessen muß der Bildung von Abwehrstoffen (Antikörpern) ein Erstkontakt vorausgehen, bei den unspezifischen Mechanismen kann ein Fremdstoff auch ohne vorangehenden Kontakt neutralisiert werden.

Die unspezifische humorale Abwehr bezieht sich auf das Komplementsystem, dessen biologische Leistungen sich auf die Erregerabwehr, Entzündungsvermittlung und Regulation von B-Zell-Funktionen auswirken, die Lysozyme (hydrolytische Spaltung der Wände grampositiver Bakterien wie Staphylokokken und Streptokokken), die Interferone (antivirale, antiproliferative und immunmodulierende Wirkung) sowie die Akute-Phase-Proteine (Abbau der Lipide zerstörter Zellen, Proteinase-Inhibitoren sowie einige Gerinnungsfaktoren, Komponenten des Komplementsystems und bestimmte Transportproteine).

Zur unspezifischen zellulären Abwehr werden bestimmte Gruppen von Leukozyten gerechnet, welche zur amöboiden Migration und zur Phagozytose befähigt sind (neutrophile Granulozyten, eosinophile Granulozyten und Monozyten bzw. Mikrophagen und Makrophagen) sowie die natürlichen Killerzellen (NK-Zellen), große granulierte Lymphozyten, die insbesondere Viren und Tumorzellen zerstören.

Neben der unspezifischen Abwehr verfügt der Organismus über Mechanismen, die spezifisch nur gegen einen bestimmten Fremdstoff (Antigen) gerichtet sind. Sobald der Körper eine Substanz als fremd empfindet (antigen), bildet er dagegen Abwehrstoffe (Antikörper), wobei Lymphozyten eine zentrale Rolle spielen. Antikörper entstehen damit nach Kontakt von Antigenen mit immunologisch kompetenten Zellen, sind in aller Regel streng spezifische, dem Antigen komplementäre Reaktionsprodukte des Organismus und gehören vor allem der Gruppe der Gammaglobuline an (IgG, IgM, IgA, IgD und IgE).

Neben diesen spezifisch humoral wirkenden B-Lymphozyten spielen für die spezifische zelluläre Abwehr die T-Lympozyten eine wesentliche Rolle, welche ständig zwischen Milz, Lymphknoten und zu schützenden Geweben wandern. Nach Erstkontakt mit einem Antigen entstehen aus diesen sogenannte Tochterzellen, von welchen sich einige zu langlebigen Gedächtniszellen entwickeln, andere eine Ausprägung zu zytotoxischen Effektor-T-Zellen (Killer-T-Zellen) erfahren. Wieder andere verwandeln sich in Helfer-T-Zellen (notwendig zur optimalen Funktion der zytotoxischen Effektor-T-Zellen) bzw. in Suppressor-T-Zellen (greifen hemmend in das Immungeschehen ein durch Unterdrückung von B- und anderen T-Lymphozyten).

T-Lymphozyten wirken über die Freisetzung von löslichen Mediatorsubstanzen, den Lymphokinen, zu welchen beispielsweise das Gamma-Interferon, das Interleukin-2 (IL-2), andere Interleukine (IL 3-6) und der Tumornekrosefaktor (TNF) zählen.

Wein und Immunsystem

Wein wirkt zweifelsfrei entgiftend auf bestimmte Stoffwechselprodukte von Bakterien. Ebenso wurde eindeutig die Beeinträchtigung der Lebensfähigkeit von Mikroorganismen durch Weinkonsum nachgewiesen. So werden in aller Regel Colibakterien durch Wein abgetötet, auch Staphylokokken, wobei sich Weißwein effektiver als Rotwein zeigte. Die Effekte hinsichtlich Bakterienabtötung bzw. Wachstumshemmung werden vor allem dem im Wein enthaltenen Aethanol und den Säuren zugeschrieben. Nebenfaktoren wie Anthozyane, Bukettstoffe, Aldehyde, schweflige Säure und Gerbsäuren dürften eine zusätzliche Rolle spielen.

Die vergleichsweise geringe Krebssterblichkeit in Frankreich wird im Zusammenhang mit dem relativ hohen Weinkonsum diskutiert, wobei dessen Gehalt an Anthozyanen, Kalium und Magnesium im Vordergrund steht, aber auch Milchsäure, Eisen, Phosphat und Vitamine verbalisiert werden.

Nachgewiesen ist eine aethanolinduzierte Freisetzung von Prostazyklin, welche jedoch nur bei geringem, mäßigem Konsum beobachtet wurde. Darauf wird in aller Regel die vasodilatierende und thrombozytenaggregationshemmende Wirkung von Wein zurückgeführt.

Wein und Krebs

Viele Studien beschäftigen sich mit dem möglichen, immer wieder geforderten Zusammenhang zwischen Alkohol und Krebsentstehung. So wahrscheinlich dieser Zusammenhang für geringen, mäßigen Weinkonsum nicht gilt, so beweisend gestalten sich entsprechende Statistiken bei ansteigendem Konsum, insbesondere für den Brustkrebs.

So zeigten in einer Studie mäßige Trinkerinnen ein erhöhtes Brustkrebsrisiko bei erhöhten Oestrogenspiegeln. In einer anderen Untersuchung ergab sich eine nur lose Beziehung zwischen der konsumierten Alkoholmenge und dem Risiko, an Brustkrebs zu erkranken, indem das relative Risiko bei einem Konsum von täglich mehr als 30 g Alkohol über viele Jahre von 1,0 auf 1,22 anstieg. Bei einer Unterteilung der Gesamtgruppe in Frauen vor der Menopause und im postmenopausalen Stadium zeigte sich bei den Praemenopausalen eine positive Beziehung mit zunehmendem Alkoholkonsum, während sich bei den Postmenopausalen keine solche Abhängigkeit aufstellen ließ.

In einer Übersichtsarbeit wurden alle themenbezogenen Ergebnisse dahingehend aufgelistet, daß die retrospektiven Erhebungen meist keine Beziehung

zwischen Alkoholkonsum und Brustkrebshäufigkeit ergaben, bei den prospektiv angelegten Studien wurde eine solche Beziehung zwar wahrscheinlicher, aber auch nicht statistisch sicher. Als zusammenfassendes Resultat wird geraten, wegen der (sehr hoch einzuschätzenden) kardioprotektiven Wirkung auf den Genuß von Wein (Alkohol) zwar nicht ganz zu verzichten, ihn aber maßvoll zu konsumieren.

Auch die Entstehung von Mundkrebs wird in einen engen Zusammenhang mit Alkoholkonsum gebracht. Er tritt jedoch besonders bei gleichzeitigem Nikotinabusus auf, so daß eine potenzierende Schädigung vermutet werden muß.

Von allen untersuchten Begleitumständen ist Rauchen am stärksten bei Wein- und Alkoholtrinkern (in größeren Mengen) mit der Entstehung von Mundkrebs assoziiert.

Bei einer statistischen Hochrechnung des Risikos unter Ausschaltung von Rauchen ergab sich bei der schwarzen Bevölkerung in USA ein um das 17-fache erhöhtes Risiko, bei der weißen Bevölkerung entsprechend ein um das 9-fache gesteigertes Risiko (bei einem Alkoholkonsum von etwa 300 g reinem Alkohol/Woche). Der Unterschied zwischen Schwarzen und Weißen könnte zwar auch genetisch bedingt sein, wird jedoch vor allem auf die stark unterschiedliche Ernährungsweise dieser beiden Bevölkerungsgruppen zurückgeführt (Weiße essen mehr Früchte, Mineralstoffe, Vitamine, Antioxidantien, weniger Fette), wodurch der Ernährungsfaktor bei der Entstehung von Krebs eindrucksvoll unterstrichen wird. **Trotzdem bleibt zu betonen, daß die interaktiven, additiven Effekte von Rauchen und Alkohol besonders stark sind und das Risiko von mäßigem Weingenuß erheblich steigern, wenn nicht sogar überhaupt erst auslösen.**

Zusammenfassend ergibt sich, daß Weinkonsum in geringen Mengen wohl ein (nicht sehr starkes) Prophylaktikum gegen die Entwicklung von Krebs darstellt, daß mit zunehmender und langfristiger Konsumierung das Risiko einer Krebsentstehung, zumal in Zusammenhang mit anderen Faktoren, überproportional ansteigt, wofür im einen wie im anderen Fall vorwiegend immunologische Prozesse ausschlaggebend sein dürften.

Weinabusus und Immunsystem

Die akute Aethanolintoxikation stört die Adhäsion polymorphkerniger Leukozyten an den Oberflächen von Epithelien, wodurch ihre Infiltration in Entzündungsherde sowie die Kontrolle lokaler, bakterieller Infektionen blockiert wird. Wahrscheinlich erfolgt eine Beeinträchtigung der Chemotoxis (Wanderung in Richtung des Herdgeschehens), weniger der bakteriziden Aktivität und der Phagozytose (Freßtätigkeit).

Chronischer Abusus erhöht die Anfälligkeit gegenüber Infektionen, führt zu deren Verschlimmerung, welcher Effekt besonders für bakterielle Pneumonien gut belegt ist. Verantwortlich dafür zeichnen wahrscheinlich alkoholinduzierte Leberschäden, eventuell auch in Zusammenhang mit einer Unter- bzw. Fehlernährung. Aber auch eine direkte Hemmung immunologischer Prozesse wird diskutiert. So kommt es zu einer Unterdrückung der Entstehung von polymorphnukleären Leukozyten im Knochenmark, deren Folge eine zunehmende Granulozytopenie darstellt.

Folgen akuten wie chronischen Alkoholabusus sind Defekte der zellvermittelten Immunität. Es kommt zu einer Reduktion von T-Lymphozyten (sowohl der zytotoxischen T-Zellen als auch der natürlichen Killerzellen), die sich auf eine Hemmung der Zytotoxizität und des Migrationsverhaltens auswirkt. Aber auch die spezifische zelluläre Komponente des Immunsystems scheint empfindlich blockiert zu werden, vor allem im Stadium der alkoholischen Leberschädigung.

Aber auch das Monozyten-/Makrophagen-System erleidet unter Alkoholeinfluß erhebliche Einbußen. So wurde im Tierversuch beispielsweise eine zunehmend mangelhafte Beseitigung von Bakterien aus dem retikuloendothelialen System gefunden, Anlaß für schwere Infektionen.

Während bei Patienten mit Alkoholleber wegen der eingeschränkten Leberfunktion in bestimmten Fällen Antigene langsamer abgebaut werden und deshalb zu einer persistierend erhöhten Synthese und Ausschüttung von B-Lymphozyten und Immunglobulinkonzentrationen führen können, kann andererseits die Entwicklung einer Immunantwort gegen ein zugeführtes Antigen reduziert bis ganz supprimiert sein.

Alkohol (auch Wein), in großen Mengen über lange Zeit zugeführt, ist als immunsuppressive Substanz einzustufen, indem erhebliche Störungen antibakteriell wirksamer Mechanismen sowie der zellulären Immunität induziert werden. In geringen Mengen sind gegenteilige, positive Effekte zu erwarten, zumal wenn eine gesundheitsbetonte Ernährung berücksichtigt und auf Rauchen verzichtet wird.

So hemmt Alkohol die zellvermittelte Immunreaktion			
	Lymphozyten	Makrophagen Monozyten	Retikuloendotheliales System (Clearance)
in vivo akut	normale bis verzögerte Hypersensitivität	↓ pulmonale Makrophagen-Mobilisierung	↓ Peritoneum, ↓ Leber, ↓ Lunge
chronisch	↓ verzögerte Hypersensitivität ↓ Sensibilisierung im Hauttest ↓ T-Zellen und Natural-Killer-Zellen	unbekannt	↓ Leber
in vitro	Lymphozyten-Transformation Lymphozyten-Migration Natural-Killer-Aktivität Antikörper-vermittelte zelluläre Zytotoxität	alveoläre Makrophagen-Adhäsion bakterizide Aktivität	

So hemmt Alkohol die zellvermittelte Immunität (nach McGregor, R. R., J. Am. Med. Ass. 256 (1986), 1474-1479; WICKRAMASINGHE, S. N. Lanet II (1986), 823-826

Nervensystem

Sterkung des Gedächtnüß

*"Dieß ist eine so gewaltige Artzeney, daß, wer sie brauchet, und lieset etwas zu
Abend, der kann auff den Morgen dasjenige, so er gelesen hat, von Wort zu Wort
erzelen: Erstlichen sol man nüchtern die Haar lassen umb den Schlaff hinden und
vorwartz, auch umb den Ort, da die Cellulen oder Kämmerlein und Gehäußlein
der Verständnüß liegen, abscheren. Wenn solches geschehen, dann zum Fewer
gehen und trincken eine Schale voll guten Weins".*

J. Wittichius

Anatomie und Physiologie

Mit zunehmender Entwicklungshöhe von Lebewesen gewinnen neben hochwer-
tigen Versorgungs- und Ausscheidungsorganen leistungsfähige Informations-, Koor-
dinations- und Steuersysteme an Bedeutung. Dem menschlichen Organismus stehen
sie in Form des Nervensystems und der innersekretorischen hormonbildenen Drüsen
zur Verfügung. Beim Menschen hat das Nervensystem, insbesondere das Gehirn, eine
Höchstleistungsfähigkeit erreicht, welche diejenigen aller anderen Lebewesen über-
trifft.

Das Nervensystem dient einerseits der Aufnahme umweltbedingter und/oder
körpereigener Reize, andererseits der Umwandlung dieser Reize in nervöse Erregungen, deren Weiterleitung und Verarbeitung sowie der Koordination und Steuerung
von Körperfunktionen durch Impulse, welche vom Zentrum zur Peripherie abgegeben werden. Weiterhin spielen sich im Nervensystem alle geistigen und psychischen
Vorgänge ab.

Anatomisch und funktionell wird das gesamte Nervensystem in zwei Anteile
unterschieden, so das Zentralnervensystem, welchem das Gehirn und das Rücken-
mark zugerechnet werden, und das periphere Nervensystem, welches die Leistungs-
bahnen vom Zentrum zur Peripherie sowie umgekehrt von der Peripherie zum
Zentrum einschließlich den peripheren Nervenzellen umfaßt.

Eine nach anderen Gesichtspunkten vorgenommene Untergliederung unterteilt
das gesamte Nervensystem in autonomes (oder vegetatives) und somatisches (oder
willkürliches) Nervensystem mit jeweils einem zentralen und einem peripheren Teil.

Von der nervalen Erregungsleitung und Informationsübertragung (über die Ner-
venfasern fortgeleitete Impulse) wird die synaptische Erregungsübertragung unterschieden, welche von einer Nervenfaser (Axon) auf eine andere Nerven-, Muskel-
oder Drüsenzelle erfolgt und eine Ventilfunktion (gerichtete Weiterleitung), eine
Lern- und Gedächtnisfunktion (Erleichterung der Übertragung bei häufiger Benut-
zung) sowie eine Bahnungs- und Hemmungsfunktion (Förderung bzw. Unterdrückung von Reizen) besitzt.

Zu den wichtigen chemischen Reizüberträgerstoffen zählen Acetylcholin (cholinerge Synapsen), die Monoamine Noradrenalin, Adrenalin, Dopamin und Serotonin sowie bestimmte Aminosäuren (Asparaginsäure, Glutaminsäure, Gammaaminobuttersäure und Glycin) und einige Peptide (Enkephaline, Substanz P, Cholezystokinin, Somatostatin u.a.).

Wein und Nervensystem

Mäßiges, aber regelmäßiges Weintrinken beugt dem altersbedingten Abbau der Gehirnfunktionen vor, wie sich in einer langfristig angelegten Studie mit knapp viertausend über 65-Jährigen eindeutig ergab. Demzufolge erhalten mäßige Weintrinker im Alter ihre geistige Frische länger als Abstinenzler. Ein Viertel Liter Wein pro Tag reduziere danach den Alterungsprozeß um mehr als ein Drittel.

Auch frühere Untersuchungen ergaben vielfache positive Aspekte mäßigen Weingenusses hinsichtlich des Alterungsprozesses von Nervengewebe, besonders wenn gleichzeitig eine mediterrane Kost wahrgenommen wird.

Weingenuß erzeugt in aller Regel ein angenehmes Gefühl körperlichen und geistigen Wohlbefindens. Durch eine gewisse geistige Anregung und leichte Enthemmung werden äußere Eindrücke sogar leichter aufgefaßt und schneller bearbeitet, die Kritik- und Lernfähigkeit sowie die geistige Leistungskapazität werden durch geringe Mengen Wein kaum herabgesetzt. Der intellektuelle Leistungsausstoß bleibt unvermindert erhalten, zumindest solange keine differenzierten Abstraktionsleistungen gefordert werden.

Von allen Auswirkungen des Weins werden diejenigen auf das Nervensystem subjektiv am stärksten und - zumindest bei geringem Konsum - in aller Regel am wohltuendsten empfunden. Das angenehme Gefühl von subjektivem und objektivem, von körperlichem und geistigem Wohlbefinden basiert auf den Folgen der Vasodilatation, einer verstärkten Hirndurchblutung und verbesserten Sauerstoffversorgung.

Beschrieben wurden immer wieder Steigerungen intellektueller und künstlerischer Fähigkeiten, vermehrte Kreativität und Phantasie, Erleichterung der Lösung schwieriger Probleme und Einstellungen vorher für unmöglich gehaltener Assoziationen aus Vergangenheit und Zukunft.

Im psychischen Bereich vermittelt Wein Euphorie, vertreibt die Depression. Allerdings sind die sedativen wie psychischen Effekte je nach Disposition und Situation der Betroffenen sehr unterschiedlich. Sie reichen, selbstverständlich auch in Abhängigkeit von Ausmaß, Häufigkeit und Konzentration der Zufuhr, von starker psychischer Alteration und quälender Schlaflosigkeit bis zu Enthemmung in den Extremen, besonders bei Menschen in Konfliktsituationen, bei Kranken und bei Erschöpften. Vom leichtesten Grad der Euphorie bis zur Manifestation einer Degeneration von Großhirnganglienzellen und Assoziationsfasern/-zentren sind alle Stadien denkbar, wobei sich parallel dazu pharmakodynamische Auswirkungen im Sinne eines Narkotikums einstellen.

Bei Zufuhr großer Alkoholmengen sind zweifelsohne der Gesundheit gegenläufige Entwicklungen die Regel. Hemmungen fallen, die Koordination musku-

lären Zsammenspiels leidet, das psychische Verhalten gerät zunehmend außer Kontrolle.

Die Palette möglicher Gesundheitsstörungen ist breit gefächert. Die harmlosesten Erscheinungen sind sicher verstärkter Rededrang und lautes Singen. Selbstüberschätzung, gefährliche Kurzschlußhandlungen und kriminelle Akte, ohne Alkoholeinfluß alle undenkbar, stellen dagegen ernstzunehmende Entgleisungen von akutem Alkoholabusus dar.

Alkoholkonzentration in mg/ml Blut	Symptome
0,1-0,5	Redseligkeit, Reflexsteigerung
0,5-1,0	Verringerung der Tiefensehschärfe und der Dunkeladaption, Reaktionszeit verlängert, Grenze der Fahruntüchtigkeit bei ca. 0,3 mg/ml (0,3 $^0/_{00}$, relative F.) bzw. bei 1,1 mg/ml (1,1 $^0/_{00}$, absolute F.)
1,0-1,5	Euphorie, Enthemmung, hohe Unfallgefahr im Straßenverkehr
1,5-2,0	Reaktionszeit stark verlängert, Sprach-, Gleichgewichts- und Koordinationsstörungen
2,0-2,5	starker Rauschzustand, Gleichgewichts- und Koordinationsstörungen noch stärker hervortretend
2,5-3,5	Lähmungserscheinungen, grobe Gleichgewichts- und koordinationsstörungen, Bewußtseinstrübung, fehlendes Erinnerungsvermögen
3,5-4,0	tiefes, evtl. tödliches Koma

Zentrale Vergiftungserscheinungen bei unterschiedlichen Blutalkoholkonzentrationen (nach MUTSCHLER, E.: "Arzneimittelwirkungen", Wissenschaftl. Verlags-GmbH, Stuttgart 1991)

Chronischer, übertriebener Wein-(Alkohol-)genuß führt auf die Dauer vielfach zu erheblichen Persönlichkeitsveränderungen bis zum Persönlichkeitsverfall, wobei Sinnestäuschungen, Wahnvorstellungen und Strafhandlungen alltäglich werden. Durch Weinkonsum allein wurden diese schweren Störungen allerdings selten hervorgerufen, meist war eine Kombination mit anderen hochprozentigen Getränken bei gleichzeitiger Fehl- bzw. Mangelernährung gegeben, zumal in den schweren Formen.

Bezüglich der Reflextätigkeit gilt, daß sie durch Alkohol um so eher negativ zu beeinflussen sind, je komplizierter sie sich darstellen (Achillessehnenreflex, Bauchdeckenreflex, Patellarsehnenreflex usw.). Überhaupt bedingen die neurotropen Eigenschaften von Alkohol, vor allem in Verbindung mit der hohen Lipoidlöslichkeit, daß es zu seiner schnellen Anflutung im Nervengewebe kommt sowie die Elimination verlangsamt erfolgt, sodaß therapeutisch schwer beeinflußbare (alkoholische) Neuritiden vorprogrammiert scheinen.

Krankheiten

Bei psycholabilen Menschen ist der Konsum von Rotwein eher anzuraten als Weißwein, indem er weniger exzitierende Bukettstoffe enthält und damit verstärkt ausgleichend und beruhigend wirkt.

Nervenkrankheiten, psychische Störungen, Epilepsie schließen den Genuß von Weinen aus, sie könnten Verschlimmerungen bzw. Ausbrüche provozieren. Auch eine Kombination mit Medikamenten ist abzulehnen, da sie zu nicht abschätzbaren Reaktionen führen könnten, was sich besonders auch auf die Fahrtüchtigkeit auswirken kann.

Bestehen nicht alkoholbedingte Neuralgien bzw. Neuritiden, wird Wein in aller Regel schlecht vertragen.

Nervöse Störungen, vegetative Dystonien und Psycholabilität können mitunter eine wichtige Indikation zum Konsum mäßiger Weinmengen sein, indem er häufig zu einer Einsparung von Beruhigungs- und Schlafmitteln beiträgt.

Wein, mäßig genossen, regt den Appetit an, steigert das Lebensgefühl, erhöht die Schaffenskraft, erzeugt Entspannung und Wohlbehagen, löst körperliche und seelische Mißstimmungen - wichtige Indikationen, die zur Hebung von subjektivem und objektivem Wohlbefinden erheblich beitragen können.

Wein stellt bei vielen Befindensstörungen, bei geschwächten oder sonstwie in ihrer Reaktionslage veränderten Menschen, bei Abweichungen von der "Mitte", bei aus dem harmonischen Steady State Geratenen ein geradezu ideales Mittel zur Unterstützung wie zur Umstimmung dar, solange die Kontrolle über sich selbst nicht verloren wird, der Weingenießer also aufhört, wenn die ihm und seinen Bedingungen bekömmlichen Mengen überschritten werden.

Glossar

Adhäsion Anhaftung, beispielsweise von Thrombozyten an endothelfreien bzw. endothelfremden Flächen (s.d.)

Adrenalin zu den Katecholaminen (Stresshormonen) gehörender Neurotransmitter (s. Mediatorsubstanz); erregt die Rezeptoren des sympathischen Systems (s. Sympathikus)

adrenerges System System, welches die Wirkung von Adrenalin (s.d.) und Noradrenalin (s.d.) auslöst; s. auch Katecholamine, vegetatives Nervensystem

adstringierend zusammenziehend

aerob unter Anwesenheit von Sauerstoff

Aggregation unspezifische reversible Zusammenballung von Blutzellen

Aldehyddehydrogenase in der Leber vorkommendes Enzym, spielt eine wichtige Rolle bei der Oxidation des Alkohols zu Azetat

Aldehydoxidase Enzym, welches Aldehyde (erstes Abbauprodukt von Alkohol im Stoffwechsel) zu Carbonsäuren (zweites Abbauprodukt von Alkohol im Stoffwechsel) oxidiert (abbaut)

Alkaleszenz Verminderung des Säuregrades

Alkoholapplikation Verabfolgung von Alkohol

Alkoholdehydrogenase ADH; Enzym, welches die Verstoffwechselung von Alkohol bewirkt, den Alkohol abbaut

alpha-sympathomimetischer Erfekt überwiegende Wirkung auf die Alpharezeptoren (bestimmte Rezeptoren an den einzelnen Organen, welche auf Adrenalin (s.d.) und Noradrenalin (s.d.) erregend reagieren) und Blutdruckanstieg, Gefäßverengung, Pulsbeschleunigung usw. auslösen; s. auch Katecholamine

Alveolarsystem Gesamtsystem der Lungenbläschen, Ort des Sauerstoff- und Kohlendioxid-Austauschs zwischen Lunge und Kapillaren

Alveole Lungenbläschen

amöboide Migration amöbenähnliche Bewegung von Zellen oder Fremdkörpern im Organismus

anaerob ohne Anwesenheit von Sauerstoff

Anämie Blutarmut

Anazidität Fehlen von freier Salzsäure im Magensaft

Androgene Sammelbegriff für die männlichen Sexualhormone

Aneurysma umschriebene Ausweitung eines arteriellen Blutgefäßes infolge angeborener oder erworbener Wandveränderungen

antiallergisch gegen Allergien gerichtet

Antianginosa Medikamente zur Beseitigung von Brustenge

antiatherogen einer Verkalkung von Gefäßen entgegenwirkend

Antidepressivum stimmungsaufhellendes Mittel

antidiuretisches Hormon s. Vasopressin

antiketogen der Bildung von Ketonkörpern entgegengerichtet (s.d.)

Antioxidans leicht oxidierbarer Stoff, der durch seine niedrige Oxidations- bzw. Reduktionskraft andere Stoffe (beispielsweise Lebensmittel) vor unerwünschter Oxidation schützt. Da Antioxidantien infolge ihrer antioxidativen Wirkung unter Umständen die Entstehung von Freien Radikalen (s.d.) verhindern können, wird ihnen eine gewisse präventive Funktion hinsichtlich der Entwicklung bestimmter Krankheiten zugeschrieben.

antiproliferativ einer Wucherung bzw. Entzündung entgegenwirkend

Antipyretikum Mittel gegen Fieber

antispasmodisch krampflösend

antiviral Viruserkrankungen entgegengerichtet

Aorta große Körperschlagader

Aphrodisiakum den Geschlechtstrieb und die Potenz stärkendes Mittel

Apolipoproteine Eiweißkomponenten der Lipoproteine (s.d.), die nach immunologischen Eigenschaften, Aminosäurenfolge und Kohlenhydratanteil differenziert werden können und in unterschiedlicher Menge in den Lipoproteinen vorkommen. Sie beteiligen sich an der Lipidresorption, aktivieren die Lipoproteinlipase (s.d.) und steuern die Spaltung von Triglyzeriden

Arachidonsäure vielfach ungesättigte essentielle Fettsäure, in tierischen Fetten vorkommend; Synthese aus Linolsäure möglich; Ausgangsprodukt für Leukotriene, Thromboxane, Prostaglandine und Prostazykline (s. auch Mediatorsubstanzen, Prostaglandine)

Aromatisation bestimmte Art der Biotransformation (s.d.) innerhalb des intermediären Stoffwechsels (s.d.)

Arrhythmie unregelmäßiger oder fehlender Rhythmus, zeitliche Unregelmäßigkeit des Herzschlags

Arteria pulmonalis Lungenschlagader

Arthritis Gelenkentzündung

atherogen atherosklerotische Gefäßprozesse begünstigend (s.d.)

Atheromatöse Plaques plattenartige Auflagerungen auf der innersten Wandschicht von Arterien bei Verkalkung

Atherosklerose Arterienverkalkung

ätiologisch die Lehre von den Krankheitsursachen betreffend

Ätiopathogenese Krankheitsursache, Krankheitsentstehung

ATP Adenosintriphosphat; wichtigster Energielieferant des intermediären Stoffwechsels (s.d.)

ATP-ase Adenosintriphosphatase; Enzym, welches den endständigen Phosphatrest von ATP (s.d.) unter Freisetzung von ADP, anorganischem Phosphat und chemischer Energie unter Einlagerung von Wasser abspaltet

autonomes Nervensystem s. vegetatives Nervensystem, Katecholamine, Sympathikus, Parasympathikus

Autopsie Obduktion; Leichenöffnung zur Feststellung der Todesursache

bakteriell durch Bakterien verursacht

bakteriostatisch das Wachstum und die Vermehrung von Keimen hemmend, ohne deren Abtötung zu bewirken

bakterizid Bakterien abtötend

Barorezeptoren Synonym für Pressorezeptoren

Biotransformation durch enzymatische Reaktionen im Organismus erfolgende chemische Veränderung von Stoffen mit Entstehung von Abwandlungsprodukten; auch Abbau von Arzneimitteln

Bradyarrhythmie Kombination von Bradykardie und Arrhythmie (s.d.)

Bradykardie langsame Schlagfolge des Herzens mit einer Herzschlagzahl unter 60/min

Bronchiolen feinere Verzweigungen der Bronchien

Bronchiolenkonstriktion Zusammenziehung, Verengung von kleinen Luftröhrenverzweigungen

Bronchopneumonie Lungenentzündung, welche von den kleineren Bronchien auf die Lungenbläschen übergreift und nicht streng an die anatomische Begrenzung der Lungenlappen gebunden ist

Calciumabhängige myofibrilläre ATP-ase
Enzym, welches den endständigen Phosphatrest von Adenosintriphosphat unter Freisetzung von anorganischem Phosphat, Adenosindiphosphat und chemischer Energie abspaltet und einen wichtigen energieliefernden Prozess in den Myofibrillen (s.d.) darstellt; dieser Prozess ist calcium-abhängig.

Cholecystokinin Verdauungsenzym, welches die Gallenblase zur Kontraktion anregt und so zur Ausschüttung von Gallensekret führt

Chronotropie Beeinflussung der Schlagfrequenz des Herzmuskels

CO_2-Partialdruck Kohlendioxid-Teildruck in der Luft

Coenzym Substanzen, die an Enzymreaktionen beteiligt sind, bei welchen beispielsweise Elektronen, Ionen oder Molekülgruppen übertragen werden

Coenzym A CoA; überführt organische Säuren in reaktionsfreudige Form, beispielsweise beim Fettsäureabbau; Acetyl-CoA (aktivierte Essigsäure) nimmt eine Schlüsselstellung zwischen den Stoffwechselwegen ein

Cortisol wichtiges in der Nebennierenrinde produziertes Hormon mit vier Hauptwirkungen (Bildung von Kohlenhydraten aus Aminosäuren in der Leber, Unterdrückung der zellvermittelten Immunität -s.d.-, entzündungshemmende Wirkung und Auswirkung auf die Blutbildung, den Muskel-, Wasser-, Elektrolyt- sowie Eiweißstoffwechsel); auch als Streßhormon bezeichnet mit den entsprechenden Wirkungen (s. Katecholamine)

Cystitis Harnblasenentzündung

cytosolisch in der Grundsubstanz der Zelle befindlich

Defibrillation Verfahren zur Durchbrechung eines Herz-Kreislauf-Stillstandes, Notfallmaßnahme bei Kammerflimmern

Dehydrogenasen Enzyme, welche Wasserstoff von Substraten (beispielsweise Äpfelsäure) abspalten

Diabetes mellitus Zuckerkrankheit, Glukosestoffwechselstörung bei relativem oder absolutem Insulinmangel (s.d.)

diabetogen eine diabetische Stoffwechsellage auslösend (s.d.)

Diarrhoe Durchfall, dünnflüssiger reichlicher Stuhl

Diathese Neigung bzw. Bereitschaft des Körpers zu bestimmten Krankheiten

Diffusion Ausbreitung eines Stoffes bei Vorhandensein eines räumlichen Konzentrationsgefälles bis zum Konzentrationsausgleich

dilatativ zur zunehmenden Vergrößerung neigend

Dissoziationskonstante Quotient aus dem Produkt der Konzentrationen der Ionen und der Konzentration von nichtdissoziierten Molekülen nach Einstellung eines Gleichgewichts; charakteristische Größe einer Säure, Base oder eines Salzes

Diurese Ausscheidung von Harn

Dromotropie Beeinflussung der Leitungsgeschwindigkeit des Herzmuskels

Dyspepsie Beschwerden im Bereich des Oberbauchs wie Schmerzen, Sodbrennen, Völlegefühl

Dyspnoe mit subjektiver Atemnot einhergehende Erschwerung der Atemtätigkeit

Ejektionsfraktion relative Blutmenge, welche die linke Herzkammer während der Kontraktion auswirft

Elektrolytdysbalance Ungleichgewicht der Elektrolytverteilung im Blut, im Gewebe oder in den Zellen

Eliminationsrate Ausscheidungsrate

Embolie Verlegung eines Gefäßes durch einen Embolus (Blutpfropf)

Embryopathie vor der Geburt auftretende Erkrankung mit der Folge einer Entwicklungsstörung der Frucht während der ersten Wochen der Schwangerschaft

enddiastolischer und endsystolischer linksventrikulärer Durchmesser

Durchmesser der linken Herzkammer zum Zeitpunkt des Endes von Systole (Auswurfphase) und Diastole (Füllungsphase) (s.d.)

endogen im Körper selbst entstanden, aus der besonderen Anlage des Körpers hervorgegangen

Endogene Oxidation im Körper selbst unter Energieentwicklung stattfindender Stoffwechselvorgang unter Sauerstoffbeteiligung, bei der ein Element (Stoff) unter Abgabe von Elektronen an den Reaktionspartner oxidiert wird

endokrinologisch die Lehre von der Funktion in das Blut absondernder Drüsen und der Hormone betreffend

Endoplasmatisches Retikulum s. retikuloendotheliales System

Endothel einschichtige Auskleidung der Gefäße und Körperhöhlen

Epinephrin Synonym für Adrenalin (s.d.)

Epithel geschlossener ein- oder mehrschichtiger Zellverband, der innere oder äußere Körperoberflächen bedeckt

ergotrop wirksam im Sinne einer Leistungssteigerung

Erythropoietisches System Knochenmark, in welchem die Bildung und Reifung der roten Blutkörperchen lokalisiert ist

Erythrozyten rote Blutkörperchen

essentielle Aminosäuren einfachste Bausteine der Eiweißkörper, die lebensnotwendig sind und von außen mit der Nahrung zugeführt werden müssen, da sie der Organismus nicht selbst aufbauen kann

euphorisierend gesteigertes Lebens- und Glücksgefühl hervorrufend

Exazerbation Verschlimmerung

Experimentelle Physiologie Teilbereich der Wissenschaft und Lehre von den normalen Lebensvorgängen, gewonnen aus Experimenten

Exsikkose Abnahme des Gesamtkörperwassers, Austrocknung

extrakraniell außerhalb des knöchernen Schädels

Extrasystolen außerhalb des regulären Grundrhythmus des Herzens vorzeitig oder verspätet einzeln oder gehäuft auftretende Extraschläge

Extrazellulärraum Raum, in welchem sich die außerhalb der Zellen befindliche Flüssigkeit befindet

exzitatorisch erregend

Femur Oberschenkelknochen

Fetales Alkoholsyndrom auch Alkoholembryopathie; chronische Alkoholzufuhr während der Schwangerschaft kann zu einem verzögerten Wachstum der Frucht, zu Mißbildungen sowie zu intellektuellen Entwicklungsstörungen führen

Fibrille Fäserchen; Bauelement von Knochen, Nerven und Muskeln

Fibrin nicht wasserlösliches Eiweiß, welches durch enzymatische Einwirkung von Thrombin aus seiner Vorstufe Fibrinogen entsteht; Endprodukt der Blutgerinnung

Folatdefizit Mangel an Folsäure

Formatio reticularis Teil des Gehirns, vom verlängerten Mark bis zum Zwischenhirn reichend; Vermittlung lebenswichtiger reflektorischer Erregungen, Steuerung vegetativer Funktionen, Koordination von Reflexen zu Bewegungsabläufen und Verarbeitung einlaufender Informationen für die Großhirnrinde

Fraktur Bruch

Gamma-Glutamyl-Transferase 8-GT; Leberenzym, welches vor allem bei Erkrankungen der Leber und Gallenwege erhöhte Werte aufweist

Ganglienzelle Nervenzelle des Gehirns bzw. Rückenmarks

Gastrin Gewebehormon, welches die Salzsäuresekretion des Magens reguliert

Gastritis Entzündung der Magenschleimhaut

Gastrohypertonie überhöhte Wandspannung des Magens

gastrointestinal den Magen-Darm-Kanal betreffend

Glucagon in der Bauchspeicheldrüse gebildetes Hormon, dessen Ausschüttung vor allem bei zu niedrigem Blutzuckerspiegel, durch Katecholamine (s.d.) und durch verschiedene Hormone gefördert wird; seine Wirkung besteht vorwiegend in einer Erhöhung des Blutzuckerspiegels

Gluconeogenese Glukosebildung aus Nicht-Kohlenhydrat-Vorstufen; findet vorwiegend in der Leber und Niere statt; wichtig vor allem bei starkem Laktatanfall (s.d.) durch Muskelarbeit und bei Hunger zur Aufrechterhaltung des Blutglukosespiegels

Glukokortikoide Nebennierenrindenhormone mit besonderer Wirkung auf den Zuckerstoffwechsel; wichtigster Vertreter Cortisol (s.d.)

Glykogen tierische Stärke

Glykolyse Abbau der Glukose bis zum Laktat (s.d.), wobei chemische Energie in Form von Adenosintriphosphat (ATP) gewonnen wird

Glykosurie Glukosurie; erhöhte Ausscheidung von Glukose im Harn, vorkommend vor allem bei Diabetes mellitus (s.d.) und nach glukosereicher Mahlzeit

Granulozytopenie Mangel an Granulozyten, einer Untereinheit der Leukozyten (s.d.)

Haemopoetikum die Blutbildung anregendes Mittel

Haemorrhagie Blutung

hämodynamisch Faktoren betreffend, welche auf den Blutfluß einwirken (Blutdruck, Blutvolumen, Viskosität (s.d.), Strömungswiderstand u. a.)

Hämoglobin roter Blutfarbstoff der Erythrozyten (s.d.)

Hämostase Blutgerinnung und physiologische Blutstillung, wobei Gefäßwand, Blutplättchen und gerinnungsfördernde bzw. gerinnungshemmende Stoffe im Blut und in der Zwischenzellflüssigkeit beteiligt sind

Harnsaure Diathese Neigung zu Gicht, überhöhter Harnsäurespiegel mit Gefahr der Abscheidung harnsaurer Salze an verschiedenen Körperstellen, besonders in Gelenken

hepatisch die Leber betreffend

Hepatomegalie Lebervergrößerung

Hepatozyten Leberzellen

Hirnödem vermehrte Einlagerung von Wasser in das Gehirn infolge Schädigung der Blut-Hirn-Schranke oder der Blut-Liquor-Schranke

Histamin Gewebshormon, im Körper selbst enstehend, wichtige Mediatorsubstanz (s.d.) mit vielfältiger Wirkung im Körper

Hydratationszustand Bindung von Wasser an chemische Substanzen, hier Wassergehalt von Geweben bzw. Organen

Hydroxylierungsreaktion Reaktion, bei welcher eine OH-Gruppe in eine chemische Verbindung eingeführt wird

hygroskopisch wasseranziehend

Hyperaggregation übermäßige Zusammenballung von Blutzellen, unspezifisch und reversibel

Hyperazidität Übersäuerung des Magensaftes

Hyperinsulinämie vermehrte Insulinmenge im Blut und dadurch bedingte Unterzuckerung

Hyperlipoproteinämie Fettstoffwechselstörung mit erhöhter Konzentration von Lipoproteinen (s.d.) im Blut

Hyperplasie Vergrößerung eines Gewebes oder Organs durch Zunahme der Zellzahl bei unveränderter Zellgröße

Hypertonie Bluthochdruck

Hypertonieprävalenz Häufigkeit von Bluthochdruck im Verhältnis zur Anzahl der untersuchten Personen

Hypertrophie Vergrößerung von Geweben oder Organen durch Zunahme des Zellvolumens bei gleichbleibender Zellzahl

Hyperurikämie erhöhte Harnsäurekonzentration im Blut

Hypoaggregabilität verminderte unspezifische reversible Zusammenballung von Blutzellen

Hypoglykämie Unterzuckerung, Verminderung des Blutzuckers

Hypomagnesiämie verringerter Magnesiumgehalt des Blutes

Hypophosphatämie verringerter Phosphatgehalt des Blutes

Hypophyse in der knöchernen Schädelbasis lokalisiertes, kirschgroßes, endrokines Organ, einerseits mit dem Hypothalamus (s.d.) eine morphologische und funktionelle Einheit bildend, andererseits in direkter Verbindung zum vegetativen Nervensystem (s.d.) und zu den Hormondrüsen, deren Tätigkeit sie kontrolliert und reguliert

Hypothalamus zentralnervöse Region; Teil des Zwischenhirns; übergeordnetes Zentrum für das vegetative Nervensystem (s.d.), welches die wichtigsten

Regulationsvorgänge des Organismus wie Wärmeregulation, Wach- und Schlafrhythmus, Blutdruck- und Atmungsregulation, Nahrungsaufnahme, Fettstoffwechsel, Wasserhaushalt, Sexualfunktion und Schweißsekretion koordiniert

Hypothermie Unterkühlung, Absinken oder Senkung der Körpertemperatur

Hypoxie Herabsetzung des Sauerstoffgehalts im Gesamtorganismus oder in bestimmten Körperregionen

immunmodulatorisch auf eine Veränderung des nach Kontakt mit einem Fremdkörper erfolgenden Reaktion des Organismus hinwirkend, wobei die Antwort eine positive Unterstützung (Immunstimulation) oder eine negative Beeinflussung (Immunsuppression) sein kann

Immunsuppression s. Immunmodulation

Influenza Grippe

inhibitorisch hemmend

innersekretorisch von Drüsen nach innen in den Blutkreislauf abgegeben

Inotropie Beeinflussung der Schlagstärke bzw. der Kontraktionskraft des Herzmuskels

Insuffizienz Schwäche,. ungenügende Leistung eines Organs oder Organsystems

Insulin in bestimmten Zellen der Bauchspeicheldrüse gebildetes blutzuckersenkendes und langkettige Zucker aufbauendes Hormon

Insulinase eiweißauflösendes Enzym zum Abbau des Insulins (s.d.) im Gewebe

Insulinresistenz durch spezifische Antikörper bedingter Mehrbedarf an Insulin zur Stoffwechseleinstellung bei Diabetes mellitus (s.d.)

intermediär zwischengeschaltet, dazwischenliegend

Intermediärstoffwechsel Stoffwechselzwischenstufen bei der Energiegewinnung, dem Aufbau körpereigener Substanz und dem Abbau zu unschädlichen Endprodukten

interstitielle Fibrose Vermehrung des bindegewebigen Zwischengewebes

intestinale Resorption Resorption vom Darmkanal in das Blut

Intima innerste Schicht der Gefäßwand von Arterien, Venen und Lymphgefäßen

intrahepatisch innerhalb der Leber

intrakardial im Herzen, in das Innere des Herzens

intrakraniell innerhalb des knöchernen Schädels

intravasal im Gefäß

intravital während des Lebens

intrazellulär innerhalb der Zelle

intrazerebral im Gehirn gelegen

Involution Zurückbildung

Inzidenz Anzahl der Neuerkrankungsfälle einer bestimmten Erkrankung innerhalb eines bestimmten Zeitraums

ischämisch mit verminderter oder unterbrochener Durchblutung eines Organs

ischämisch-okklusiv verschlußbedingter Sauerstoffmangel

kapillarprotektiv einen Schutz auf die Blutkapillaren ausübend

Kardiomyopathie Klinischer Begriff, welcher alle Erkrankungen des Herzmuskels umfaßt, die nicht durch eine Verkalkung der Herzkranzgefäße, Erkrankung des Herzbeutels, zu hohen Blutdruck oder angeborene bzw. erworbene Herzfehler bedingt sind

kardioprotektiv einen Schutz auf das Herz ausübend

kardiopulmonal das Herz-Lungen-System betreffend

Kardiostimulation Anregung des Herzens zu verstärkter und beschleunigter Kontraktion

Kardiotoxizität giftige Wirkung für das Herz

kardiovaskulär das Herz und die Gefäße betreffend

Karotissinus Erweiterung an der Teilungsstelle der gemeinsamen Kopfschlagader (s. auch Pressorezeptoren)

Karzinom bösartiger Tumor, der von dem Zellverband ausgeht, welcher innere oder äußere Körperoberflächen bedeckt

Katalysator Substanz, welche eine Reaktion beschleunigt, ohne dabei selbst verändert zu werden

Katalytische Funktion eine chemische Reaktion beschleunigend, ohne dabei selbst verändert zu werden

Katecholamine biogene Amine, besonders Adrenalin (s.d.) und Noradrenalin (s.d.); auch Stresshormone genannt, weil sie im Stress vermehrt ausgeschüttet werden und die bekannten Stressreaktionen hervorrufen (Puls- und Blutdruckerhöhung, Erhöhung des Blutzuckerspiegels, Aktivierung des Stoffwechsels, Drosselung der Blutzufuhr zum Magen-Darm-Kanal usw.)

Ketoazidose Bezeichnung für eine stoffwechselbedingte Säuerung, welche beispielsweise bei Insulinmangel bzw. bei unbehandelter Zuckerkrankheit auftritt

Ketonkörper Sammelbegriff für verschiedene Substanzen, welche bei gesteigerter Lipolyse (s.d.), beispielsweise

bei Insulinmangel, erhöhter Glucagonkonzentration (s.d.) und im Hungerzustand gebildet werden

Kolik Krampfartige Leibschmerzen infolge Verkrampfung der Muskulatur von Bauchorganen mit Zug am Darmgekröse und Reizung der dort verlaufenden Nerven; meist einhergehend mit Schweißausbruch, Brechreiz, Erbrechen und Kollaps

Kollagen zu den Gerüsteiweißen gehörendes Protein, vorkommend im Bindegewebe, in Sehnen, Bändern, Knorpel und Knochen

Kolloidstruma Vergrößerung der Schilddrüse mit deutlicher Kolloidvermehrung in großen oder kleinen Bläschen

Koma schwerster Grad von Bewußtseinsstörung, bei welcher der Betroffene durch äußere Reize nicht mehr zu wecken ist

Komplementsystem verstärkt bzw. ergänzt Antikörperwirkungen bei der Inaktivierung von in den Organismus eingedrungenen Fremdstoffen

Konjugat Vereinigung, Verbindung

Konjunktivitis Augenbindehautentzündung

Konstitutionelle Hypotonie aufgrund individueller körperlicher und psychischer Eigenschaften auftretender Blutunterdruck

Kontraktilität Maß für die Kontraktionskraft des Herzens

Koronarangiogramm Röntgenkontrastdarstellung der Herzkranzgefäße

Koronare Reperfusion Wiederdurchströmung der Herzkranzgefäße nach länger bestehender Durchblutungsunterbrechung des Herzmuskels (beispielsweise Entfernung eines Gerinnsels, Operation usw.); bei rascher Reperfusion können Probleme (wie Untergang von Herzmuskelgewebe, Schock) auftreten infolge Einschwemmung angestauter toxischer Stoffwechselprodukte

Koronarinsuffizienz relativ oder absolut unzureichende Durchblutung der Herzkranzgefäße

Koronarspasmus Verkrampfung der Herzkranzgefäße, subjektiv mit dem Gefühl der Angina pectoris einhergehend, objektiv als Koronarinsuffizienz im EKG nachweisbar

Koronartherapeutika Medikamente mit erweiternder Wirkung auf die Herzkranzgefäße

Kreatin Zwischenprodukt des Stoffwechsels

Kreatinase Kreatinkinase; in der Zelle befindliches Enzym, welches den Aufbau von ATP (s.d.) katalysiert und damit als rasche Energiequelle für die Muskelkontraktion fungiert

Laktat Salz der Milchsäure, Endprodukt des Kohlenhydratabbaus; steigt bei intensiver Muskelarbeit und nicht ausreichender Sauerstoffversorgung stark an

Leukozyten weiße Blutkörperchen, unterteilt in Granulozyten, Lymphozyten und Monozyten

Leukozytose Vermehrung der Leukozytenzahl im Blut

Libido Grundbegriff für die jede Triebmanifestation begleitende psychische Energie

Lipidalteration patholigische Veränderung von Lipiden (s.d.)

Lipide heterogene Gruppe von natürlichen Substanzen mit unterschiedlicher chemischer Struktur, im eigentlichen Sinne Fette, Wachse und Öle

Lipidmetabolismus Stoffwechsel der Lipide, d. h. vor allem der Serumlipide wie der freien Fettsäuren und der Lipoproteine, Komplexen aus Cholesterin, Cholesterinestern, Phosphatiden, Triglyzeriden und Apolipoproteinen (s.d.)

Lipidperoxidation Auslösung durch hochaktive freie Radikale (s.d.), welche zur Zerstörung von Membranstrukturen (beispielsweise der innersten Schicht von Gefäßwänden) führen (s. Oxidationshypothese)

Lipidstatus absolute und relative Verteilung der Lipide im Blut bzw. Gewebe (s. auch Lipidmetabolismus)

Lipogenese Bildung von Triglyzeriden aus Glyzerin und freien Fettsäuren im Fettgewebe

Lipoide fettähnliche Substanzen

Lipolyse Spaltung von Triglyzeriden zu Glyzerin und freien Fettsäuren im Fettgewebe bei vermehrter Adrenalinausschüttung (s.d.)

Liponeogenese s. Lipogenese

Lipoprotein-Clearance Plasmamenge, die pro Zeiteinheit von Lipoproteinen geklärt o. befreit wird (s.d.)

Lipoproteine hochmelekulare wasserlösliche Komplexe, welche vor allem aus Cholesterin, Cholesterinester, Phosphatiden, Triglyzeriden und Apolipoproteinen (s.d.) bestehen. Sie werden in der Leber und der Darmwand aufgebaut und transportieren fettlösliche Sustanzen im Blut. Sie lassen sich in verschiedene Dichteklassen aufteilen, die Chylomikronen, die VLDL, die IDL, die LDL und die HDL.

Lipoproteinlipase sogenannter Klärfaktor; Enzym, welches Lipoproteine (s.d.) durch Wasseraufnahme spaltet und abbaut; lokalisiert an der Oberfläche von Leber- und Fettzellen

Liquor Flüssigkeit, beispielsweise des Gehirns bzw. Rückenmarks

Lumeneinengung Einengung der lichten Weite von röhrenförmigen Körpern und Hohlorganen

Makrozytose Auftreten von jungen, großen, früh entkernten Erythrozyten (s.d.)

Malabsorption Verdauungsschwäche

Maldigestion Störung der Verdauung

Malnutrition Sammelbegriff für eine Fehl- o. Mangelernährung

Mastopathie Umbauprozess der Brustdrüse, vor allem bei Frauen zwischen dem 35. und 50. Lebensjahr auftretend und meist mit knotigen Verhärtungen sowie Schmerzen einhergehend

Matrix Keimschicht, Mutterboden

Mediastinum mittleres Gebiet des Brustraums, Mittelfellraum

Mediatorsubstanz Hormonähnliche Wirkstoffe, welche von verschiedenen Geweben bzw. Zellen des Organismus gebildet, auf physiologische bzw. pathologische Reize freigesetzt und auf charakteristische Weise entweder in der Nähe ihrer Bildungsstätte oder entfernt davon wirksam werden. Zu ihnen werden Neurotransmitter, Gewebshormone (Kinine, Prostaglandine, Thromboxane), biogene Amine (wie Histamin, Serotonin), lysosomale Enzyme, Leukotriene und Lymphokine gerechnet

Mediterrane Kost Ernährungsweise, wie sie in den Mittelmeerländern üblich ist, viel Gemüse, Olivenöl, Obst und wenig Fleisch enthaltend

Megakaryozyten thrombozytenbildende Knochenmarkriesenzellen (s. auch Thrombozyten)

MEOS-System microsomal ethanol oxidising system; Alkohol abbauendes System, Nebenweg zum klassischen Abbau über die Alkohol- und Aldehyddehydrogenase

mesenchymales Gewebe bestimmtes undifferenziertes Bindegewebe, multipotentes Muttergewebe aller Formen von Stütz- und Bindegewebe, der Muskulatur, Gefäßwandinnenschichten und Blutzellen

metabolische Azidose Störung im Säure-Basen-Haushalt mit Zunahme des arteriellen Säuregrades, bedingt durch vermehrte Zufuhr oder Bildung von Säuren bei hoher intensiver Belastung mit Überforderung der Säureausscheidungskapazität

Metabolisierung Verstoffwechselung

Metabolit Stoffwechselprodukt

Mikrosomale Enzyme Enzymbesatz der Mikrosomen, bestimmter Anteile des endoplasmatischen Retikulums (s.d.)

Mineralocorticoide Nebennierenrindenhormone mit besonderer Wirkung auf den Mineralstoffwechsel

mitochondriale Dysfunktion unphysiologische Funktion der Mitchondrien, d. h. der Kraftwerke der Zellen, wo mit Hilfe von Sauerstoff energiereiche Glukose bzw. Fettsäuren verstoffwechselt werden unter Gewinnung von Energie

Motorisches Stereotyp Bewegungsmuster, welches über lange Zeit und immer in der gleichen Weise beibehalten wird; Störung von außen kaum möglich, autonom ablaufend

Mutation Veränderung des genetischen Materials, die ohne erkennbare äußere Ursache oder durch exogene Einflüsse entstehen kann

Myofibrillen kontraktionsfähige Bestandteile der Muskelfasern

Myoglobinurie Ausscheidung von rotem Muskelfarbstoff mit dem Harn

myokardial den Herzmuskel betreffend

Myokardinfarkt Herzinfarkt; Untergang von Herzmuskelgewebe infolge Verschluß einer Herzkranzarterie mit nachfolgender Sauerstoffunterversorgung des distalwärts gelegenen Gewebes

Myokardnekrose Untergang von Herzmuskelgewebe infolge Minderdurchblutung und Sauerstoffmangel

Myopathie Muskelerkrankung

Myxödem Unterfunktion der Schilddrüse mit entsprechenden klinischen Symptomen

NADPH NADH; Nicotinamidadenindinucleotid, reduziert; Coenzym; der Wasserstoff des NADPH steht für Biosynthesen (beipielsweise von Fettsäuren) zur Verfügung

Narkotikum Betäubungsmittel

Nephritis Nierenentzündung

Nephrose degenerative Nierenerkrankungen unterschiedlicher Genese

Neuritis Entzündung von Hirnnerven oder peripheren Nerven

Neuropathie Erkrankung peripherer Nerven, Nervenleiden

Neurotrop auf Nerven einwirkend

Noradrenalin im Nebennierenmark und im ganzen sympathischen Nervensystem (s.d.) zusammen mit Adrenalin (s.d.) gebildetes Hormon mit z. T. gegensätzlichen, z. T. gleichgerichteten Auswirkungen wie Adrenalin

Norepinephrin Synonym für Noradrenalin (s.d.)

Nukleotidsynthese Aufbau von Phophorsäureestern der Nucleoside, d.h. Verbindungen zwischen einer Pentose (Zucker mit 5 C-Atomen) und einer Base (meist Purin- o. Pyrimidinbase)

nutritiv die Ernähung betreffend

O_2-Partialdruck Sauerstoff-Teildruck in der Luft, ca. 150-160 mmHg

Obstipation Stuhlverstopfung, verzögerte Kotentleerung

Oestrogenisierend ähnliche Wirkungen wie Oestrogen hervorrufend

oral Zufuhr durch den Mund

Osmotischer Druck Entspricht dem Druck, den gelöste Stoffe als (ideale) Gase bei gleichem Volumen und gleicher Temperatur ausüben würden.

Oxidationshypothese der Pathogenese kardiovaskulärer Erkrankungen in letzter Zeit häufig vertretene Auffassung, daß die sauerstoffmangelbedingten Herzkrankheiten (Herzinfarkt) durch bestimmte pathologische Oxidationsprozesse einer Lipoprotein-Fraktion (s. d.), die LDL-Lipoproteine, entstehen

Pankreas Bauchspeicheldrüse

Pankreatitis Entzündung der Bauchspeicheldrüse

Parasympathikus vom Sympathikus (s.d.) abgrenzbarer Teil des vegetativen Nervensystems, dessen Aktivierung (beispielsweise während des Schlafs) zu einem langsamen Herzschlag, zu einer Peristaltikanregung des Magen-Darm-Kanals und zu einer intensiven Regeneration führt (Erholungsnerv)

Patellarsehne Reflex der Sehne des vierköpfigen Schenkelstreckers unterhalb der Kniescheibe

Pellagra durch Mangel an Vitamin B entstehende Erkrankung, meist infolge einer Fehlernährung

Pepsin Verdauungsenzym des Magensaftes, welches die Eiweißmoleküle von innen her aufspaltet

Pepsinogen inaktive Vorstufe des Pepsins (s.d.)

Perfusion Durchströmung des Körpers oder einzelner Organe mit Blut

Peristaltik fortschreitende Bewegung in Hohlorganen (Magen-Darm-Kanal, Harnleiter) infolge ringförmiger Einschnürungen durch Muskelkontraktionen

Phagozytose Aufnahme fester Partikel in das Zellinnere von Freßzellen mit intrazellulärem Abbau

Pharmakodynamik Untersuchung des Einflusses von Arzneistoffen auf den Organismus (einschließlich Dosis-/Wirkungsbeziehungen, Wirkungsmechanismen, Nebenwirkungen)

Phosphoglycerinaldehyd-Dehydrogenase Enzym der Glykolyse (s.d.), welches vor allem im Muskel und in der Leber vorkommt

Phosphoinositid-Phospholipase Enzym, welches Phophoinositid unter Wasseraufnahme spaltet

Phospholipasen Enzyme, welche Phopholipide unter Wasseraufnahme spalten; nach dem Angriffsort werden verschiedene Unterformen unterschieden (A1, A2, B, C, D); kommen in verschiedenen Organen vor

Plasma-Lezithin-Cholesterin-Acyltransferase LCAT; wichtiges Enzym im Lipoproteinstoffwechsel (s.d.), indem es Cholesterin mit Hilfe von Lezithin zu einem transportablen Cholesterinester umwandelt

Plasmarenin Gehalt des Blutplasmas an Renin, einem eiweißspaltenden Enzym, welches zu einer Aktivierung des wirksamen Angiotensin führt (s. auch Renin-Angiotensin-Aldosteron-System)

Pneumonie Lungenentzündung

polymorphkernig mit vielgestaltigem Kern versehen

postmenopausal das Klimakterium nach der Menopause betreffend

postprandial nach dem Essen auftretend

Potenzstörung Erektionsstörung, sexuelle Funktionsstörung

Pressorezeptoren Blutdruckzügler; in der Wand der großen Körperschlagader und im Karotissinus (s.d.) lokalisierte Dehnungsrezeptoren; eine Blutdruckerhöhung führt zur Dehnung der Gefäßwände und zur Aktivierung der Presserezeptoren, wodurch eine Gefäßweitung, Blutdruckabfall und Herzschlagverlangsamung bewirkt werden

pressorisch blutdruckerhöhend

Primärharn der in den Nierenrinden aus dem Blutplasma abgefilterte, noch nicht konzentrierte Harn, der in seiner Zusammensetzung weitgehend dem eiweißfreien Blutplasma entspricht

Proliferation Wucherung

Prostaglandine Sammelbezeichnung für zahlreiche natürliche hormonähnliche Substanzen (Gewebshormone, Mediatorstoffe - s.d.); in fast allen Organen vorkommend; Ausgangssubstanz im Körper ist die Arachidonsäure, die durch Phospholipasen (s.d.) aus Membranlipiden freigesetzt wird; vielfältige Wirkungen im Körper

Prostazyklin s. Prostaglandine, Mediatorsubstanzen

Proteinase-Inhibitor Eiweißstoffe, welche die Aktivität von proteinabbauenden Enzymen hemmen; kommen oft zusammen mit den proteinabbauenden Enzymen vor; dienen beispielsweise der Schutzfunktion vor Selbstverdauung

Proteine Eiweißkörper

protrahierend in die Länge ziehend

Psychopharmakon Arzneimittel, welches vor allem die Aktivität des Zentralnervensystems beeinflußt und eine Wirkung auf psychische Funktionen ausübt

Pulmonale Hypertonie Hochdruck im Lungenkreislauf

Purgation Reinigung

Purinkatabolismus Abbaustoffwechsel von Purinkörpern

Pyloruspassage Passage von Mageninhalt durch den Pförtner in den Zwölffingerdarm

Pyridoxalstoffwechsel Stoffwechsel von Pyridoxin (Vit. B6)

Radius Speiche

Redoxpotential Maß für die Oxidations- bzw. Reduktionskraft einer Substanz

Redoxsystem System von zwei Substanzen, welche durch Reduktion bzw. Oxidation ineinander überführbar sind. Das System mit positiverem Potential wird das mit negativerem oxidieren, letzteres kann ersteres reduzieren. Redoxsysteme sind für den Energiehaushalt der Zelle sehr wichtig, indem sie die Aufgabe wahrnehmen, den bei Stoffwechselprozessen freigesetzten Wasserstoff aufzunehmen und wieder abzugeben, um eine stufenweise Freisetzung von Energie zu ermöglichen.

Reflexbradykardie langsamer Herzschlag, reflektorisch bedingt

relaxierend entspannend

renal die Nieren betreffend

Renin-Angiotensin-Aldosteron-System komplexes Regulationssystem zur Konstanterhaltung bzw. Normalisierung von Blutflüssigkeit und Blutdruck, dessen biologisch wirksame Substanzen Angiotensin, Aldosteron und Renin sind

Reperfusion rasche Aufhebung einer länger bestehenden Durchblutungsnot

Repolarisationszeit Zeit bis zur Wiederherstellung der elektrischen Ruheverhältnisse am Herzmuskel nach einer Kontraktion

Respirationstrakt Atemwege der Lunge

Respiratorische Alkalose mit Abfall des CO_2-Partialdrucks (s.d.) und Abnahme des Blut-Säuregrades durch gesteigerte Kohlendioxidabgabe infolge übersteigerter Atmung einhergehende Störung im Säure-Basen-Haushalt

Reticuloendotheliales System Im Grundplasma der Zelle gelegenes dreidimensionales Hohlraumsystem aus Bläschen, Kanälchen und Zisternen; besonders reichlich vorhanden in eiweißaufbauenden Zellen wie beispielsweise Leber

Reveresterung Wiederveresterung, Liponeogenese im Fettgewebe (s. auch Lipogenese)

roborierend stärkend, kräftigend

Ruptur Zerreißung, Durchbruch

Sarkoplasma von einer Zellmembran umschlossenes Plasma der Muskelzelle, welches in Wasser gelöste Eiweiße, Lipide, Kohlenhydrate, Mineralsalze und Spurenelemente enthält

Sauerstoffutilisation Sauerstoffnutzbarmachung, Sauerstoffausschöpfung des Blutes

Schlafapnoe vorübergehender Atemstillstand während des Schlafs

Sedativum beruhigendes Mittel

sedierend beruhigend

Sekretin Hormon des Magen-Darm-Kanals, welches bei Übertritt von Säure aus dem Magen in den Zwölffingerdarm freigesetzt wird

Serotonin biogenes Amin (s. Mediatorsubstanz), Neurotransmitter; in Zellen der Darmschleimhaut, in Blutplättchen und im Zentralnervensystem vorkommend; Bedeutung der physiologischen Ausschüttung noch nicht abschließend geklärt; zahlreiche Wirkungen (Gefäßerweiterung, Gefäßverengung, Erregung der glatten Muskulatur); Zusammenhang mit Migräne wahrscheinlich

Serumkreatinase auch Kreatinkinase; intrazelluläres Enzym, welches die schnelle Reaktion _Kreatin + ATP Kreatinphosphat + ADP_ reversibel ermöglicht

sinusoidales Endothel innere Wandschicht weiter Blutkapillaren in der Leber

Sklera Lederhaut des Auges; äußere feste Hülle des Augapfels aus derbem Bindegewebe

Splenomegalie Milzschwellung, Milzvergrößerung

Steal phenomenon Störung des Blutflusses mit dessen Umverteilung, welches einem bestimmten Versorgungsgebiet zugunsten eines anderen Gefäßsystems entzogen wird

stenosieren verengen

subarachnoidal unter der Spinnwebenhaut des Gehirns gelegen

Subazidität verminderter Gehalt des Magensaftes an Salzsäure

subendokardial unter der innersten Herzwandschicht gelegen

subklinische Depression noch nicht sehr deutliche Störung des Gefühls- und Gemütslebens, bei welcher eine gewisse Niedergeschlagenheit im Vordergrund steht

Suppression Unterdrückung

supraventrikuläre Tachykardie schnelle Schlagfolge des Herzens mit einer Herzschlagzahl über 100/min, vom Vorhof ausgehend

Sympathikus Teil des vegetativen Nervensystems, dessen Stimulierung (beispielsweise im Stress, bei Arbeit) zu Blutdruckanstieg, Pulsanstieg, Atemverstärkung, Schweißbildung sowie zu einer Herabsetzung der Verdauungstätigkeit führt (Arbeitsnerv)

sympathische Innervation nervale Versorgung von Körpergeweben und Organen durch den sympathischen Anteil (s.d.) des vegetativen Nervensystems (s.d.)

Synapse Umschaltstelle für die diskontinuierliche Erregungsübertragung von einer Nervenzelle auf eine andere oder auf das Erfolgsorgan

Synergist Verstärker beim Zusammenwirken, beispielsweise von Muskeln, Drüsen usw.

Tachykardie schnelle Schlagfolge des Herzens mit einer Schlagzahl über 100/min

Testosteron stärkstes natürliches männliches Sexualhormon

Thermogenese Wärmebildung

Thermoregulation Regulation der Wärmebildung und Wärmeabgabe zur Aufrechterhaltung eines Gleichgewichts

Thrombocytopenie verminderte Zahl an Blutplättchen

Thrombozyten Blutplättchen

Thrombus durch Blutgerinnung in Gefäßen und an der Herzwand entstandenes Blutgerinnsel; drei verschiedene Formen (Abscheidungsthrombus, Gerinnungsthrombus und Mischform)

Thyreotoxikose Hyperthyreose; Überfunktion der Schilddrüse

Trachea Luftröhre

Transmitter Überträgersubstanz

Triglyceride Neutralfette, bestehend aus drei an Glycerin gebundenen Fettsäuren, physiologische Bedeutung als Energielieferant, pathologisch erhöht bei Fettstoffwechselstörungen

ubiquitär überall vorkommend

Urat Salz der Harnsäure

Urogenitalsystem Harn- und Geschlechtsorgane betreffend

Vasodilatation Erweiterung der Blutgefäße

Vasokonstriktion Engstellung der Blutgefäße

Vasomotorenzentrum im Gehirn lokalisiertes Zentrum für die Nerven des vegetativen Nervensystems (s.d.), welche die Gefäße verengen bzw. erweitern

Vasopressin auch ADH o. antidiuretisches Hormon, Adiuretin; im Hypothalamus (s.d.) gebildetes Hormon, welches vor allem zu einer Wasserrückresorption in der Niere, zu einer Wasseranreicherung im Organismus und zu einer Harnkonzentration führt

vegetatives Nervensystem Gesamtheit der dem Einfluß des Willens und dem Bewußtsein primär nicht untergeordneten Nerven und Nervenzellen, die der Regelung der Vitalfunktionen dienen und das Zusammenwirken der einzelnen Teile des Körpers gewährleisten; bildet mit dem System der endokrinen Drüsen (s.d.) und dem Immunsystem (s.d.) eine funktionelle Einheit; bestehend aus dem Sympathikus (s.d.) und dem Parasympathikus (s.d.)

Ventrikelfunktion Funktion der linken Herzkammer

ventrikuläre Vulnerabilität Verletzbarkeit der Herzkammer

Veresterung Esterbildung (Verbindung aus organischer bzw. anorganischer Säure und Alkohol unter Wasserabspaltung)

viruzid Viren abtötend

visköse Metamorphose zähflüssige Umwandlung bestimmter Blutzellen infolge äußerer schädlicher Einwirkungen

Viskosität Zähigkeit, innere Reibung einer Flüssigkeit

viszeral die Eingeweide betreffend

Xenobiotika Substanzen, die den Körper zu Abwehrreaktionen veranlassen

zerebral das Gehirn betreffend

zerebrale Ischämie Mangeldurchblutung des Gehirns

Zerebralinfarkt Untergang von Hirngewebe infolge Sauerstoffmangel nach akutem Arterienverschluß ohne kompensatorischen Kreislauf

Zerebrovasospasmus Gefäßkrampf im Bereich des Gehirns

zirkadian tagesrhythmisch, über den ganzen Tag verteilt

Zitratzyklus Zitronensäurezyklus; zentrale Reaktionsfolge des intermediären Stoffwechsels (s.d.), in welchem Kohlenhydrat-, Eiweiß- und Fettmetabolismus einmünden

Zytostatikum Substanzen, welche die Zellteilung bestimmter Zellen durch Beeinflussung ihres Stoffwechsels verhindern oder erheblich verzögern; Anwendung in der Therapie bösartiger Geschwülste

zytotoxisch zellschädigend

Literaturverzeichnis

Literatur zu "Der Wein in der Medizin- und Kulturgeschichte"

BERGNER, K.-G.: "Weinkompendium", Wissenschaftl. Verlags-GmbH, Stuttgart 1993

GÖTZ, B.: "Weinbehandlung in alten Zeiten", in BADISCHER WEINBAUVERBAND: 'Reben. Wein. Gesundheit', Rombach-Verlag, Freiburg 1983

HELD, S.: "Wein als Gesundbrunnen. Ein Kompendium über die Naturheilkräfte des Weins", Epikur-Verlag, Ronsberg 1984

HOFFMANN, K.M.: "Der Wein und die Gesundheit des Menschen" in BADISCHER WEINBAUVERBAND (Hrsg.): 'Reben. Wein. Gesundheit', Rombach-Verlag, Freiburg 1983

JOHNSON, H.: "Wine in culture", in 'The Robert Mondavi Mission Programs in 1988-1990', Oakville, California 1991

KELLER, M.: "Wine and religion" in 'The Robert Mondavi Mission Programs in 1988-1990', Oakville, California 1991

KLIEWE, H.: "Wein und Gesundheit", Meininger Verlag, Neustadt 1969

KÖHNLECHNER, M.: "Heilkräfte des Weines. Ein medizinisches Weinbrevier", Droemer-Verlagsanstalt, München/Zürich 1978

MARET, F.: "Der Wein in der Medizingeschichte", Hippokrates-Verlag, Stuttgart 1980

PIEROTH, K.: "Wahre Weinkultur", Seewald-Verlag, Stuttgart-Herford 1984

WINNER, R.: "Gott Bacchus selber schenkte uns die Reben", Berliner Verlagsbüro Biel, Berlin 1977

WOSCHEK, H.-G.: "Wein und Gesundheit", Bacchus 4 (1981) 73-75

ZUCKMAYER, C.: "Was weiß die Welt vom Wein?" in 'Wein. Genuß und Kultur', Woschek-Verlag, Mainz 1989

Literatur zu "Allgemeine Wirkungen des Weins auf den Organismus"

AMBROSI, H., H. BECKER: "Der deutsche Wein", Gräfe und Unzer, München 1978

BECKER, N., H. GÜSS: "Der Wein. Lebensfreude und Gesundheit", Kehrer-Verlag, Freiburg 1985

BISSON, L.F.: "Potential health effects of components of plant foods and beverages in the diet", University of California, Davis, 14./15.8.1992

CORNELSSEN, A., W. ALBATH: "Doktor Bacchus. Wein und Gesundheit. Erkenntnisse und Ratschläge", Seewald-Verlag, Stuttgart/Herford 1984

DEUTSCHE GESELLSCHAFT FÜR ERNÄHRUNG: "Ernährungsbericht 1992", Druckerei Henrich, Frankfurt 1992

HOFFMANN, K.M.: "Der Wein und die Gesundheit des Menschen", in BADI-

SCHER WEINBAUVERBAND (Hrsg.): 'Reben, Wein. Gesundheit', Rombach-Verlag, Freiburg 1983

JUNG, K.: "Wein und Gesundheit", natura-med 7,12 (1992) 798-804

KLIEWE, H.: "Wein und Gesundheit", Meininger Verlag, Neustadt 1969

PARADE, D.: "Wein und Gesundheit", Beiträge zur Weinkultur im Rheingau Nr. 3, G. A. Walters Druckerei, Eltville 1989

RAPOPORT, S.M.: "Medizinische Biochemie", VEB Verlag Volk und Gesundheit, Berlin 1984

REICH, P.: "Wein-Kompendium für den Arzt", Wissenschaftl. Verlags-GmbH, Stuttgart 1950

WOLLER, R.: "Der Wein und unsere Gesundheit", Gewa-Druck, Bingen 1992

Literatur zu "Gesundheitliche Bedeutung der einzelnen Inhaltsstoffe im Wein"

AMBROSI, H., H. BECKER (Hrsg.): "Der deutsche Wein", Gräfe und Unzer, München 1978

AMMON, H.P.T. (Hrsg.): "Arzneimittelneben- und -wechselwirkungen", Wissenschaftl. Verlags-GmbH, Stuttgart 1991

BERGNER, K.-G.: "Weinkompendium", Wissenschaftl. Verlags-GmbH, Stuttgart 1993

ELMADFA, I., C. LEITZMANN: "Ernährung des Menschen", UTB, Ulmer Verlag, Stuttgart 1988

KLIEWE, H.: "Wein und Gesundheit", Meininger-Verlag, Neustadt 1969

MAURY, E.A.: "Gesund mit Wein", Benteli-Verlag, Bern 1977

MUTSCHLER, E.: "Arzneimittelwirkungen", Wissenschaftl. Verlags-GmbH, Stuttgart 1991

RAPOPORT, S.M.: "Medizinische Biochemie", VEB Verlag Volk und Gesundheit, Berlin 1984

REICH, P.: "Wein-Kompendium für den Arzt", Wissenschaftl. Verlags-GmbH, Stuttgart 1950

RICHTER, H.J., M. BÖHM (Hrsg.): "Pharmazeutisch-medizinisches Lexikon", Bd. 1. A-K, Bd. 2. L-Z, VEB Verlag Volk und Gesundheit, Berlin 1989

SPÄTH, G.: "Magnesium - Alkohol. Neue Aspekte zu einem alten Thema", Beltz-Verlag, Weinheim/Basel 1989

WOLLER, R.: "Der Wein und unsere Gesundheit", Gewa-Druck, Bingen 1992

WUCHERPFENNIG, K.: "Chemie im Wein" in PIEROTH, K. (Hrsg.): 'Wein. Genuß ohne Risiko', Meininger-Verlag, Neustadt 1982

Literatur zu "Gesundheitliche Wirkungen verschiedener Weinarten, Rebsorten und Qualitätsstufen"

AMBROSI, H., H. BECKER (Hrsg.): "Der deutsche Wein", Gräfe und Unzer, München 1978

BARY, H. de: "Der Wein erfreut des Menschen Herz", Südwest Verlag, München 1974

BERGNER, K.-G.: "Weinkompendium", Wissenschaftl. Verlags-GmbH, Stuttgart 1993

KLIEWE, H.: "Wein und Gesundheit", Meininger-Verlag, Neustadt 1969

PIEROTH, K.: "Wahre Weinkultur", Seewald-Verlag, Stuttgart/Herford 1984

REICH, P.: "Wein-Kompendium für den Arzt", Wissenschaftl. Verlags-GmbH, Stuttgart 1950

SCHETTLER, G.: "Rotwein und Herzinfarkt: Eine positive Wirkung?", Dtsch. Ärzteblatt 90, 31/32 (1993) B-1569

WOLLER, R.: "Der Wein und unsere Gesundheit", GEWA-Druck, Bingen 1992

Literatur zu "Positive Auswirkungen von Wein auf die einzelnen Organsysteme"

Verdauungsorgane

AMBROSI, H., H. BECKER: "Der deutsche Wein". Gräfe und Unzer, München 1978

DERR, R. F., E. A. PORTA, E. C. LARKIN, G. ANANDA RAO: "Is ethanol per se hepatotoxic?". J. Hepatol. 10 (1990) 381-386

HAJNAL, F., M. CARMEN FLORES, J.E. VALENZUELA: "Pancreatic secretion in chronic alcoholics. Effects of acute alcohol or wine on response to a meal". Digestive Diseases and Sciences 38, 1 (1993) 12-17

HELD, S.: "Wein als Gesundbrunnen. Ein Kompendium über Naturheilkräfte des Weins", Epikur-Verlag, Ronsberg 1984

KLIEWE, H.: "Wein und Gesundheit". Meininger-Verlag, Neustadt 1969

MAURY, E. A.: "Gesund mit Wein", Benteli-Verlag, Bern 1977

MAURY, E.: "Your Good Health. The medicinal benefits of wine drinking". Souvenir Press, London 1992

MEZEY, E.: "Alcohol metabolism in healthy subjects", Gastroenterology 105, 1 (1993) 308-309

MUTSCHLER, E.: "Arzneimittelwirkungen". Wissenschaftl. Verlags-GmbH, Suttgart 1991

NOELLE, H.: "Wie (un)-gesund ist Weingenuß?" in PIEROTH, K. (Hrsg.):'Wein

Genuß ohne Risiko', Meininger Verlag, Neustadt 1982

POKORN, D., M. KVEDER: "A preliminary report on the effect of chronic wine ingestion on gastric emptying of glucose in experimental rats", Vitic. Enol. Sci. 45 (1990) 73-75

REICH, P.: "Wein - Kompendium für den Arzt". Wissenschaftl. Verlags-GmbH, Suttgart 1950

ROSMORDUC, O., J. P. RICHARDET, A. LAGERON, C. MUNZ, P. CALLARD, M. BEAUGRAND: "Severe fatty liver: A cause of sudden death in the alcoholic patient". Gastroenterol. clin. biol. 16, 10 (1992) 801-804

SEITZ, H. K., G. CSOMOS: "Alcohol and the liver: ethanol metabolism and the pathomechanism of alcoholic liver damage". Orv. Hetil. 133, 50 (1992) 183-189

VACCARO, M. I., O. M. TISCORNIA, E. L. CALVO, M. A. CRESTA, D. CELENER: "Effect of ethanol intake on pancreatic exocrine secretion in mice". Scand. J. Gastroenterol. 27, 9 (1992) 783-786

VERSCHUREN, P. M. (Hrsg.): "Health issues related to Alcohol consumption". ILSI-Press, Washington/Brussels 1993

WITTE, M. H., P. BORGS, D. L. WAY, G. RAMIREZ, M. J. BERNAS; C. L. WITTE: "Alcohol, hepatic sinusoidal microcirculation, and chronic liver disease". Alcohol 9, 6 (1992) 473-480

WYNNE, H. A., P. WOOD, B. HERD, P. WRIGHT, M. D. RAWLINS, O. F. W. JAMES: "The association of age with the activity of alcohol dehydrogenase in human liver". Age Ageing 21, 6 (1992) 417-420

Literatur zu "Herz-Kreislauf-System"

Ventrikelfunktion

AHMED, S. S., T. J. REGAN: "Toxic effects of alcohol ingestion on the cardiovascular system", Prim. Cardiol. 18, 10 (1992) 37, 40, 42-44

HERRMANN, H.-J., V. MORVAI, G. UNGVARY, C. NORDEN, P. MÜHLIG: "Long term effects on ethanol on coronary microvessels of rats", Microcirc. Endothel. Lymphat. 1 (1984) 589-610

KOMAJDA, M., J. L. RICHARD, J. B. BOUHOUR, A. SACREZ, C. BOURDONNEC, A. GERBAUX, L. ROZENSZTAJN, J. M. LABLANCHE, D. MATINAT, P. MORAND, J. GROSGOGEAT: "Dilated cardiomyopathie and the level of alcohol consumption: a planned multicentre case-control study", Europ. Heart Journal 7, 7 (1986) 512-519

KUPARI, M., P. KOSKINEN: "Conparison of the cardiotoxicity of ethanol in women versus men", Amer. J. Cardiol. 70, 9 (1992) 645-649

SHEEHY, Th. W.: "Alcohol and the heart. How it helps, how it harms", Postgrad. Med. 91, 5 (1992) 271-277

URBANO-MARQUES, A., R. ESTRUCH, F. NAVARRO-LOPEZ, J.-M. GRAU, L. MONT, E. RUBIN: "The effects of alcoholism on skeletal and cardiac muscle", New. Engl. J. Med. 320 (1989) 409

Literatur zu "Erregungsbildungs-/ Reizleitsystem"

BERNAUER, W.: "The effect of ethanol on arrhythmias and myocardial necrosis in rats with coronary occlusion and reperfusion", Europ. J. Pharmacology 126 (1986) 179-187

HOFFMANN, P., S. MULLER, G. ZBINDEN: "Decrease of epinephrine-induced arryhthmia threshold in ethanol exposed rats", Arch. Toxicol. 66, 6 (1992) 430-434

KHEDUN, S. M., W. P. LEARY, C. J. LOKKETT, B. MAHARAJ: "Changes in myocardial electrolytes and ventricular fibrillation threshold induced by alcohol feeding in laboratory rats", Jpn. Heart J. 32, 3 (1991) 373-379

KIM, Y. H., D. L. JONES, A. NATALE, G. J. KLEIN: "Ethanol increases defibrillation threshold in pigs", Pace 16, 1 (1993) 19-25

PATEL, R., J. J. McARDLE, T. D. REGAN: "Increased ventricular vulnerability in a chronic ethanol model despite reduced electrophysiologic responses to catecholamines", Alcohol. Clin. Exp. Res. 15, 5 (1991) 785-789

Literaur zu "Kreislauf/Blutdruck"

COCA, A., M. T. AGUILERA, A. de la SIERRA, M. SANCHEZ, M. J. PICADO, A. URBANO-MARQUES: "Reversible effect of chronic alcohol consumption on cellular sodium metabolism and blood pressure: approach to the pressor effect of ethanol", Hypertension 9, Suppl. 6 (1991) 278-279

CRIQUI, M. H., R. D. LANGER, D. M. REED: "Dietary alcohol, calcium and potassium. Independent and combined effects on blood pressure", Circulation 80 (1989) 609-614

GRASSI, G. M., V. K. SOMERS, W. S. RENK, F. M. ABBOUD: "Effects of alcohol intake on blood pressure and sympathetic nerve activity in normotensive humans: A preliminary report", J. Hypertension 7, 6 (1989) 20-21

HSIEH, S. T., H. SANO, K. SAITO, Y. KUBOTA, M. YOKOYAMA: "Magnesium supplementation prevents the development of alcohol-induced hypertension", Hypertension 19, 2 (1992) 175-182

KAWANO, Y., H. ABE, S. KOJIMA, T. ASHIDA, K. YOSHIDA, M. IMANISHI, H. YOSHIMI, G. KIMURA, M. KURAMOCHI, T. OMAE: "Acute depressor effect of alcohol in patients with essential hypertension", Hypertension 20, 2 (1992) 219-226

LUFT, F. C., H. GEIGER, R. SCHMIEDER, J. MANN: "Nicht-pharmakologische Faktoren in der Behandlung der arteriellen Hypertonie", Dtsch. Med. Wschr. 117 (1992) 145-149

McMAHON, S.: "Alcohol conumption and hypertension", Hypertension 9, 2 (1987) 111-121

MUTSCHLER, E.: "Arzneimittelwirkungen", Wissenschaftl. Verlags-GmbH, Stuttgart 1991

PUDDEY, I. B., L. J. BEILIN, R. VAN-DONGEN, I. L. ROUSE, P. ROGERS: "Evidence for a direct effect of alcohol consumption on blood pressure in normotensive men", Hypertension 7, 5 (1985) 707-713

STOTT, D. J., M. DUTTON, G. D. MURRAY, B. O. WILLIAMS, G. T. McINNES: "Hemodynamic effects of a single moderate dose of alcohol in elderly subjects", J. Stud. Alcohol 52, 4 (1991) 377-379

UESHIMA, H., K. MIKAWA, S. BABA, S. SASAKI, H. OZAWA, M. TSUSHIMA, A. KAWAGUCHI, T. OMAE, Y. KATAMAYA, Y. KAYAMORI, K. ITO: "Effect of reduced alcohol consumption on blood pressure in untreated hypertensive men", Hypertension 21, 2 (1993) 248-252

VASDEV, S., I. P. GUPTA, C. A. SAMPSON, L. LONGERICH, S. PARAI: "Ethanol induced hypertension in rats: reversibility and role of intracellular cytosolic calcium", Artery 20, 1 (1993) 19-43

WORLD HYPERTENSION LEAGE: "Alcohol and hypertension - implications for management. A consensus statement", J. Hum. Hypert. 5 (1991) 227-232

Literatur zu "Kreislauf/Gehirn"

ALTURA, B.M., B.T. ALTURA: "Alcohol, stroke and the cerebral circulation", Alcohol Health and Research World 14,4 (1990)322-331

CARMANGO, C.A.: "Moderate alcohol consumption and stroke. The epidemiological evidence", Stroke 20,12 (1989) 1611-1626

EMA, M., A. GEBREWOLD, B.T. ALTURA, B.M. ALTURA: "Magnesium sulfate prevents alcohol-induced spasms of cerebral blood vessels: an in situ study on the brain microcirculation from male versus female rats", Magnes.Trace Elem. 92,10 (1991) 269-280

FRANZ, H.E. (Hrsg.): "Medizin", deutschsprachige Ausgabe von "Scientific American Medicine", Kap. 10, X-1, Sciamed-Verlag, Basel 1989

GILL, J.S., M.J. SHIPLEY, S.A. TSEMENTZIS, R.S. HORNBY. S.K.GILL, E.R. HITCHCOOK, D.B. BEEVERS: "Alcohol consumption - a risk factor for haemorrhagic and non-haemorrhagic stroke", Amer.J.Med. 90 (1991) 489-497

KLATSKY, A.L., M.A. ARMSTRONG, G.D. FRIEDMAN: "Alcohol use and subsequent cerebrovascular disease hospitalizations", Stroke 20,6 (1989) 741-746

MOORADIAN, A.D., T.L. SMITH: "Membrane disordering effect of ethanol on cerebral microvessels of aged rats: A brief report", Neurobiol. Aging 14,3 (1993) 229-232

RODGERS, H., P.D. AITKEN, J.M. FRENCH, R.H. CURLESS, D. BATES,

O.F.W. JAMES: "Alcohol and stroke. A case-control study of drinking habits past and present", Stroke 24 (1993) 1473-1477

SCHREIBER, S.S.: "To drink or not to drink (Ethanol consumption, coronary and cerebrovascular disorders)", Alcohol 11,2 (1987) 188-189

SHINTON, R., G.SAGAR, G. BEEVERS: "The relation of alcohol consumption to cardiovascular risk factors and stroke. The West Birmingham stroke project", J. Neurosurg. Psych. 56 (1993) 458-462

YANO, K., D.M. REED, R.D. ABBOTT, R.P.DONAHUE: "Alcohol and haemorrhagic stroke: The Honolulu Heart Program", J.Amer.Med.Ass. 255,17 (1986) 2311-2314

Literatur zu "Hämostase (Blutstillung)"

CHABIELSKA, E., B. MALINOWSKA, W. BUCZKO: "Influence of ethanol and serotonin on rat platelet aggregation", Pharmacol. 40 (1990) 288-292

ERNST, E.: "Kardiovaskulär bedeutsame Effekte des Alkohols", Herz-Kreisl. 25,1 (1993) 5-7

KLUFT, C., J. VEENSTRA, G. SCHAAFSMA, N.A. PIKAAR: "Regular moderate wine consumption for five weeks increases plasma activity of the plasminogen activator inhibitor-1 (PAI-1) in healthy young volunteers", Fibrinolysis 4,2 (1990) 69-70

MIKHAILIDIS, D.P., M.A. BARRADAS, J.Y. JEREMY: "The effect of ethanol on platelet function and vascular prostanoids", Alcohol 7,2 (1990) 171-180

MUTSCHLER, E.: "Arzneimittelwirkungen", Wissenschaftl. Verlags-GmbH, Stuttgart 1991

PERDUE, L.: "The french paradox and beyond: live longer with wine and mediterranean lifestyle", Renaissance Publishing, Sonoma, California 1992

RAND, M.L., H.M. GROVES, M.A. PACKHAM, J.F. MUSTARD, R.L. KINLOUGH-RATHBONE: "Acute administration of ethanol to rabbits inhibits thrombus formation induced by indwelling aortic catheters", Lab.Invest. 63,6 (1990) 742-745

RENAUD, S., M. de LORGERIL: "Wine, alcohol, platelets and the French paradox for coronary heart disease", Lancet 339,6 (1992) 1523-1526

RENAUD, S.C., A.D. BESWICK, A.M. FEHILY, D.S. SHARP, P.C. ELWOOD: "Alcohol and platelet aggregation: The caerphilly prospective heart disease study", Am.J.Clin.Nutr. 55 (1992) 1012-1017

RUBIN, R.: "Effects of ethanol on platelets", Lab. Invest. 63,6 (1990) 729-732

SEIGNEUR, M., J. BONNET, B. DORIAN, D. BENCHIMOL, F. DROUILLET,G. GOUVERNEUR, J. LARRUE, R. CROKKETT, M.-R. BOISSEAU,P. RIBEREAU-GAYON, H. BRICAUD: "Effect of the consumption of alcohol, white wine, and red wine on platelet function and serum lipids", J. appl.Cardiol. 5 (1990) 215-222

VEENSTRA, J., C. KLUFT, H. van de POL, G. DOOIJEWAARD,G. SCHAAFSMA: "Acute effect of moderate alcohol consumption on fibrinolytic factors in healthy middle-aged men", Fibrinolysis 7,3 (1993) 177-182

VEENSTRA, J., H. van de POL, G. SCHAAFSMA: "Moderate alcohol consumption and platelet aggregation in healthy middle-aged men", Alcohol 7 (1990) 547-549

175

Literatur zu "Koronarprotektion/NO (Stickstoffmonoxid)"

DAVDA, R.K., L.J. CHANDLER, F.T. CREWS, N.J. GUZMAN: "Ethanol enhances the endothelial nitric oxide synthase response to agonists", Hypertension 21,6 (1993) 939-943

ELSTNER, E.F.: "Der Sauerstoff. Biochemie, Biologie, Medizin", BI Wissenschaftsverlag, Mannheim/Wien/Zürich 1990

GREENBERG, S.S., J. XIE, Y. WANG, J. KOLLS, J. SHELITTO, S. NELSON, W.R. SUMMER: "Ethanol relaxes pulmonary artery by release of prostaglandin and nitric oxide", Alcohol 10,1 (1993) 21-29

IADECOLA, C.: "Regulation of the cerebral microcirculation during neural activity: is nitric oxide the missing link?", TINS 16,6 (1993) 206-214

MUTSCHLER, E.: "Arzneimittelwirkungen", Wissenschaftl. Verlags-GmbH, Stuttgart 1991

WANG, Y. X., C.C.Y. PANG: "Suppression by ethanol of pressor response caused by the inhibition of nitric oxide synthesis", Europ. J. Pharmacol. 233 (1993) 275-278

Literatur zu "Blutbildendes System/Anämien"

HEIDEMANN, H.: "Alkoholbedingte Anämien", Diagnostika-Nachrichten 4,2 (1993) 3

KLIEWE, H.: "Wein und Gesundheit", Meininger-Verlag, Neustadt 1969

MAREES, H. de, J. MESTER: "Sportphysiologie II", Diesterweg-Sauerländer Verlag, Frankfurt 1982

MUTSCHLER, E.: "Arzneimittelwirkungen", Wissenschaftl. Verlags-GmbH, Stuttgart 1991

RAPOPORT, S.M.: "Medizinische Biochemie", VEB Verlag Volk und Gesundheit, Berlin 1984

REICH, P.: "Wein-Kompendium für den Arzt", Wissenschaftl. Verlags-GmbH, Stuttgart 1950

VOSS, H., R. HERRLINGER: "Taschenbuch der Anatomie", Bd. II, Fischer-Verlag, Stuttgart 1962

Literatur zu "Psychovegetative Aspekte/Stress"

FRANZ, H. E. (Hrsg.): "Medizin", 8-VIII-6, deutsche Ausgabe von "Scientific American Medicine", Sciamed-Verlag, Basel 1989

KLIEWE, H.: "Wein und Gesundheit", Meininger Verlag, Neustadt 1969

POHORECKY, L. A.: "Interaction of alcohol and stress at the cardiovascular level", Alcohol 7 (1990) 537-546

REICH, P.: "Wein-Kompendium für den Arzt", Wissenschaftl. Verlags-GmbH, Stuttgart 1950

SCHAEFER, H., M. BLOHMKE: "Herzkrank durch psychosozialen Stress", Huethig-Verlag, Heidelberg 1977

Literatur zu "Kardioprotektion/ koronare Herzkrankheit"

BISSON, L. F. (Hrsg.): "Potential health effects of components of plant foods and beverages in the diet", Proceedings, University of California, Davis, 14.-15.8.1992

CABOT, R. C.: "The relation of alcohol to arteriosclerosis", JAMA 43 (1904) 774-775

COATE, D.: "moderate drinking and coronary heart disease mortality: evidence from NHANES I and the NHANES II follow-up", Amer. J. Publ. Health 83, 6 (1993) 888-890

CRIQUI, M. H.: "The reduction of coronary heart disease with light to moderate alcohol consumption: effect or artefact?", Brit. J. Addiction 85 (1990) 854-857

FRIEDMAN, L. A., A. W. KIMBALL: "Coronary heart disease mortality and alcohol consumption in Framingham", Am. J. Epidem. 124, 3 (1986) 481-489

GARG, R., D. K. WAGENER, J. H. MADANS: "Alcohol consumption and risk of ischemic heart disease in women", Arch. Intern. Med. 153 (1993) 1211-1216

GORDON, T., J. T. DOYLE: "Drinking and coronary heart disease: The Albany study", Amer. Heart J. 110, 2 (1985) 331-334

HEIN, H. O., H. SORENSEN, P. SUADI-CANI, F. GYNTELBERG: "Alcohol consumption, Lewis phenotypes, and risk of ischemic heart disease", Lancet 341, 2 (1993) 392-396

HERTOG, M. G. L., E. J. M. FESKENS, P. C. H. HOLLMAN, M. B. KATAN, D. KROMHOUT: "Dietary antioxidant flavonoids and risk of coronary heart disease: The Zutphen elderly study", Lancet 342 (1993) 1007-1011

JACKSON, R., R. SCRAGG, R. BEAGLEHOLE: "Alcohol consumption and risk of coronary heart disease", BMJ 303, 7 (1991) 211-216

KAUFMAN, D. W., L. ROSENBERG, S. P. HELMRICH, S. SHAPIRO: "Alcoholic beverages and myocardial infarction in young men", Amer. J. Epidem. 121, 4 (1985) 548-554

KEYS, A.: "Wine, garlic and CHD in seven countries", Lancet 1 (1980) 145-146

KITTNER, S. J., M. R. GARCIA-PALMIERI, R. COSTAS, M. CRUZ-VIDAL, R. D. ABBOTT, R. J. HAVLIK: "Alcohol and coronary heart disease in Puerto Rico", Amer. J. Epidemiol. 117 (1983) 538-550

KLATSKY, A. L., G. D. FRIEDMAN, A. B. SIEGELAUB: "Alcohol consumption before myocardial infarction: Results from the Kaiser-Permanente epidemiological study of myocardial infarction", Am. Int. Med. 81, 3 (1974) 294-301

KLATSKY, A. L., M. A. ARMSTRONG: "Alcoholic beverage choice and risk of coronary artery disease mortality: do red wine drinkers fare best?", Amer. J. Cardiol. 71, 5 (1991) 467-469

KLURFELD, D. M., D. KRITCHEVSKY: "Differential effects of alcoholic beverages on experimental atherosclerosis in rabbits", Exper. molec. pathol.34 (1981) 62-71

KOZARAREVIC, D., D. McGEE, N. VOJVODIC, Z. RACIC, T. DAWBER, T. GORDON, W. ZUKEL: "Frequency of alcohol consumption and morbidity and mortality", Lancet (1980) 613-616

LAZARUS, N. B., G. A. KAPLAN, R. D. COHEN, D.-J. LEU: "Change in alcohol consumption and risk of death from all causes and from ischemic heart disease", BMJ 303, 9 (1991) 553-556

LEGER, A. S. S., A. L. COCHRANE, F. MOORE: "Factors associated with cardiac mortality in developed countries with particular reference to the consumption of wine", Lancet 5 (1979) 1017-1020

LUCIA, S. P.: "Wine in the prevention and treatment of cardiovascular disease", Northwest Med. 69, 3 (1970) 177-181

MARMOT, M., E. BRUNNER: "Alcohol and cardiovascular disease: The status of the U-shaped curve", BMJ 303 (1991) 565-568

MAURY, E.: "Your good health. The medicinal benefits of wine drinking", Souvenir Press, London 1992

MUTSCHLER, E.: "Arzneimittelwirkungen", Wissenschaftl. Verlags-GmbH, Stuttgart 1991

N. N.: "Schützt Wein vor Herzinfarkt", Editorial, Notabene medici 2 (1983) 91-93

NANJI, A. A.: "Alcohol and ischemic heart disease: wine, beer or both?", Int. J. Cardiol. 8 (1985) 487-489

PEELE, St.: "The conflict between public health goals and the temperance mentality", Amer. J. Publ. Health 83, 6 (1993) 805-810

PERDUE, L.: "The french paradox and beyond: live longer with wine and the mediterranean lifestyle", Renaissance Publishing, Sonoma, California 1992

PIERACH, C. A.: "Alkohol und Koronarsklerose", DMW 118, 23 (1993) 879

RICHMAN, A., R. A. WARREN: "Alcohol consumption and morbidity in the Canada health survey: inter-beverage differences", Drug and Alc. Depend. 15 (1985) 255-282

RIMM, E. B., E. L. GIOVANNUCCI, W. C. WILLETT, G. A. COLDITZ, A. ASCHERIO, B. ROSNER, M. J. STAMPFER: "Prospective study of alcohol consumption and risk of coronary disease in men", Lancet 338, 8 (1991) 464-468

SCHETTLER, G.: "Rotwein und Herzinfarkt: Eine protektive Wirkung?", DÄ 41, 31/32 (1993) B-1569

SHAPER, A. G., G. WANNAMETHEE, M. WALKER: "Alcohol and mortality in british men: explaining the u-shaped curve", Lancet (1988) 1267-1273

SHARP, D.: "Coronary disease: When wine is red", Lancet 341, 1 (1993) 27-28

STAMPFER, M. J., G. A. COLDITZ, W. C. WILLETT, F. E. SPEIZER, C. H. HENNEKENS: "A prospective study of moderate alcohol consumption and the risk of coronary disease and stroke in women", New Engl. J. Med. 319, 5 (1988) 267-273

THOMAS, C. B., P. B. SANTORA, J. W. SHAFFER: "Health of physicians in midlife in relation to use of alcohol: a prospecitve study of a cohort of former medical students", Johns Hopkins Med. J. 146 (1980) 1-10

VERSCHUREN, P. M. (Hrsg.): "Health issues related to alcohol consumption", ILSI-Press Europe, Brüssel 1993

Literatur zu "Respirationstrakt"

AMBROSI, H., B. BECKER: "Der deutsche Wein". Gräfe und Unzer, München 1978

ELSTNER, E. F.: "Der Sauerstoff. Biochemie, Biologie, Medizin". BI Wissenschaftsverlag, Mannheim/Wien/Zürich 1990

GREENBERG, S. S., J. XIE, Y. WANG, J. KOLLS, J. SHELITTO, S. NELSON, W. R. SUMMER: "Ethanol relaxes pulmonary artery by release of prostaglandin and nitric oxide". Alcohol 10, 1 (1993) 21-29

HOFFMANN, K. M.: "Der Wein und die Gesundheit des Menschen", in BADISCHER WEINBAUVERBAND (Hrsg.): "Reben - Wein - Gesundheit", Rombach-Verlag, Freiburg 1983

JUNG, K.: "Wein und Gesundheit". Natura Med 7, 12 (1992) 798-804

KLIEWE, H.: "Wein und Gesundheit". Meininger-Verlag, Neustadt 1969

MAURY, E.: "Your Good Health. The medicinal benefits of wine drinking". Souvenir Press, London 1992

MUTSCHLER, E.: "Arzneimittelwirkungen". Wissenschaftl. Verlags-GmbH, Stuttgart 1991

REICH, P.: "Wein - Kompendium für den

Arzt". Wissenschaftl. Verlags-GmbH, Stuttgart 1950

VERSCHUREN, P. M. (Hrsg.): "Health issues related to Alcohol Consumption". ILSI-Press, Washington/Brussels 1993

Literatur zu "Stoffwechsel"

Lipoproteine

AMARASURIYA, R. N., A. K. GUPTA, M. CIVEN, Y. Ch. HORNG, T. MAEDA, M. L. KASHYAP: "Ethanol stimulates Apolipoprotein A-I secretion by human hepatocytes: implications for a mechanism for atherosclerosis protection", Metabolism 41, 8 (1992) 827-832

CHANDER, R., N. K. KAPOOR, C. SINGH: "Lipid peroxidation of hyperlipemic rat serum lipoproteins in chronic ethanol and acetaldehyde administration", J. Biosci. 13, 3 (1988) 269-274

FRANKEL, E. N., A. L. WATERHOUSE, J. E. KINSELLA: "Inhhibition of human LDL-oxidation by resveratrol", Lancet 341 (1993) 1103-1104

FRANKEL, E. N., J. KANNER, J. B. GERMAN, E. PARKS, J. E. KINSALLA: "Inhibition of oxidation of human low-density lipoprotein by phenolic substances", Lancet 341 (1993) 454-457

HOJNACKI, J. L., J. E. CLUETTE-BROWN, M. DAWSON, R. N. DESCHENES, J. J. MULLIGAN: "Alcohol delays clearance of lipoproteins from the circulation", Metabolism 41, 11 (1992) 1151-1153

HOJNACKI, J. L., J. E. CLUETTE-BROWN, R. N. DESCHENES, J. J. MULLIGAN, T. V. OSMOLSKI, N. J. RENCRICCA, J. J. BARBORIAK: "Alcohol produces dose-dependent antiatherogenic and atherogenic plasma lipoprotein responses", Proc. Soc. Exp. Biol. Med. 200, 1 (1992) 67-77

JEANDET, Ph., R. BESSIS, B. F. MAUME, M. SBAGHI: "Analysis of resveratrol in Burgundy wines", J. Wine Res. 4, 2 (1993) 79-85

LAKSHMAN, M. R., S. J. CHIRTEL, L. L. CHAMBERS: "Roles of Omega-3-Fatty acids and chronic ethanol in the regulation of plasma and liver lipids and plasma apoproteins A-1 and E in rats", J. Nutr. 118 (1988) 1299-1303

LANGER, R. D., M. H. CRIQUI, D. M. REED: "Lipoproteins and blood pressure as biological pathways for effect of moderate alcohol consumption on coronary heart disease", Circulation 85 (1992) 910-915

LINN, S., M. CARROLL, C. JOHNSON, R. FULWOOD, W. KALSBEEK, R. BRIEFEL: "High density lipoprotein cholesterol and alcohol consumption in US white and black adults: data from NHANES II", Amer. J. Publ. 83, 6 (1993) 811-816

PERDUE, L.: "The french paradox and beyond: live longer with wine and mediterranean lifestyle", Renaissance Publishing, Sonoma, California 1992

REVIEW: "Ethanol stimulates Apo A-1 secretion in human hepatocytes: a possible mechanism underlying the cardioprotective effect of ethanol", Nutr. reviews 51, 5 (1992) 151-152

REVIEW: "Inhbition of LDL-oxidation by phenolic substances in red wine: a clue to the french paradox?", Nutr. reviews 51, 6 (1993) 185-187

SIEMANN, E. H., L. L. CREASY: "Concentration of the phytoalexin resveratrol in wine", Amer. J. Enol. Vitic. 43, 1 (1992) 49-52

SILLANAUKEE, P., T. KOIVULA, H. JOKELA, H. MYLLYHARJU, K. SEPPÄ:

"Relationship of alcohol consumption to changes in HDL-subfractions", Europ. J. Clin. Invest. 23 (1993) 486-491

SOOS, I., A. FACSKO, I. EDES, E. KISS, M. CSANADY: "Effects of chronic alcohol ingestion on myocardial lipid and fatty acid composition in adult turkeys", Cardiovasc. Res. 25, 11 (1991) 881-884

TASKINEN, M.-R., M. VÄLIMÄKI, E. A. NIKKILÄ, T. KUUSI, C. EHNHOLM; R. YLIKAHRI: "High density lipoprotein subfractions and postheparin plasma lipases in alcoholic men before and after ethanol withdrawal", Metabolism 31, 11 (1982) 1168-1174

VÄLIMÄKI, M., J. KAHRI, K. LAITINEN, S. LAHDENPERÄ, T. KUUSI, C. EHNHOLM, M. JAUHIAINEN, J. M. BARD, J. C. FRUCHART, M. R. TASKINEN: "High density lipoprotein subfractions, apolipoprotein A-1 containing lipoproteins, lipoprotein (a), and cholesteryl ester transfer protein activity in alcoholic women before and after ethanol withdrawal", Europ. J. Chlin. Invest. 23 (1993) 406-417

VASISHT, S., M. C. PANT, L. M. SRIVASTAVA: "Effect of alcohol on serum lipids and lipoproteins in male drinkers", Indian J. Med. Res. 96, 12 (1992) 333-337

ZENTELLA de PINA, M., B. A. DIAZ, L. RODRIGUEZ-LIZARRAGA, E. PINA: "Importance of age upon the increase in HDL_2-cholesterol in the alcoholic", Arch. Invest. Med. 22, 3/4 (1991) 323-327

Literatur zu "Kohlenhydrate"

BODEN, G., X. CHEN, R. DESANTIS, J. WHITE, M. MOZZOLI: "Effects of ethanol on carbohydrate metabolism in the elderly", Diabetes 42,1 (1993) 28-34

CNG: "Alkohol und Körperfunktionen", Sport-Report 1 (1993) 8

CONNELLY, D.M., E.H.L. HARRIES, D.V. TABERNER: "Differential effects of ethanol on the plasma glucose of non-alcoholic light and heavy social drinkers", Alcohol and alcoholism 22,1 (1987) 23-29

ELMADFA, I., C. LEITZMANN: "Ernährung des Menschen", UTB, Ulmer-Verlag, Stuttgart 1988

GIN, H:, P. MORLAT, J.M. RAGNAUD, J. AUBERTIN: "Short-term effect of red wine (consumed during meals) on insulin requirement and glucose tolerance in diabetic patients", Diabetes care 15,4 (1992) 546-548

MUTSCHLER, E.: "Arzneimittelwirkungen", Wissenschaftl. Verlags-GmbH, Stuttgart 1991

PERDUE, L.: "The french paradox and beyond: live longer with wine and the mediterranean lifestyle", Renaissance Publishing, Sonoma, California 1992

RISINGER, F.O., C.L. CUNNINGHAM: "Genetic differences in ethanol-induced hyperglycemia and conditioned taste aversion", Life sci 50,16 (1992) 113-118

Literatur zu "Proteine"

ELMADFA, I., C. LEITZMANN: "Ernährung des Menschen", UTB, Ulmer-Verlag, Stuttgart 1988

KLIEWE, H.: "Wein und Gesundheit", Meininger-Verlag, Neustadt 1969

KRAMER, M., S. BALABANOVA, E. KOHNE, D. LEUPOLD: "Effect of ethanol on plasma amino acid concentration in men", Beitr.Gerichtl.Med. 50 (1992)61-68

MUTSCHLER, E.: "Arzneimittelwirkungen", Wissenschaftl. Verlags-GmbH, Stuttgart 1991

PERDUE, L.: "The french paradox and beyond: live longer with wine and mediterranean lifestyle", Renaissance Publishing, Sonoma, California 1992

REICH, P.: "Wein-Kompendium für den Arzt", Wissenschaftl. Verlags-GmbH, Stuttgart 1950

Literatur zu "Stoffwechsel"

Gewicht

ELMADFA, I., C. LEITZMANN: "Ernährung des Menschen", UTB, Ulmer-Verlag, Stuttgart 1988

FLATT, J. P.: "Body weight, fat storage, and alcohol metabolism", Nutr. Rev. 50, 9 (1992) 267-270

FOLTIN, R. W., T. H. KELLY, M. W. FISCHMAN: "Ethanol as an energy source in humans: Comparison with dextrose-containing beverages", Appetite 20, 2 (1993) 95-110

HELD, S.: "Wein als Gesundbrunnen. Ein Kompendium über die Naturheilkräfte des Weins", Epikur-Verlag, Ronsberg 1984

HOJNACKI, J. L., R. N. DESCHENES, J. E. CLUETTE-BROWN, J. J. MULLIGAN, T. V. OSMOLSKI, N. J. RENCRICCA, J. J. BARBORIAK: "Effect of drinking pattern on plasma lipoproteins and body weight", Atherosclerosis 88 (1991) 49-59

KLIEWE, H.: "Wein und Gesundheit", Meininger-Verlag, Neustadt 1969

LANDS, W. E. M.: "A summary of the workshop: Alcohol and calories, a matter of balance", J. Nutr. 123 (1993) 1338-1341

LIEBER, C. S.: "Perspectives: do alcohol calories count?", Am. J. Clin. Nutr. 54, 6 (1991) 976-982

MUTSCHLER, E.: "Arzneimittelwirkungen", Wissenschaftl. Verlags-GmbH, Stuttgart 1991

PUDEL, V.: "Zur Psychogenese und Therapie der Adipositas", Springer-Verlag, Berlin/Heidelberg/New York 1978

SUTER, P. M., Y. SCHUTZ, E. JEQUIER: "The effect of ethanol on fat storage in healthy subjects", N. Engl. J. Med. 326 (1992) 983-987

Literatur zu "Passiver Bewegungsapparat"

HOLBROOK, T. L., E. BARRETT-CONNOR: "A prospective study of alcohol consumption and bone mineral density". Brit. Med. J. 306, 6891 (1993) 1506-1509

LAITINEN, K., M. KARKKAINEN, M. LALLA, C. LAMBERG-ALLARDT, R. TUNNINEN, R. TAHTELA, M. VALIMAKI: "Is alcohol an osteoporosis-inducing agent for young and middle-aged women?", Metabolism 42, 7 (1993) 875-881

MAURY, E.: "Your Good Health. The medicinal benfits of wine drinking". Souvenir Press, London 1992

TITTEL, K.: "Beschreibende und funktionelle Anatomie des Menschen". Fischer-Verlag, Jena 1990

WHO: "International classification of diseases". WHO, Genf 1967

Literatur zu "Muskelsystem"

COOK, E.B., L. A. Y. ADEBIYI, V. R. PREEDY, T. J. PETERS, T. N. PALMER: "Chronic effects of ethanol on muscle metabolism in the rat", Biochim. Biophys. Acta Mol. Basis Dis. 1180, 2 (1992) 207-214

HOLLMANN, W., Th. HETTINGER: "Sportmedizin - Arbeits- und Trainingsgrundlagen", Schattauer-Verlag, Stuttgart/New York 1980

MUTSCHLER, E.: "Arzneimittelwirkungen", Wissenschaftl. Verlags-GmbH, Stuttgart 1991

NÖCKER, J.: "Physiologie der Leibesübungen", Enke-Verlag, Suttgart 1976

REICH, P.: "Wein-Kompendium für den Arzt", Wissenschaftl. Verlags-GmbH, Stuttgart 1950

STRAUZENBERG, S. E., H. GÜRTLER, D. HANNEMANN, K. TITTEL (Hrsg.): "Sportmedizin", Barth-Verlag, Leipzig 1990

TITTEL, K.: "Beschreibende und funktionelle Anatomie des Menschen", Fischer-Verlag, Jena 1990

Literatur zu "Haut"

JUNG, K.: "Wein und Gesundheit", Natura Med 7, 12 (1992) 798-804

KLIEWE, H.: "Wein und Gesundheit", Meininger-Verlag, Neustadt 1969

MUTSCHLER, E.: "Arzneimittelwirkungen", Wissenschaftl. Verlags GmbH, Stuttgart 1991

PREEDY, V. R., E. B. COOK, T. SIDDIQ: "Non invasive laser-doppler assessment of cutaneous blood-flow in alcohol studies: effects of chronic ethanol consumption on peripheral blood-flow in anaesthetised rats", Alcohol 27, 2 (1992) 165-169

REICH, P.: "Wein-Kompendium für den Arzt", Wissenschaftl. Verlags-GmbH, Suttgart 1950

VOSS, H., R. HERRLINGER: "Taschenbuch der Anatomie", Fischer-Verlag, Stuttgart 1961

Literatur zu "Hormonales System"

ADAMS, M. L., J. B. FORMAN, J. M. KALICKI, E. R. MEYER, B. SEWING, T. J. CICERO: "Antagonism of alcohol-induced suppression of rat testosterone secretion by an inhibitor of nitric oxide synthase", Alcohol. Clin. Exp. Res. 17, 3 (1993) 660-664

GAVALER, J. S.: "Alcohol and nutrition in postmenopausal women", J. Amer. Coll. Nutr. 12, 4 (1993) 349-356

GAVALER, J. S., D. H. van THIEL: "The association between moderate alcohol beverage consumption and serum oestradiol and testosterone levels in normal postmenopausal women: relationship to the literature", Alcohol. Clin. Exp. Res. 16, 1 (1992) 87-92

GAVALER, J. S., S. R. DEAL, D. H. von THIEL, A. ARRIA, M. J. ALLAN: "Alcohol and estrogen levels in postmenopausal women: The spectrum of effect", Alcohol. Clin. Exp. Res. 17, 4 (1993) 786-790

JUNG, K.: "Wein und Gesundheit", Natura Med 7, 12 (1992) 798-804

KLIEWE, H.: "Wein und Gesundheit", Meininger-Verlag, Neustadt 1969

LONDON, S., W. WILLET, Ch. LONGCOPE, S. McKINLAY: "Alcohol and other diletary factors in relation to serum hormone concentrations in women at climacteric", Amer. J. Clin. Nutr. 53 (1991) 166-171

MUTSCHLER, E.: "Arzneimittelwirkungen", Wissenschaftl. Verlags-GmbH, Stuttgart 1991

NEWCOMBE, R. G., D. G. CLEMENTS, W. EVANS: "Alcohol and bone density", Brit. Med. J. 307, 7 (1993) 323

POHORECKY, L. A.: "Stress and alcohol interact: an update of human research", Alcohol. Clin. Exp. Res. 15, 3 (1991) 438-459

REICH, P.: "Wein-Kompendium für den Arzt", Wissenschaftl. Verlags-GmbH, Stuttgart 1950

REICHMAN, M. E., J. T. JUDD, Ch. LONGCOPE, A. SCHATZKIN, B. A.

CLEVIDENCE, P. P. NAIR, W. S. CAMP-
BELL, P. R. TAYLOR: "Effects of alcohol
consumption on plasma and urinary hormone concentrations in premenopausal
women", J. Nat. Cancer Inst. 85, 9 (1993)
722-727

ROSENBLUM, E., J. S. GAVALER: "Expo-
sure-dependent effects of ethanol on serum estradiol and uterus mass in sexual-
ly mature orphorectomized rats: a model
for bilaterally ovariectomised-postme-
nopausal women", J. of studies of Alcohol 48, 4 (1987) 295-303

**Literatur zu "Niere und ableitende
Harnwege"**

AMBROSI, H., H. BECKER (Hrsg.): "Der
deutsche Wein", Gräfe und Unzer, München 1978

JUNG, K.: "Wein und Gesundheit", Natura Med 7, 12 (1992) 798-804

KLIEWE, H.: "Wein und Gesundheit",
Meininger-Verlag, Neustadt 1969

MUTSCHLER, E.: "Arzneimittelwirkungen", Wissenschaftl. Verlags-GmbH,
Stuttgart 1991

REICH, P.: "Wein-Kompendium für den
Arzt", Wissenschaftl. Verlags-GmbH,
Stuttgart 1950

Literatur zu "Immunsystem"

BLANK, S. E., L. J. PFISTER, R. M. GAL-
LUCCI, G. G. MEADOWS: "Ethanol-induced changes in peripheral blood and
splenic natural killer cells", Alcohol. Clin.
Exp. Res. 17, 3 (1993) 561-565

DAY, G. L., W. J. BLOT, D. F. AUSTIN, L.
BERNSTEIN, R. S. GREENBERG, S. PRE-
STON-MARTIN, J. B. SCHOENBERG, D.
M. WINN, J. K. Mc LAUGHLIN, J. M.
FRAUMENI: "Racial differences in risk
oral and pharyngeal cancer: alcohol, to-
bacco and other determinants", J. Nat.
Cancer Institute 85, 6 (1993) 465-473

FARTZOV, K., L. HADJISKI, M. ALJA-
KOV: "Counter-radiation efficacy of Eno-
viton granules produced from Cabernet
Sanvignon wine", J. Wine Research 4, 2
(1993) 119-124

FRIEDENREICH, C. M., G. R. HOWE, A.
B. MILLER, M. G. JAIN: "A cohort study
of alcohol consumption and risk of breast
cancer", Am. J. Epidemiol. 137, 5 (1993)
512-520

GASPAR, J., A. LAIRES, M. MONTERO;
O. LAUREANO, E. RAMOS, J. RUEFF:
"Quercetin and the mutagenicity of
wines", Mutagenesis 8, 1 (1993) 51-55

HERRINTON, L. J., A. F. SAFTLAS, J. L.
STANFORD, L. A. BRINTON, J. N.
WOLFE: "Do alcohol intake and mam-
mographic densities interact in regard to
the risk of breast cancer?", Cancer 71, 10
(1993) 3029-3035

HERTOG, M. G. L., P. C. H. HOLLMAN,
B. van de PUTTE: "Content of potentially
anticarcinogenic flavonoids of tea infu-
sions, wines and fruit juices", J. Agric.
Food Chem. 41 (1993) 1242-1246

ISAKI, L., E. GORDIS: "Alcohol and im-
munology-progress and questions", Alcohol Clin. Exp. Res. 17, 4 (1993) 725-726

KLIEWE, H.: "Wein und Gesundheit",
Meininger-Verlag, Neustadt 1969

McGREGOR, R. R.: "Alcohol and immu-
ne defense", J. Am. Med. Ass. 256 (1986)
1474-1479

MUTSCHLER, E.: "Arzneimittelwirkungen", Wissenschaftl. Verlags-GmbH,
Stuttgart 1991

N. N. (Review): "Alcohol consumption
and breast cancer", Nutrition Reviews 46,
1 (1988) 9-10

PERDUE, L.: "The french paradox and

beyond: live longer with wine and mediterraneau lifestyle", Renaissance Publishing, Sonoma, California 1992

REICH, P.: "Wein-Kompendium für den Arzt", Wissenschaftl. Verlags-GmbH, Suttgart 1950

REICHMAN, M. E., J. T. JUDD, C. LONGCOPE, A. SCHATZKIN, A. B. CLEVIDENCE, P. P. NAIR, W. S. CAMPBELL, P. R. TAYLOR: "Effects of alcohol consumption on plasma and urinary hormone concentrations in premenopausal women", J. Nat. Cancer Institute 85, 9 (1993) 722-727

TOMINAGA, K., Y. KOYAMA, M. SASAWAGA, M. HIROKI, M. NAGAI: "A case-control study of stomach cancer and ist genesis in relation to alcohol consumption, smoking and familial cancer history", Jpn. J. Cancer Res. 82 (1991) 974-979

WICKRAMASINGHE, S. N.: "Cytotoxic protein molecules generated as a consequence of ethanol metabolism in vitro and in vivo", Lancet II (1986) 823-826

Literatur zu "Nervensystem"

BADSBERG JENSEN, G., B. PAKKENBERG: "Do alcoholics drink their neurons away?", Lancet 342 (1993) 1201-1204

JUNG, K.: "Wein und Gesundheit", Natura Med 7, 12 (1992) 789-804

KLIEWE, H.: "Wein und Gesundheit", Meininger-Verlag, Neustadt 1969

LETENNEUR, L., J. F. DARTIGUES, J. M. ORGOGOZO: "Wine consumption in the elderly", Am. Int. Med. 118, 4 (1993) 317-318

MUTSCHLER, E.: "Arzneimittelwirkungen", Wissenschaftl. Verlags-GmbH, Stuttgart 1991

N. N.: "Wein mit Verstand: Angeraten",

Dernieres Nouvelles d'Alsace, Straßburg, 20.6.93

NEFF, J. A.: "Life stressors, drinking patterns and depressive symptomatology: ethinicity and stress-buffer effects of alcohol", Add. Behav. 18 (1993) 373-387

REICH, P.: "Wein-Kompendium für den Arzt", Wissenschaftl. Verlags-GmbH, Stuttgart 1950

SANO, M., P. E. WENDT, A. WIRSEN, G. STENBERG, J. RISBERG, D. H. INGVAR: "Acute effects of alcohol on regional cerebral blood flow in man", J. Stud. Alcohol 54 (1993) 369-376

ULRICH, W.: "Alkohol muß nicht schädlich sein", Econ-Verlag, Düsseldorf/Wien 1981

Sachwort- und Personenverzeichnis

Quellenhinweise

Die im Hauptkapitel "Positive Auswirkungen von Wein auf die einzelnen Organsysteme" zu den jeweiligen Kapitel-Anfängen ausgewählten Zitate stammen aus folgenden Publikationen:

Hof- und Stadt-Medicus Johannes Wittichius in Newes Artzneybuch: "Von der artzneylichen Tugend des Weines", zit. nach Dr. K. Conrath, Meininger Verlag, Neustadt 1955 (S. 72, 117, 119, 123, 127, 139, 142, 145, 147, 151)
"Bacchus lacht", Bd. II, Gewa-Druck, Bingen 1982 (S. 78)
R. Winner: "Gott Bacchus selber schenkte uns die Reben", Berliner Verlagsbüro Biel, Berlin 1977 (S. 81, 99)
"Rund um den Wein", M. Pawlak Verlags GmbH, Hersching, o.J. (S. 84, 90, 94, 101, 104, 130, 133, 136)
H. von Opel: "Gesund mit Wein", Gewa-Druck, Bingen 1989 (S. 108)

Fotos auf Seite 16 und 98: Archiv Woschek Verlag

Folgende im Hauptkapitel "Positive Auswirkungen von Wein auf die einzelnen Organsysteme" verwendeten Abbildungen stammen aus verschiedenen Sammlungen von Illustrationen aus englischen und amerikanischen Magazinen des vorigen Jahrhunderts: S. 89, 93, 100, 107, 116, 118, 122, 126, 135, 141, 154.

Resolutionen

Wein, Lebensqualität und Gesellschaft - eine politische Antwort der internationalen Weinwirtschaft auf die Antialkoholkampagnen

Von Dr. Rudolf Nickenig, Generalsekretär des Deutschen Weinbauverbandes

Die Institutionen der Weinwirtschaft haben sich seit langem mit biochemischen, physiologischen und anbau- sowie kellertechnischen Fragen beschäftigt, um den Konsumenten gesunde und bekömmliche Weine anbieten zu können. Die kommunikativen Aspekte eines bewußten Weingenusses standen eher im Hintergrund. In den letzten Jahren haben die weinwirtschaftlichen Organisationen reagiert, denn das kulturhistorische Wissen um die vielfältigen Vorzüge eines mäßigen Weingenusses drohte in den pauschalierenden und diffamierenden Antialkoholkampagnen in Vergessenheit zu geraten.

So hat das **Internationale Weinamt (OIV), Paris,** das als halbstaatliche Einrichtung von 42 Weinbauländern aus allen Kontinenten getragen wird, erstmals bei seiner letzten Generalversammlung in einer Resolution kommunikative Maßnahmen zur Information der Konsumenten über die Vorzüge eines moderaten Weingenusses und die Gefahren eines Mißbrauchs gefordert. Um diese Zielsetzung zu verwirklichen, müssen jedoch die Mitgliedstaaten auch die notwendigen Mittel zur Verfügung stellen. Daran hapert es bisher!

Möglichkeiten einer branchenübergreifenden Behandlung der Thematik verwirklicht die **Fédération Internationale des Vins et Spiritieux (FIVS)**, in der deutscherseits der Sekt-, Spirituosen- und Weinbauverband Mitglied sind. Die FIVS, in der Organisationen aus Staaten zusammengeschlossen sind, versucht die "social aspects of alcohol" mit der Weltgesundheitsorganisation (WHO) und anderen internationalen Einrichtungen zu behandeln, um die Einbeziehung der alkoholischen Getränke in deren Drogenprogramme zukünftig zu verhindern und zu gemeinsamen Aktionen gegen Mißbrauch und für moderaten Konsum zu gelangen.

Zur Zeit wird von der **Konferenz der Europäischen Weinbauregionen** versucht, zwecks Koordination der verschiedensten nationalen Aktivitäten ein **Europäisches Institut Wein, Gesundheit und Gesellschaft** zu gründen, an der als deutsche Koordinationsstelle die Deutsche Weinakademie mitwirken könnte, sofern die Weinbauländer als deutsche Träger der Konferenz zustimmen.

Die Bundesverbände der deutschen Weinwirtschaft haben über ihre europäischen berufsständischen Interessenvertretungen **COPA-COGECA und Comité Vins** gefordert, bei der anstehenden Reform der Europäischen Weinmarktordnung statt teuren und oft ineffektiven Interventionsmaßnahmen finanzielle Mittel für Informations- und Aufklärungskampagnen zugunsten eines moderaten Weingenusses zur Verfügung zu stellen.

Es ist ein Erfolg der Verbandsarbeit, daß sowohl das Europäische Parlament, als auch der Wirtschafts- und Sozialausschuß der EG (WSA) sowie jetzt auch die EG-Kommission konkrete Förderungsmaßnahmen für einen moderaten Weingenuß unterstützen. Jetzt ist es Aufgabe der Bundesregierung und der Regierungen der anderen Mitgliedsstaaten, im Europäischen Rat diese neuen Akzente einer konsumentenorientierten EG-Marktpolitik zum Beschluß zu erheben.

Wein, Lebensqualität und Gesellschaft

Resolution der Mitgliederversammlung des Deutschen Weinbauverbandes
(DWV)vom 28. Juni 1994

A. Allgemeines

1. Der DWV bekräftigt sein Interesse, daß die Konsumenten Wein bewußt und verantwortungsvoll genießen und nicht mißbrauchen. Er erklärt seine Bereitschaft und seinen Willen, die Verbraucher über die Vorteile eines mäßigen Weingenusses zu informieren. Der DWV ist überzeugt, daß die Erziehung zu einem bewußten Genuß die beste Prävention vor Mißbrauch ist.

2. Der DWV lehnt eine Gleichstellung von Wein als alkoholhaltiges Getränk mit Drogen, wie dies teilweise in der Politik und Öffentlichkeit geschieht, schärfstens ab. Durch diese Pauschalierung wird der Weingenuß diffamiert und wegen fehlender Differenzierung der Mißbrauch von Alkoholika keiner Lösung zugeführt. Es ist wissenschaftlich erwiesen, daß bestimmte spezifische Inhaltsstoffe, über die nur Wein verfügt, gesundheitsfördernd sein können.

3. Der DWV weist darauf hin, daß Wein ein Bestandteil unserer europäischen Kultur ist. Wein war und ist Gegenstand aller Sparten künstlerischen Schaffens. Wer heute Wein bewußt genießt, verinnerlicht auch ein Stück dieser traditionellen Lebenskultur.

B. Appell an die deutschen Institutionen des Gemeinschaftsmarketings

1. Forschung, Information und Kommunikation betr. der Thematik "Wein, Lebensqualität und Gesellschaft" und insbesondere bezüglich "Wein und Gesundheit" sind zentrale Aufgaben des Gemeinschaftsmarketings. Wegen der zunehmenden Bedeutung sind erheblich mehr Mittel als bisher hierfür einzusetzen, insbesondere um die förderlichen Wirkungen eines moderaten Weingenusses für die Gesundheit und Befindlichkeit bekanntzumachen.

2. Um eine Zersplitterung der Aktivitäten zu vermeiden, soll diese Aufgabe auf nationaler Ebene wahrgenommen werden. Hierbei ist insbesondere die Förderung einer wissenschaftlich abgesicherten Grundlagenarbeit notwendig, die in der Deutschen Weinakademie koordiniert werden soll. Dabei soll zunächst der Thematik "Wein und Gesundheit" besondere Beachtung geschenkt werden.

3. Den Betrieben der Weinwirtschaft ist Informationsmaterial für Kunden an Hand zu geben und durch eine gezielte Kommunikationsarbeit sind die Konsumenten über die Vorzüge eines bewußten Weingenusses fürt die Gesundheit und allge-

meine Befindlichkeit sowie die Risiken des Mißbrauchs zu informieren.Die harmonische Verbindung von Küche und Keller ist als Ausdruck beispielhafter Lebensart zu fördern.

C. Appell an die Bundesregierung und an den Deutschen Bundestag.
Die Bundesregierung und der Deutsche Bundestag werden aufgefordert:

1. Sich intensiv in Brüssel für die unter D. angeführten Forderungen bezüglich der Reform der Weinmarktordnung einzusetzen,

2. Mittel für Forschungs- und Aufklärungsmaßnahmen zugunsten eines moderaten Weingenusses und zur Verhinderung eines Alkoholmißbrauches bereitzustellen,

3. Maßnahmen zu ergreifen, um bei der Erziehung zu einer gesundheitsbewußten Ernährung die positiven Aspekte eines moderaten Weinkonsums zu integrieren.

D. Appell an die Organe der Europäischen Union

Die Organe der Europäischen Union werden aufgefordert:

1. Die anstehende Reform der Europäischen Weinmarktordnung zu nutzen, um für die Förderung eines moderaten Weinkonsums einen Rechtsrahmen zu schaffen und die notwendigen finanziellen Mittel bereitzustellen.Die Mittel sind zu verwenden für Forschungsarbeiten sowie für Kommunikationsmaßnahmen über die Vorzüge eines moderaten Weingenusses in der EU und in Drittländern gleichermaßen.

2. Durch einen EU-einheitlichen Rechtsrahmen Einschränkungen einer lauteren Werbung für Wein zu verhindern.

3. Die Förderung eines moderaten Weingenusses, die durch eine verbrauchshemmende Besteuerung in einigen Mitgliedstaaten behindert wird, durch einen EU-Rahmen zu ermöglichen.

E. Appell an das Internationale Weinamt (OIV), Paris

Das Internationale Weinamt wird aufgefordert:

1. Die Resolution der Generalversammlung 1993 umgehend umzusetzen;

2. Sich gemäß seiner Satzung für die Förderung eines gesundheitsförderlichen Weinkonsums einzusetzen;

3. In einen Dialog mit der Weltgesundheitsbehörde einzutreten, um statt pauschalierender Kampagnen gegen den Konsum alkoholischer Getränke Informationsprogramme für einen gesundheitsbewußten Konsum von Wein zu initiieren.

Office International de la Vigne et du Vin (O.I.V.) - Internationales Weinamt

Kommission II: OenologieResolution Oeno 3/93, Ernährung und Gesundheit

Die Generalversammlung, des Internationalen Weinamtes, bezugnehmend auf den Vorschlag der Commission II Oenologie auf Basis der Expertengruppe Ernährung und Gesundheit

ruft in Erinnerung:

- daß der Wein seit Tausenden von Jahren zum sozialen und kulturellen Gut vieler Zivilisationen gehört,

- daß während dieses langen Zeitraums das Wissen um die Wirkung des Weines auf das menschliche Befinden einerseits und die Gesundheit andererseits vertieft wurde, und dies die Entstehung sozialer sowie religiöser Verhaltensweisen vieler Gesellschaften geprägt, aber auch zu gesetzlichen Einschränkungen auf dem Gebiet des Weinkonsums geführt hat,

- daß der Wein - das Produkt der Vergärung des Mostes frischer reifer Trauben - außer dem Ethylalkohol vielfältige andere Bestandteile enthält, die ihn von den anderen alkoholischen Getränken abheben,

- daß der Wein, aufgrund seines Alkoholgehalts, bei übermäßigem oder verantwortungslosem Genuß ähnlich schädliche Wirkung auf die menschliche Gesundheit hat wie andere alkoholische Getränke,

- daß die Existenz von Risikogruppen bezüglich des Konsums sämtlicher alkoholischer Getränke erwiesen ist, daß der Wein, in Maßen genossen, (wie auch andere Getränke) neuen Untersuchungen zu Folge positive Wirkungen auf die Gesundheit hat und insbesondere das Auftreten von Herzerkrankungen zu vermindern mag

empfiehlt:

- epidemiologische Forschungsarbeiten in Angriff zu nehmen, die die vorhandenen Studien ergänzen und vertiefen,

- die klinische Experimentalforschung mit dem Ziel zu unterstützen, die physiologischen Auswirkungen des Weinkonsums auf den Menschen erweitern.Im Rahmen dieser Vorgehensweise werden die Länder zur Zusammenarbeit ermuntert, wobei sich die Generalversammlung bereit erklärt, die wissenschaftliche Koordination dieser Arbeiten zu übernehmen.

Von der Notwendigkeit überzeugt, dem Mißbrauch alkoholischer Getränke entgegenzuwirken,

- *wünscht die Generalversammlung,* daß im Anschluß an diese Studien über die Höhe eines moderaten Konsums nachgedacht werde,

- *ermuntert die Generalversammlung* die Mitgliedsländer, dem Alkohol-mißbrauch entgegenzuwirken,

- *empfiehlt die Generalversammlung,* daß die Kampagnen gegen Alkohol-mißbrauch nicht eine Prohibition des Alkohlkonsums zum Ziel haben sollten, sondern die Bevölkerung, insbesondere die Jugend, zu einem verantwortungs-vollen Umgang mit alkoholischen Getränken erziehen sollten, damit ein jeder seiner Verantwortung für sich und die Gesellschaft gerecht werde,

- *fordert die Generalversammlung* den Generaldirektor des O.I.V. dazu auf, die Möglichkeit zu prüfen, ob eine 4. Kommision bzw. eine andere Einrichtung gegründet werden kann, welche wissenschaftliche und erzieherische Fragen die Gesundheit betreffend behandle, damit die medizinische Forschung die physio-logischen Auswirkungen des Weinkonsums ergründe, der Medizin, Verwaltung sowie dem Verbraucher gegenüber bekannt mache und die Entwicklung auf diesem Gebiet verfolge.

Nachtrag

Neue und aktuelle Forschungsergebisse

Die erste Auflage von 'Wein, Genuß und Gesundheit' erschien zur Buchmesse 1994, die darin zusammengetragenen Erkenntnisse basierten auf Studien der vorangegangenen Jahre, damals noch relativ spärlich, vor allem für das Herz-Kreislauf-System. Inzwischen wurden weltweit neue Studien initiiert, veranlaßt aufgrund der insgesamt positiven Resonanz der gesundheitsprotektiven Auswirkungen und der Verbraucher selbst. Vor Jahren noch dem allgemeinen Trend entsprechend, heute kaum mehr konsensfähig, zu behaupten, Wein wäre schädlich, der Gesundheit abträglich und vor seinem, auch mäßigem Konsum könne nur dringend gewarnt werden. Zuletzt Mitte September 1996, anläßlich der 'Three-Day Leadership Conference' zum Thema 'Wine's place at a healthy table' and 'The Guidelines for sensible wine drinking-Education, Communications and the Scientific Evidence', durchgeführt durch präventivmedizinische und gesundheitsbildende universitäre Einrichtungen (Boston, St. Louis, Harvard) in New York, wurden Richtlinien zum gesundheitsbewußten Weinkonsum der Öffentlichkeit vorgestellt, ähnlich wie sie in den letzten Jahren auch von der WHO ausgearbeitet waren: Wenn mäßig getrunken, vorzugsweise zum Essen und im familiären bzw. gesellschaftlichen Verbund, kann Wein durchaus Teil eines gut austarierten Lebensstils sein, freudevermittelnd im Alltag für gesunde Erwachsene.

Gründe hierfür werden darin gesehen, daß Weinkonsum

-sich durch die Menscheitsgeschichte als bedeutender Teil von religiösen Ritualen, sozialen Bindungen, familiären Ereignissen und kommunalen Feiern darstellt,

-mäßig und regelmäßig durchgeführt, zu einer gesunden Ernährung und einem gesundheitsbewußten Lebensstil beitragen kann,

-mäßig eingebunden in den Lebensalltag vieler Kulturen, durchaus eine sinnvolle Vorbeugung von Alkoholmißbrauch bedeutet, insbesondere für Kinder und Jugendliche.

Als Schlüsselelemente für den zukünftigen Umgang mit Wein werden festgehalten:

AWARENESS: Wissen um den (inzwischen) weltweiten wissenschaftlichen Konsens, daß moderater Weinkonsum zu einem guten Gesundheitsstatus beiträgt.

ACKNOWLEDGMENT: Anerkennung des (inzwischen) präsenten wissenschaftlichen Beweises, der moderaten Weinkonsum assoziiert mit einer gesunden Ernährungsweise und einem fitness-orientierten Lebensstil.

APPRECIATION: Würdigung des Stellenwertes von Wein bei traditionellen Ritualen, feierlichen Festlichkeiten und als wertvolle Ergänzung zu Mahlzeiten.

ACCEPTANCE: Anerkennung eines verantwortlichen Weinkonsums unter Mißbilligung von Mißbrauch.

AGREEMENT: Bejahung der persönlichen Freiheit zum Konsum bzw. Verzicht.

All dies scheinen Feststellungen, welche nicht unbedingt einer akribischen wissenschaftlichen Forschung bedurft hätten, sondern auch einer jahrtausendealten Erfahrung in vielen Kulturen entsprechen. Dennoch geboten Widerstand bestimmter

Bevölkerungsgruppen (unter anderem auch vieler Ärzte, die beruflich mit Alkoholismus und den fatalen Folgen befaßt sind) und tatsächliche, für jeden neutralen Beobachter leicht erkennbare negative Auswirkungen eines übermäßigen Alkohol-/Weinkonsums dieser wissenschaftlichen Studien der letzten Jahre, um den mäßigen, regelmäßigen, gesundheitsbewußten Weingenuß wieder ins richtige Licht zu setzen.

Die aufsehenerregendste Studie der letzten Monate war zweifelsohne diejenige von GROENBAEK und Mitarbeitern aus dem dänischen Zentrum für epidemiologische Wissenschaften des Instituts für Präventivmedizin der Universität Kopenhagen*. Sie behandelt die Erkenntnisse aus einer Prospektivstudie, welche 1976 als 'Copenhagen-city-heart-study' begonnen wurde und sich auf den Zusammenhang zwischen der Einnahme verschiedener Alkoholika und der Sterblichkeit bezieht. Weltweit wird der Studie große Aufmerksamkeit gewidmet. Befürworter wie Gegner eines mäßigen, regelmäßigen Weinkonsums sind gleichermaßen zur Diskussion aufgefordert.

Zu Beginn der Studie wurden bei 6051 Männern und 7234 Frauen im Alter von 30 bis 70 Jahren Alkoholkonsum, Rauchgewohnheiten, Einkommen, Ausbildung und Körpermaße erfaßt, Datenbasis für die 12 Jahre später erfolgende Korrelation mit den Todesursachen der inzwischen Verstorbenen.

Herausragendes Resultat war vor allem die Sterberisikominderung mit zunehmendem Weinkonsum. Im Vergleich zu den Personen, die nie Wein tranken, verringerte sich das relative Risiko bei einem Konsum von 3 bis 5 Gläsern um fast 50 Prozent. Dieser Effekt ist ausschließlich auf den Wein zurückzuführen, unabhängig von den anderen erfaßten Parametern. Er bezieht sich gleichermaßen auf die Gesamtsterblichkeit wie auch diejenige infolge von Herz- und Hirngefäßkrankheiten.

Der Schluß liegt nahe, daß über die spezifischen Wirkungen des Alkohols hinaus bestimmte Inhaltsstoffe, die nur im Wein vorkommen, wertvolle gesundheitliche Auswirkungen zeitigen, die letztlich auch das Sterberisiko statistisch hochsignifikant verringern. Nach einschlägigen experimentellen Untersuchungen und empirischen Erhebungen können dies nur die Phenole, wie beispielsweise Quercetin und Resveratrol, sein, welche sich günstig als Radikalenfänger, HDL-Erhöher und Plättchenagglutinations-Verminderer auswirken.

In der Tat, die wohl wichtigsten Erkenntnisse der letzten Jahre bezüglich der positiven Auswirkungen von mäßigem, regelmäßigem Weingenuß beziehen sich auf die im Wein enthaltenen sekundären Pflanzenstoffe. Im Gegensatz zu den primären Pflanzenstoffen (Kohlenhydrate, Fette, Eiweiße) beinhalten die sekundären Pflanzenstoffe keine Energie, entfalten dafür jedoch vielfältige pharmakologische Wirkungen. Unterschieden werden 5000 bis 10 000 Substanzen, die bei weitem bisher nicht alle im Detail analysiert sind, einige wichtige sind jedoch im Wein, allerdings nicht nur im Wein, enthalten. Ihre tägliche Zufuhr sollte etwa 1,5 g ausmachen, ihr Vorkommen ist vor allem für Obst, Gemüse, also pflanzliche Produkte, auch Wein nachgewiesen. Damit rückt die sogenannte 'Mittelmeer-Diät' in den Vordergrund wissenschaftlichen Interesses, wie sie auch von der WHO, der FAO (der amerikanischen Lebensmittelbehörde) und der Harvard School of Public Health propagiert wird. Verstanden wird darunter der häufige (tägliche) Verzehr von Vollkornbrot, Vollkornteigwaren, Vollkornreis, Couscous, Polenta, Bulgur, Vollkorngetreide und/oder Kartoffeln, der ebenfalls häufige (tägliche) Konsum von Obst, Gemüse und/oder Bohnen sowie

---

* GROENBAEK, M. et al.: 'Mortality associated with moderate intake of wine, beer or spirits'. Brit. Med. J. 310 (1995) 1165-69

Nüssen, Olivenöl, Käse und Joghurt. Fisch, Geflügel, Eier und/oder Süßigkeiten dürften danach 2- bis 3-mal wöchentlich gegessen werden, während Fleisch/Fleischwaren nur einige Male pro Monat zugeführt werden sollten. Zu ergänzen ist diese Ernährungsweise durch die tägliche mäßige Zufuhr von Wein.

Sie, zusammen mit dem Weinkonsum, führt zu einer ständigen ausreichenden Zufuhr sekundärer Pflanzenstoffe, welche antikanzerogene, antimikrobielle, antioxidative und immunmodulatorische Effekte entwickeln.

Im einzelnen bedeutet dies, daß die mäßige Zufuhr von Wein durch die darin enthaltenen Flavonoide wie beispielsweise Quercetin die Aktivierung von Karzinogenen blockieren, damit die Tumorauslösung bzw. das Wachstum von Tumorzellen hemmen.

LONGNECKER und Mitarbeiter haben wiederholt Metaanalysen bezüglich der Entwicklung bösartiger Tumoren durch Alkoholkonsum durchgeführt[*]. Danach steigt das relative Risiko für die Entwicklung eines Dickdarm-Carcinoms bei zunehmendem Alkoholkonsum für mäßige Mengen statistisch nicht an. Ähnliches gilt für Brustkrebs bei Frauen. Das relative Risiko für die Entwicklung eines Rektum-Carcinoms verringert sich gar bei mäßigem Konsum, ebenso von Prostata-Carcinomen. Ausdrücklich betont LONGNECKER die unterschiedliche Wirkung verschiedener Alkoholika (Zunahme von Brustkrebs-Risiko durch Bierkonsum beispielsweise 25 Prozent, durch Liqueur 18 Prozent, durch Wein dagegen Abfall um 7 Prozent). Als mögliche krebsfördernde Mechanismen von Alkohol werden das beim Abbau entstehende Acetaldehyd bzw. Kokarzinogene diskutiert, weiterhin eine veränderte Nahrungszusammensetzung, eine Beeinträchtigung des nutritiven Stoffwechsels, eine Hemmung bestimmter metabolischer Entgiftungsfunktionen, eine Veränderung des hormonellen Status, ein Anstieg der Peroxidation durch vermehrte Sauerstoffradikale, eine Unterdrückung der Immunfunktion und eine Erhöhung der Zellproliferation, welchen Prozessen durch mäßige Zufuhr von Alkohol und vor allem durch die im Wein enthaltenen sekundären Pflanzenstoffe entgegengewirkt wird.

Sekundäre Pflanzenstoffe, vor allem Flavonoide und Polyphenole, entwickeln auch antimikrobielle Eigenschaften, d.h. sie hemmen die Entwicklung von Bakterien, Viren und Pilzen (bacteriostatisch, virustatisch, fungistatisch) oder töten sie ab (bacterizid, viruzid, fungizid). Dies wirkt sich im Bereich von Harnwegen, Atemwegen und Magen-Darm-Kanal gleichermaßen aus.

COHEN veröffentlichte eine Studie zur Resistenz gegen Erkältungskrankheiten durch regelmäßigen Alkoholkonsum[**]. Danach war der Prozentsatz einer erhöhten Immunität bei gelegentlichen Trinkern 35 Prozent, bei mäßigen Konsumenten (1 bis 2 Drinks täglich) 65 Prozent und bei Vieltrinkern (mehr als 2 Drinks täglich) 85 Prozent. Leider wird nicht zwischen einzelnen Alkoholika unterschieden, so daß die wertvolle Information zur speziellen Weinwirkung fehlt. Die antimikrobiellen Effekte bei Reise-Durchfallerkrankungen untersuchten WEISSE und Mitarbeiter[***]. Sie testeten die abtötende Wirkung von Wismuth im Vergleich zu Weißwein, Rotwein, Tequila, reinem Alkohol und Wasser an verschiedenen Bakterienstämmen (Salmonellen, Shigellen, Escherichia coli). Dabei erwies sich unter Laborbedingungen Weiß-

[*]   LONGNECKER, M. P. et al.: Cancer Causes Control 1 (1990) 59-68
      LONGNECKER, M. P.: Alcohol 12, 2 (1995) 87-96
[**] COHEN, S.: American Journal of Public Health, 1993, zit in 'Wine Issues Monitor', Jan./Febr. 1993
[***] WEISSE, M. E. et al.: 'Wine as a digestive aid: comparative antimicrobial effects of bismuth salicylate and red and white wine', Brit. Med. J. 311 (1995) 1657-60

wie Rotwein gegenüber Wismuth als gleichwertig, wesentlich wirksamer im Vergleich zu reinem Alkohol oder Tequila. Unter natürlichen physiologischen Gegebenheiten (Verdünnung durch Speisen, Getränke und Verdauungssekrete) erwies sich gar Weißwein allen anderen Testsubstanzen bei weitem überlegen, gefolgt von Rotwein, Wismuth und anderen Alkoholika.

Schon aus früheren Untersuchungen ist bekannt, daß sekundäre Pflanzenstoffe (vor allem Flavonoide) immunmodulatorische Effekte zeitigen. Im einzelnen bewirken sie eine Entzündungshemmung, eine Entgiftung bestimmter Stoffwechselprodukte von Bakterien, eine Herabsetzung der Lebensfähigkeit bestimmter Mikroorganismen (vor allem Shaphylokokken und Escherichia coli), tragen zur Verringerung des Krebsrisikos bei und setzen den Alterungsprozess des Organismus herab. Alkoholische zellvermittelte Immunreaktionen sind auch schon länger bekannt, die Ergebnisse sind bisher insgesamt jedoch noch schwer einzuordnen, vor allem fehlen spezifische Untersuchungen zum Wein. Einige neuere Arbeiten über immunmodulatorische Effekte beziehen sich auf den bisher in diesem Zusammenhang eher weniger bedachten Leberstoffwechsel, insbesondere des alternden Organismus. So nimmt mit zunehmendem Alter ihr Gewicht ab. Es kommt zu einer Vermehrung des Kollagenfasergehalts, zu einer Abnahme der Syntheseleistung (mit Betonung der Proteinbiosynthese, d.h. dem Aufbau körpereigener Eiweißstoffe) und zu einer Abnahme der regionalen Durchblutung (vom 25. bis zum 65. Lebensjahr um 55 bis 60 Prozent). Die Leber als zentrales Stoffwechselorgan leidet unter dieser Durchblutungsabnahme zunehmend, bis ihre immunmodulatorischen und sonstigen (antioxidativen, metabolischen) Aufgaben nur noch unzureichend wahrgenommen werden können. Mäßige Mengen Alkohol, vor allem Wein, führen zu einer Vasodilatation (Gefäßöffnung), auch in der Leber, verbunden mit einer besseren Durchblutung und einer erhöhten Sauerstoffzufuhr, damit einer Leberalterung und einer eingeschränkten Leberfunktion entgegenwirkend. Dazu ist jetzt von KOGIRE et al. eine Studie erschienen, welche die intragastrale Applikation von Alkohol/Wein/Wasser direkt in den Magen auf die Gesamtdurchblutung der Leber (arteriell und venös) untersuchte*. Danach ergab sich für Alkohol eine Zunahme von etwa 45 Prozent, bei Wein eine solche von ca. 65 Prozent (hochsignifikant), welche über 90 Minuten anhielt (wichtiger Aspekt auch für die verdauungsfördernde Wirkung von Alkohol bzw. Wein).

Zweifelsohne spielen gerade bezüglich der positiven Auswirkungen von mäßigem, regelmäßigem Weinkonsum auf die Leber eine weitere, vielleicht die wichtigste, zumindest die bestuntersuchte Eigenschaft von sekundären Pflanzenstoffen, die antioxidative Wirkung, eine wesentliche Rolle, die im folgenden aufzuzeigen ist.

Alle Zellen besitzen in ihrer Membran oxidationsempfindliche, mehrfach ungesättigte Fettsäuren, welche durch Antioxidantien, beispielsweise Vitamin E, geschützt werden. Zusätzlich entstehen im Stoffwechsel kontinuierlich sehr reaktionsfreudige Radikale, die ebenfalls durch Antioxidantien neutralisiert werden müssen. Neben Vitamin E und C sowie Betacarotin, einer Vorstufe von Vitamin A, und den zelleigenen antioxidativen Enzymen (Glutathionperoxidase, Superoxiddismutase) wirken weitere Substanzen, bestimmte sekundäre Pflanzenstoffe antioxidativ. Vor allem wurden Flavonoide und Polyphenole als Radikalenfänger erkannt. Nach Vitamin E und C sind Flavonoide mengenmäßig die wichtigsten Antioxidantien in Lebensmitteln. Neben ihrer Funktion als Radikalenfänger binden sie freie Metallionen und

* KOGIRE et al.: Digestion 52 (1992) 47-54

neutralisieren aktive Sauerstoffmoloküle. Bei niedrigem Gewebesauerstoffdruck (Alter, Stress, Krankheiten) schützen sie vor Lipidperoxidation.

Polyphenole und Flavonoide kommen in frischem Obst und Gemüse, auch in Wein und Weintrauben vor. So beträgt der durchschnittliche Polyphenolgehalt in Äpfeln beispielsweise etwa 115 mg/100 g, in Weißweintrauben ca. 110 mg/100 g, im Weißwein ca. 30 mg/100 ml, in Rotweintrauben etwa 170 mg/100 g, im Rotwein etwa 150 mg/100 ml. Unterschiede in Abhängigkeit vom Alter des Weins bestehen weniger, wenngleich der Gehalt mit zunehmender Reife etwas abnimmt. Der Gehalt schwankt in Abhängigkeit vom Boden, der direkten Sonneneinstrahlung und dem Erntezeitpunkt der Trauben, also von Jahr zu Jahr, beträchtlich. So wurde bei einer Messung des Quercetingehaltes (einem Flavonol) desselben Weines (Spätburgunder) bei direkter Sonneneinstrahlung ein Wert von 34 mg/l, im Halbschatten von 16 mg/l und im Schatten von 5 mg/l festgestellt (PRICE et al.*). Der Lesezeitpunkt macht sich ähnlich stark bemerkbar, so daß sich der Catechingehalt zwar nur wenig (von 30 auf etwa 60 mg/l), der Polyphenolgehalt im Zeitraum von einem Monat (30. September bis 25. Oktober) bei einem weißen Kerner des Jahrgangs 1988 von 135 auf 300 mg/l erhöhte (MILTENBERGER et al.**).

Der Syntheseort der Phenole und Flavonoide liegt vor allem in der Beerenhaut, weniger dem Beerenfleisch, den Kernen sowie den Traubenstielen, die im normalen Weinbereitungsprozeß ohnehin eine geringe Rolle spielen. Bei der Rotweinherstellung werden durch die sogenannte Maischegärung die Phenole aus der Beerenhaut gelöst, nicht nur die Anthocyane (Farbstoffe), sondern auch die Catechine, Proanthocyanidine, Tannine und Flavone, Stoffe, die hinsichtlich ihrer gesundheitlichen Wirkungen die beschriebenen antioxidativen Effekte hervorrufen. Da bei der Weißweinherstellung andere Verfahren angewandt werden, welche die Beerenhäute frühzeitig absondern, ist der spätere Gehalt an phenolischen Stoffen dementsprechend weitaus geringer. Ob Weißweine deshalb gesundheitlich weniger wertvoll einzuschätzen sind, ist bisher unklar. Einerseits gibt es durchaus solche Hinweise, wie beispielsweise die Untersuchungen von LAVY und Mitarbeitern*** oder auch DEMROW und Mitarbeitern****, andererseits wird nicht nur vor möglichen negativen Auswirkungen der Phenole (Induktion von Eisenmangel, Krebsauslösung) gewarnt, sondern auch betont, daß Weißwein zwar weniger, aber bioaktivere Polyphenole enthalte und die im Weißwein enthaltene Menge an Phenolen noch immer ausreiche für die positiven gesundheitlichen Wirkungen. LAVY gab 20 Personen über 14 Tage jeweils 400 ml Weiß- bzw. Rotwein und bestimmte zum Zeitpunkt 0 (vor Beginn), T 8 (nach 8 Tagen) und T 14 (nach 14 Tagen) relevante Blutparameter wie Cholesterin, HDL, LDL, Triglyzeride, partielle Thromboplastinzeit und Prothrombinzeit (Gerinnungsparameter). Es ergaben sich signifikante Unterschiede zwischen Rotwein- und Weißwein-Trinkern bezüglich Triglyzeride (Anstieg bei Rotweintrinkern, eher negativ zu bewerten) und HDL (Anstieg bei Rotweintrinkern um 26 Prozent, stark kardioprotektiv). Allerdings waren die Untersuchungsbedingungen nicht optimal (Zeitraum zu kurz, Probandengut nicht homogen), so daß die Studie anfechtbar bleibt.

Deshalb wurden seit 1994 zwei Studien zur unterschiedlichen Auswirkung eines regelmäßigen, mäßigen Rot- bzw. Weißweinkonsums von der Deutschen Weinaka-

*   PRICE et al.: American J. Enol. Vitic. 46 (1995) 187-194
**   MILTENBERGER et al.: Rebe und Wein 8 (1993) 256-259
*** LAVY eta al.: Ann. Nutr. Metab. 38 (1994) 287-294
**** DEMROW et al.: Circulation 91, 4 (1995), 15.2.1995

demie nach Mainz bzw. vom Forum 'Wein und Gesundheit' nach Freiburg vergeben, die bei unterschiedlichem Ansatz und bei Berücksichtigung verschiedener kardioprotektiv relevanter Parameter unter streng standardisierten, kontrollierten Bedingungen der Frage nachgehen sollen, welche Veränderungen sich aufgrund eines solchen mäßigen, regelmäßigen Genusses von deutschen Rot- bzw. Weißweinen ergeben und worin die Unterschiede bestehen. Die Studien laufen, Ergebnisse liegen noch keine vor, werden jedoch mit Spannung erwartet.

Die andere Studie von DEMROW und Mitarbeitern untersuchte den systolischen Aortendruck und den Blutfluß in einer Koronararterie nach intragastraler Gabe von Weiß- bzw. Rotwein direkt in den Magen. Während sich nach der Gabe von Weißwein keine Änderungen hinsichtlich der Durchblutungsrate ergaben, stellte sich eine solche nach Rotwein ein. Insgesamt wird auf eine höhere Effektivität hinsichtlich Vasodilatation und Durchblutung geschlossen, ein Befund, der weiterer Untersuchungen bis zum endgültigen Beweis bedarf.

Die mutagenen Effekte der Polyphenole stehen auch auf schwachen Beinen. Sie wurden zwar im Laborversuch nachgewiesen, bisher konnte jedoch keine kanzerogene Eigenschaft im Tierexperiment bestätigt werden.

Somit bleiben vor allem positive Eigenschafen der Wein-Polyphenole, wie sie im folgenden aufgezählt und begründet werden sollen:

- Fang/Neutralisation von freien Radikalen
- Hemmung der Plättchenaggregation
- Hemmung der Synthese von freien Fettsäuren
- Anhebung des HDL-Cholesterins
- Schutz vor LDL-Oxidation
- Schutz vor Lipidperoxidation
- Hemmung von oxidativen und hydrolytischen Enzymen (Phospholipase A2, Cyclooxygenase, Lipoxygenase), damit Eingriff in die so überaus gesundheitsschädliche Arachidonsäurekaskade.

Bezüglich der Hemmung der Plättchenaggregation wird beispielsweise folgender Mechanismus diskutiert (KINSALLA und Mitarbeiter[*]). Zellschädigende Noxen aus Umwelt bzw. Nahrung bewirken eine Aktivierung von Phospolipase A2, welcher Vorgang durch mäßigen Weinkonsum verringert wird. Die Phospholipase A2 ihrerseits führt zur verstärkten Freisetzung der Arachidonsäure, einer ungesättigten C_{20}-Fettsäure, Bestandteil von Zellmembranen, insbesondere von Thrombozyten (Blutplättchen). Dadurch bedingt kommt die sogenannte Arachidonsäurekaskade in Gang. Einerseits, im Lipoxygenaseweg, bewirken Stoffwechselprodukte der Arachidonsäure eine Entstehung sogenannter Sauerstoffradikale, die ihrerseits mannigfache Wirkungen in verschiedenen Organsystemen, insbesondere auch eine Lipidperoxidation zeitigen, andererseits, über den Cyclooxygenaseweg, wird das Thromboxan A_2 freigesetzt, welches zur Förderung der Thrombozytenaggregation (Plättchenverklumpung mit nachfolgender Gefäßverengung bzw. Gefäßverschluß, Thrombose, Embolie) und zur Vasokonstriktion (Engstellung von Gefäßen, beispielsweise im Bereich des Herzens) führt. Die Freisetzung bzw. Aktivierung aller drei Enzyme

---

[*] KINSALLA et al.: 'Some biological properties of flavonoids and other components in wines and plant foods', Proceedings, California 1992

(Phospholipase A2, Cyclooxygenase und Lipoxygenase) wird durch die regelmäßige Zufuhr der Polyphenole verringert bzw. verhindert, deren Wirkung allerdings nur etwa 24 Stunden anhält. Zusätzlich scheinen Polyphenole die Freisetzung von sogenannten Prostazyklinen aus der Gefäßwand zu induzieren, welche ihrerseits eine starke Gefäßdilatation (Weitung) und eine Hemmung der Thrombozytenaggregation bewirken (RANKIN*).

Die Absenkung des LDL-Cholesterinspiegels sowie die Anhebung des HDL-Cholesterinspiegels sind gegenwärtig zwei der meist diskutierten positiven Effekte mäßigen regelmäßigen Weinkonsums. Beide Effekte scheinen unabhängig voneinander zu bestehen, wirken sich jedoch gleichermaßen kardioprotektiv (herzschutzwirksam) aus.

Allgemein akzeptierte Grundidee ist, daß LDL-Cholesterin von der Leber (wo es gebildet wird bzw. über den Magen-Darm-Kanal mit der zugeführten Nahrung ankommt) in die Gefäßwand transportiert und dort abgelagert wird. HDL im Gegenzug löst dort deponiertes Cholesterin aus der Gefäßwand heraus und transportiert es zur Leber zurück, wo es weiter verstoffwechselt wird. Insofern wird einsichtig, daß ein niedriger LDL-Cholesterinspiegel und ein hoher HDL-Cholesterinspiegel gesundheitsförderlich wirken, indem einer Ablagerung von Cholesterin in der Gefäßwand entgegengewirkt wird. Beide Effekte werden durch Alkohol bzw. -stärker - durch die im Wein enthaltenen Polyphenole bewirkt.

Nach neueren Untersuchungen von HEIN und Mitarbeitern** scheint dieser HDL-erhöhende bzw. LDL-erniedrigende Effekt bei hohen LDL- bzw. niedrigen HDL-Werten besonders günstig zu sein, so daß besonders gesundheitsgefährdete Personen davon profitieren könnten. So ließ sich bei einem niedrigen LDL-Chol-Spiegel von unter 140 mg/100 ml praktisch kein Effekt feststellen, bei einem solchen von über 200 mg/100 ml (hoch) eine Abnahmehäufigkeit der Entwicklung einer koronaren Herzkrankheit auf ein Viertel. Umgekehrt verhielt es sich mit dem HDL-Chol-Spiegel. Bei niedrigem Ausgangswert (unter 40 mg/100 ml) ergab sich eine Abnahme des Koronarrisikos um etwa 60 Prozent, bei hohem HDL-Chol-Spiegel über 65 mg/100 ml blieb dieser Effekt aus.

Zusätzlich kommt nun hinzu, daß verschiedene Polyphenole antioxidativ wirken, d.h. Sauerstoffradikale neutralisieren, verstoffwechseln, unschädlich machen. Der antioxidative Effekt von Resveratrol beispielsweise soll 300-mal stärker sein als derjenige von Vitamin E. Im Körper entstehen ständig O_2-Radikale, andere werden mit der Nahrung, beim Rauchen, mit der Atemluft, im Stress zugeführt, so daß der Körper eventuell davon überladen ist - Krankheiten entstehen. O2-Radikal-vermittelte Krankheiten scheinen, nach derzeitigem Wissensstand, sehr häufig vorzukommen, so vor allem Atherosklerose, Asthma, chronische Gelenkerkrankungen, Diabetes, Alzheimer'sche Erkrankung, vorzeitige Alterung, Krebs, rheumatische Erkrankungen und Schwächungen des Immunsystems.

Die Sauerstoffradikale haben (unter anderem) die fatale Eigenschaft, das LDL-Cholesterin zu peroxidieren. Die Struktur ändert sich dadurch, die so veränderten LDL-Partikel wirken auf bestimmte Zellen der Gefäßwand ein, welche sich in sogenannte Schaumzellen verwandeln und den Beginn der Atherosklerose (Gefäßeinen-

* RANKIN, J.G.: 'Biological mechanisms at moderate levels of alcohol consumption that may affect coronary heart disease', Federal legal publications 1994
** HEIN, Ö. et al.: Brit. Med. J. 312 (1996) 736-741

gung durch Verdickung der Gefäßwand mit der Folge eines verringerten Blutflusses und damit einer verschlechterten Sauerstoffversorgung) darstellen.

Die antioxidative Wirkung der Polyphenole verhindert diesen Vorgang weitgehend, man spricht von einer Abnahme bzw. Verhütung der Lipidperoxidation.

Zu diskutierten ist auch, ob Polyphenole den Grund dafür bieten, weshalb unter Weintrinkern seltener Abhängige und Alkoholkranke gefunden werden als unter Konsumenten anderer Alkoholika. Bekanntlich wird Alkohol über drei Wege abgebaut, einerseits (Hauptbiotransformationsweg, etwa 90 bis 95 Prozent) über Acetaldehyd (Alkoholdehydrogenase) und Acetat (Aldehyddehydrogenase) zu CO_2 und Wasser, andererseits über das MEOS-System (mikrosomales äthyl-oxidierendes System) mittels Cytochrom-P-450-abhängiger Monoxygenasen (ca 3 bis 8 Prozent, Nebenbiotransformationsweg) und ein katalase-abhängiges Enzymsystem (vernachlässigenswert, da sehr gering). Nach Konsum von größeren Mengen Alkohol (insbesondere bei Abwesenheit der Wein-Polyphenole) sowie bei zu schneller Zufuhr scheint der Hauptbiotransformationsweg überlastet, es wird verstärkt das MEOS-System eingeschaltet, um der Alkoholanflutung Herr zu werden, teilweise und - sicher auf Dauer - mit fatalen Folgen.

Auch bei einem Abbau über die Alkohol- und Aldehyddehydrogenase kommt es zu einem vorübergehenden Konzentrationsanstieg des Acetaldehyds mit kurzzeitigen (Kater) und eventuell, bei höherem häufigerem Konsum, langzeitigen Folgen (Leberüberlastung bis zu Leberkrankheiten und Gehirnbeteiligung). Zusätzlich entstehen über das MEOS-System verstärkt Sauerstoffradikale, welche der Organismus nicht schnell genug neutralisieren kann. Die Auswirkungen scheinen allerdings bei Weinkonsum aufgrund der Phenole abgemildert zu sein im Vergleich zu anderen Alkoholika.

Auch aus diesem Blickwinkel bestätigt sich die Erkenntnis, daß vor allem der mäßige (Männer ca. 0,3 l, Frauen ca. 0,2 l), dafür jedoch regelmäßige Weinkonsum von besonderem gesundheitlichem Wert ist, wenngleich die Angaben mit Sicherheit individuell abzuwandeln sind, indem sich Abhängigkeiten von Alter, Weinsorte, gleichzeitiger Nahrungszufuhr, Körpergewicht, Anteil des Körperwassers, Zeitpunkt des Konsums, Zusammensetzung der Nahrung und Gesamtkonstitution sowie -kondition ergeben.

In diesem Zusammenhang hat sich vor allem für Diabetiker in den letzten Jahren eine wichtige Umorientierung aus wissenschaftlicher Sicht ergeben, die politisch auch schon umgesetzt wurde. Während früher nur trocken ausgebaute Weine mit einem Restzuckergehalt von maximal 4 g/l als diabetikeradäquat eingestuft werden durften, hat das neue Weingesetz einen entscheidenden Schritt nach einer liberalen Handhabung des Kohlenhydratanteils in der Diabetesdiät vollzogen. Danach werden kohlenhydrathaltige Lebensmittel mit hohem Faseranteil und Kohlenhydrate mit einer langsameren Resorptionsgeschwindigkeit aus dem Magen-Darm-Kanal in das Gefäßsystem empfohlen. Fruktose gehört dazu (im Gegensatz zu Glukose), ihre Süßkraft ist zusätzlich 2- bis 3-mal so hoch wie diejenige von Glukose. Somit können Diabetiker glukosearme, fruktosehaltige Weine ohne Bedenken, nach den üblichen Regeln von Nichtdiabetikern, aber mit denselben Vorteilen aufgrund der positiven Inhaltsstoffe, trinken wie Nichtdiabetiker.